Provas para Obtenção do Título de Especialista em Cardiologia

Questões Comentadas

2012 a 2014

Editores
Pedro Silvio Farsky
Wolney de Andrade Martins

Provas para Obtenção do Título de Especialista em Cardiologia

Questões Comentadas

2012 a 2014

COMISSÃO JULGADORA DO TÍTULO DE
ESPECIALISTA EM CARDIOLOGIA (CJTEC/SBC)

DIRETORIA CIENTÍFICA DA SBC

DIRETORIA DE COMUNICAÇÃO DA SBC

Volume 2

Copyright © Editora Manole Ltda., 2016, por meio de contrato com a Sociedade Brasileira de Cardiologia, detentora de toda a propriedade intelectual do programa de provas.

Editor gestor Walter Luiz Coutinho
Editoras Eliane Usui e Juliana Waku
Produção editorial Lara Stroesser Figueirôa

Projeto gráfico Departamento Editorial da Editora Manole
Editoração eletrônica JLG Editoração Gráfica
Capa GatoAzul

Dados Internacionais de Catalogação na Publicação (CIP)
(Câmara Brasileira do Livro, SP, Brasil)

Provas para obtenção do título de especialista em cardiologia : questões comentadas : 2012 a 2014 / editores Pedro Silvio Farsky, Wolney de Andrade Martins. – Barueri, SP : Manole, 2016.

Vários colaboradores.
Bibliografia.
ISBN 978-85-204-4596-9

1. Cardiologia - Estudo e ensino I. Farsky, Pedro Silvio. II. Martins, Wolney de Andrade.

15-07476   CDD-616.1207

Índices para catálogo sistemático:
1. Cardiologia : Estudo e ensino 616.1207

Todos os direitos reservados.
Nenhuma parte deste livro poderá ser reproduzida, por qualquer processo, sem a permissão expressa dos editores. É proibida a reprodução por xerox.

A Editora Manole é filiada à ABDR – Associação Brasileira de Direitos Reprográficos.

4ª edição – 2016

Editora Manole Ltda.
Avenida Ceci, 672 – Tamboré
06460-120 – Barueri – SP – Brasil
Tel.: (11) 4196-6000 – Fax: (11) 4196-6021
www.manole.com.br
info@manole.com.br

Impresso no Brasil
Printed in Brazil

A Medicina é uma área do conhecimento em constante evolução. Os protocolos de segurança devem ser seguidos, porém novas pesquisas e testes clínicos podem merecer análises e revisões. Alterações em tratamentos medicamentosos ou decorrentes de procedimentos tornam-se necessárias e adequadas. Os leitores são aconselhados a conferir as informações sobre produtos fornecidas pelo fabricante de cada medicamento a ser administrado, verificando a dose recomendada, o modo e a duração da administração, bem como as contraindicações e os efeitos adversos. É responsabilidade do médico, com base na sua experiência e no conhecimento do paciente, determinar as dosagens e o melhor tratamento aplicável a cada situação. Os autores e os editores eximem-se da responsabilidade por quaisquer erros ou omissões ou por quaisquer consequências decorrentes da aplicação das informações presentes nesta obra.
Durante o processo de edição desta obra, foram empregados todos os esforços para garantir a autorização das imagens aqui reproduzidas. Caso algum autor sinta-se prejudicado, favor entrar em contato com a editora.

EDITORES

Pedro Silvio Farsky
Doutor em Ciências pela Faculdade de Medicina da Universidade de São Paulo. *Fellow* da European Society of Cardiology. Médico Cardiologista do Instituto "Dante Pazzanese" de Cardiologia. Médico Cardiologista do Hospital Israelita "Albert Einstein". Membro da Comissão Julgadora do Título de Especialista em Cardiologia da Sociedade Brasileira de Cardiologia (SBC).

Wolney de Andrade Martins
Professor Adjunto de Cardiologia da Faculdade de Medicina da Universidade Federal Fluminense. Mestre em Medicina (Cardiologia) pela Universidade Federal Fluminense. Doutor em Ciências (Cardiologia) pela Universidade de São Paulo. Membro da Comissão Julgadora do Título de Especialista em Cardiologia da Sociedade Brasileira de Cardiologia (SBC).

COLABORADORES

Amberson Vieira de Assis
Especialista em Cardiologia pela Sociedade Brasileira de Cardiologia (SBC) e pela Associação Médica Brasileira. Coordenador do Programa de Residência Médica em Cardiologia do Instituto de Cardiologia de Santa Catarina.

Angelo Roncalli Ramalho Sampaio
Doutor em Saúde Coletiva pela Universidade Estadual do Ceará. Professor de Cardiologia da Faculdade de Medicina da Universidade Federal do Cariri. Médico do Hospital do Coração de Barbalha.

Antônio Augusto Guimarães Lima
Professor de Cardiologia e Clínica Médica da Universidade Federal do Ceará. Especialista em Cardiologia pela Sociedade Brasileira de Cardiologia (SBC) e pela Associação Médica Brasileira. Doutor pela Universidade Federal do Ceará. Membro da Comissão Julgadora do Título de Especialista em Cardiologia da SBC.

Célia Maria Félix Cirino
Especialista em Cardiologia pela Sociedade Brasileira de Cardiologia (SBC) e pela Associação Médica Brasileira. Ex-presidente da Sociedade Cearense de Cardiologia. Especialista em Ecocardiografia pela SBC.

Cláudio Marcelo Bittencourt das Virgens
Supervisor do Programa de Residência Médica em Cardiologia do Hospital "Ana Nery" da Universidade Federal da Bahia. Cardiologista Intensivista do Hospital Uni-

versitário "Professor Edgard Santos" da Universidade Federal da Bahia. Mestrando do Programa de Medicina e Saúde da Pós-Graduação da Escola Bahiana de Medicina e Saúde Pública e Hospital "São Rafael".

Cristiano Pederneiras Jaeger

Especialista em Cardiologia pela Sociedade Brasileira de Cardiologia (SBC). Mestre em Cardiologia pelo Instituto de Cardiologia da Fundação Universitária de Cardiologia do Rio Grande do Sul. Coordenador da Internação em Cardiologia do Hospital "Mãe de Deus" de Porto Alegre.

Dorival Della Togna

Doutor em Ciências pelo Instituto "Dante Pazzanese" de Cardiologia e pela Universidade de São Paulo. Médico Chefe da Seção Médica Hospitalar de Valvopatias do Instituto "Dante Pazzanese" de Cardiologia.

Eduardo Bartholomay

Professor Adjunto de Cardiologia e Fisiologia Cardíaca da Universidade Luterana do Brasil. Doutor em Cardiologia pelo Instituto de Cardiologia do Rio Grande do Sul. Responsável pelo Serviço de Eletrofisiologia do Hospital Universitário de Canoas.

Eduardo Leal Adam

Especialista em Cardiologia pela Sociedade Brasileira de Cardiologia (SBC) e pela Associação Médica Brasileira. Médico da Unidade Clínica de Terapia Intensiva do Instituto do Coração do Hospital das Clínicas da Faculdade de Medicina da Universidade de São Paulo. Médico Pesquisador do Núcleo de Estudos e Pesquisa em Angina Refratária do Instituto do Coração do Hospital das Clínicas da Faculdade de Medicina da Universidade de São Paulo.

Fernanda Farias Vianna

Especialista em Cardiologia pela Sociedade Brasileira de Cardiologia (SBC) e pela Associação Médica Brasileira. Especialista em Arritmologia Clínica pela Sociedade Brasileira de Arritmias Cardíacas. Médica Plantonista da Unidade de Pronto Atendimento Ibirapuera e do Centro de Arritmias do Hospital Israelista "Albert Einstein".

Flavio de Souza Veiga Jardim

Especialista em Cardiologia pela Sociedade Brasileira de Cardiologia (SBC) e pela Associação Médica Brasileira. Especialista em Cardiologia Intervencionista pela Sociedade Brasileira de Hemodinâmica e Cardiologia Intervencionista.

Francisco Maia da Silva

Especialista em Cardiologia pela Sociedade Brasileira de Cardiologia (SBC) e pela Associação Médica Brasileira. *Fellow* da European Society of Cardiology. Mestre em Cardiologia pela Pontifícia Universidade Católica do Paraná. Professor Adjunto de Cardiologia da Pontifícia Universidade Católica do Paraná. Membro da Comissão Julgadora do Título de Especialista em Cardiologia da SBC.

Gilson Soares Feitosa-Filho

Doutor em Cardiologia pelo Hospital das Clínicas da Faculdade de Medicina da Universidade de São Paulo. Professor Adjunto da Escola Bahiana de Medicina. Coordenador dos Registros de Pesquisa do Hospital "Santa Izabel" da Santa Casa de Misericórdia da Bahia. Membro da Comissão Julgadora do Título de Especialista em Cardiologia da Sociedade Brasileira de Cardiologia (SBC).

Gustavo Trindade de Queiroz

Especialista em Cardiologia pela Sociedade Brasileira de Cardiologia (SBC) e pela Associação Médica Brasileira. Especialista em Ecocardiografia de Adultos pelo Instituto do Coração do Hospital das Clínicas da Faculdade de Medicina da Universidade de São Paulo. Médico Pesquisador do Núcleo de Estudos e Pesquisa em Angina Refratária do Instituto do Coração do Hospital das Clínicas da Faculdade de Medicina da Universidade de São Paulo.

Harry Correa Filho

Especialista em Cardiologia pela Sociedade Brasileira de Cardiologia (SBC) e pela Associação Médica Brasileira. Professor de Cardiologia da Universidade do Sul de Santa Catarina.

Humberto Villacorta Junior

Professor Adjunto de Cardiologia da Faculdade de Medicina da Universidade Federal Fluminense. Mestre em Cardiologia pela Universidade Federal Fluminense. Doutor em Cardiologia pela Universidade de São Paulo.

Ilmar Köhler

Doutor em Cardiologia pela Universidade Federal do Rio Grande do Sul. Professor Adjunto de Medicina da Universidade Luterana do Brasil. Membro da Comissão Julgadora do Título de Especialista em Cardiologia da Sociedade Brasileira de Cardiologia (SBC).

Joberto Pinheiro Sena

Especialista em Hemodinâmica e Cardiologia Intervencionista pela Sociedade Brasileira de Hemodinâmica e Cardiologia Intervencionista. Especialista em Medicina Intensiva pela Associação de Medicina Intensiva Brasileira. Cardiologista Intervencionista e Diarista da Unidade de Tratamento Intensivo Cardiovascular do Hospital "Santa Izabel" da Santa Casa de Misericórdia da Bahia.

José Maria Peixoto

Doutorando em Patologia pela Universidade Federal de Minas Gerais. Mestre em Medicina Interna pela Universidade Federal de Minas Gerais. Especialista em Cardiologia pela Sociedade Brasileira de Cardilogia (SBC) e pela Associação Médica Brasileira. Professor de Cardiologia da Universidade "José do Rosário Vellano" de Belo Horizonte. Presidente do Comitê de Cardiogeriatria da Sociedade Mineira de Cardiologia. Membro da Comissão Julgadora do Título de Especialista em Cardiologia da SBC.

Juliano Sabino de Matos

Especialista em Cardiologia pela Sociedade Brasileira de Cardiologia (SBC) e pela Associação Médica Brasileira. Especialista em Ecocardiografia de Adultos pelo Instituto do Coração do Hospital das Clínicas da Faculdade de Medicina da Universidade de São Paulo. Médico Pesquisador do Núcleo de Estudos e Pesquisa em Angina Refratária do Instituto do Coração do Hospital das Clínicas da Faculdade de Medicina da Universidade de São Paulo. Médico da Unidade Crítica Cardiológica do Hospital Sírio-Libanês. Médico do Núcleo de Cardiologia do Hospital Samaritano de São Paulo.

Luis Henrique Wolff Gowdak

Especialista em Cardiologia pela Sociedade Brasileira de Cardiologia (SBC) e pela Associação Médica Brasileira. Doutor em Cardiologia pela Faculdade de Medicina da Universidade de São Paulo. Professor Colaborador da Faculdade de Medicina da Universidade de São Paulo. Coordenador Clínico do Núcleo de Estudo e Pesquisa em Angina Refratária do Instituto do Coração do Hospital das Clínicas da Faculdade de Medicina da Universidade de São Paulo. *Fellow* da European Society of Cardiology. Membro da Comissão Julgadora do Título de Especialista em Cardiologia da SBC.

Marcos José Gomes Magalhães

Especialista em Cardiologia pela Sociedade Brasileira de Cardiologia (SBC), pela Associação Médica Brasileira e pelo Hospital Universitário "Oswaldo Cruz" de Recife. Supervisor da Residência em Cardiologia do Instituto de Medicina Integral

"Professor Fernando Figueira". Coordenador da Comissão Julgadora do Título de Especialista em Cardiologia da SBC.

Marcos Roberto de Souza

Doutor pela Universidade Federal de Minas Gerais. Professor da Pós-Graduação em Saúde do Adulto da Universidade Federal de Minas Gerais.

Maria da Consolação V. Moreira

Professora Titular da Faculdade de Medicina da Universidade Federal de Minas Gerais. Coordenadora do Programa de Insuficiência Cardíaca e Transplante Cardíaco do Hospital das Clínicas da Universidade Federal de Minas Gerais. Diretora Científica da Sociedade Brasileira de Cardiologia (SBC). Membro da Comissão Julgadora do Título de Especialista em Cardiologia da SBC.

Maria Emilia Lueneberg

Especialista em Cardilogia pela Sociedade Brasileira de Cardiologia (SBC) e pela Associação Médica Brasileira. Especialista em Ecocardiografia pelo Departamento de Imagem Cardiovascular da SBC. Vice-Presidente da Sociedade Catarinense de Cardiologia. Membro da Comissão Julgadora do Título de Especialista em Cardiologia da SBC.

Mateus dos Santos Viana

Especialista em Hemodinâmica e Cardiologia Intervencionista pela Sociedade Brasileira de Hemodinâmica e Cardiologia Intervencionista. Membro Titular da Sociedade Brasileira de Hemodinâmica e Cardiologia Intervencionista. Cardiologista Intervencionista do Hospital Cardiopulmonar, Hospital "Jorge Valente" e da Fundação Bahiana de Cardiologia.

Nilton Cavalcanti Macêdo Neto

Médico Cardiologista do Hospital do Coração de Alagoas.

Pedro Silvio Farsky

Doutor em Ciências pela Faculdade de Medicina da Universidade de São Paulo. *Fellow* da European Society of Cardiology. Médico Cardiologista do Instituto "Dante Pazzanese" de Cardiologia. Médico Cardiologista do Hospital Israelita "Albert Einstein". Membro da Comissão Julgadora do Título de Especialista em Cardiologia da Sociedade Brasileira de Cardiologia (SBC).

Rafael Rêbelo César Cavalcanti
Médico Cardiologista do Hospital do Coração de Alagoas.

Ricardo Cesar Cavalcanti
Mestre em Cardiologia pela Escola Paulista de Medicina da Universidade Federal de São Paulo. Diretor-Presidente do Hospital do Coração de Alagoas. Membro da Comissão Julgadora do Título de Especialista em Cardiologia da Sociedade Brasileira de Cardiologia (SBC).

Ricardo Mourilhe Rocha
Especialista em Cardiologia pela Sociedade Brasileira de Cardiologia (SBC). Coordenador da Clínica de Insuficiência Cardíaca do Hospital Universitário "Pedro Ernesto" da Universidade do Estado do Rio de Janeiro. Médico da Rotina da Unidade Coronariana do Hospital Pró-Cardíaco. Doutor em Ciências Médicas e Mestre em Cardiologia pela Universidade do Estado do Rio de Janeiro. *Fellow* da American College of Cardiology. Ex-Membro da Comissão Julgadora do Título de Especialista em Cardiologia da SBC.

Vinicius Daher Vaz
Especialista em Cardiologia pela Sociedade Brasileira de Cardiologia (SBC) e pela Associação Médica Brasileira. Especialista em Cardiologia Intervencionista pela Sociedade Brasileira de Hemodinâmica e Cardiologia Intervencionista e pela Associação Médica Brasileira. Coordenador de Temas Livres da Sociedade Brasileira de Hemodinâmica e Cardiologia Intervencionista. Coordenador do Serviço de Hemodinâmica do Hospital "Anis Rassi" de Goiânia. Membro da Comissão Julgadora do Título de Especialista em Cardiologia da SBC.

Wolney de Andrade Martins
Professor Adjunto de Cardiologia da Faculdade de Medicina da Universidade Federal Fluminense. Mestre em Medicina (Cardiologia) pela Universidade Federal Fluminense. Doutor em Ciências (Cardiologia) pela Universidade de São Paulo. Membro da Comissão Julgadora do Título de Especialista em Cardiologia da Sociedade Brasileira de Cardiologia (SBC).

DIRETORIA DA SOCIEDADE BRASILEIRA DE CARDIOLOGIA (GESTÃO 2014-2015)

Angelo Amato V. de Paola
Presidente

Sergio Tavares Montenegro
Vice-Presidente

Marcus Vinícius Bolívar Malachias
Presidente-Eleito

Jacob Atié
Diretor Financeiro

Maria da Consolação V. Moreira
Diretora Científica

Emilio Cesar Zilli
Diretor Administrativo

Pedro Ferreira de Albuquerque
Diretor de Qualidade Assistencial

Maurício Batista Nunes
Diretor de Comunicação

José Carlos Moura Jorge
Diretor de Tecnologia da Informação

Luiz César Nazário Scala
Diretor de Relações Governamentais

Abrahão Afiune Neto
Diretor de Relações com Estaduais e Regionais

Carlos Costa Magalhães
Diretor de Promoção de Saúde Cardiovascular – SBC/Funcor

Jorge Eduardo Assef
Diretor de Departamentos Especializados

Fernanda Marciano Consolim Colombo
Diretora de Pesquisa

Luiz Felipe P. Moreira
Editor-Chefe dos Arquivos Brasileiros de Cardiologia

Fábio Sândoli de Brito
Assessoria Especial da Presidência

Antonio Carlos de Camargo Carvalho
Governador – ACC Brazil Chapter

COORDENADORIAS ADJUNTAS

Nabil Ghorayeb e Fernando Antonio Lucchese
Editoria do Jornal da SBC

Estêvão Lanna Figueiredo
Coordenadoria de Educação Continuada

Luiz Carlos Bodanese
Coordenadoria de Normatizações e Diretrizes

Edna Maria Marques de Oliveira
Coordenadoria de Integração Governamental

José Luis Aziz
Coordenadoria de Integração Regional

CONSELHO FISCAL – CONFI

Membros titulares
Eduardo Nagib Gaui
João David de Souza Neto
Lucelia Batista Neves Cunha Magalhães

Membros suplentes
Dário Celestino Sobral Filho
Josmar de Castro Alves
William Azem Chalela

COMISSÃO ELEITORAL E DE ÉTICA PROFISSIONAL – CELEP

Membros titulares
Dikran Armaganijan
Luiz Antonio de Almeida Campos
Marcio Kalil

Membros suplentes
Brivaldo Markman Filho
Dalton Bertolim Précoma
Lázaro Fernandes de Miranda

COMISSÃO JULGADORA DO TÍTULO DE ESPECIALISTA EM CARDIOLOGIA (CJTEC/SBC) – GESTÃO 2014-2015

Marcos José Gomes Magalhães (PE)
Coordenador

Maria da Consolação V. Moreira (MG)
Diretora Científica da SBC

Antônio Augusto Guimarães Lima (CE)
Francisco Maia da Silva (PR)
Gilson Soares Feitosa-Filho (BA)
Ilmar Köhler (RS)
José Maria Peixoto (MG)
Luis Henrique Wolff Gowdak (SP)
Maria Emilia Lueneberg (SC)
Pedro Silvio Farsky (SP)
Ricardo Cesar Cavalcanti (AL)
Vinicius Daher Vaz (GO)
Wolney de Andrade Martins (RJ)

SUMÁRIO

Prefácio XVII

Apresentação XIX

Questões Comentadas da Prova de 2012 1

Questões Comentadas da Prova de 2013 103

Questões Comentadas da Prova de 2014 199

Referências para as Provas de 2012 a 2014 319

PREFÁCIO

A Comissão Julgadora do Título de Especialista em Cardiologia da Sociedade Brasileira de Cardiologia (CJTEC/SBC) é a responsável pela orientação e supervisão da prova de Título de Especialista em Cardiologia (TEC) aplicada pela SBC. Ela também é responsável pelo credenciamento e pelo acompanhamento dos cursos de especialização em cardiologia em todo o Brasil, buscando a homogeneização do ensino em todo os lugares deste país diverso. É composta por treze membros oriundos de vários estados brasileiros, sendo que doze deles têm mandato de 6 anos, além do Diretor Científico da SBC.

No ano de 2012, foi elaborada a "I diretriz da Sociedade Brasileira de Cardiologia sobre processo e competências para a formação em cardiologia no Brasil", documento que estabelece as competências para a formação de um bom profissional de cardiologia.

O TEC tem como objetivo distinguir o profissional médico apto a exercer a especialidade de cardiologia clínica, garantindo que tenha havido uma adequada formação médico-científica.

As provas deste livro são frutos de extensas reuniões nas quais todas as questões são revisadas com esmero e aprovadas, tentando sempre contemplar amplamente os conceitos básicos da cardiologia. Isso garante à SBC que o profissional que detém o título tenha a *expertise* necessária para o bom exercício na área.

Submeter-se às questões trazidas no livro e com uma boa revisão dos grandes temas da cardiologia ajudará o médico pleiteante ao título em seu aprimoramento como profissional.

Marcos José Gomes Magalhães
Coordenador da Comissão Julgadora do Título de Especialista em Cardiologia da Sociedade Brasileira de Cardiologia

APRESENTAÇÃO

Caros colegas,

A Comissão Julgadora do Título de Especialista em Cardiologia da Sociedade Brasileira de Cardiologia (CJTEC/SBC) apresenta a 4ª edição do livro de questões comentadas das provas para obtenção do título de especialista em cardiologia (TEC). Aqui foram reunidas as questões referentes aos 3 anos anteriores. O principal objetivo é ajudá-los a se familiarizarem com as questões das provas para obtenção do TEC, bem como revisitar os temas contemplados no programa de formação do cardiologista no Brasil.

Nesta edição, contamos com a valiosa colaboração de todos os membros da CJTEC e de mais vinte colaboradores que comentaram as questões. Inovamos na apresentação dos conteúdos, colocando os comentários imediatamente após as questões, a fim de facilitar o entendimento, e mantivemos as questões anuladas ou com mais de uma resposta considerada após o julgamento dos recursos. Gostaríamos de lembrar que as referências bibliográficas que embasaram os comentários são aquelas vigentes nas edições dos livros-texto da época e das diretrizes publicadas até o respectivo edital. Portanto, aconselhamos rever as diretrizes mais recentes, facilmente encontradas em http://www.arquivosonline.com.br.

Por fim, desejamos um excelente desempenho nas provas e, especialmente, em suas carreiras profissionais.

Os Editores

QUESTÕES COMENTADAS

PROVA DE
2012

1 Em relação ao desdobramento da segunda bulha, pode-se afirmar:

a. O fechamento da valva pulmonar precede a valva aórtica em indivíduos sadios.

b. Portadores de comunicação interatrial (CIA) apresentam desdobramento constante e variável com a respiração.

c. Portadores de bloqueio de ramo esquerdo (BRE) apresentam desdobramento paradoxal.

d. Portadores de bloqueio de ramo direito têm desdobramento constante não sendo modificado pelo padrão respiratório.

e. A inspiração encurta o tempo de ejeção ventricular direita por reduzir a pressão em artéria pulmonar.

Comentário A segunda bulha cardíaca compreende o fechamento da válvula aórtica (A2) e da válvula pulmonar (P2). Normalmente, o intervalo entre A2 e P2 (A2-P2) aumenta durante a inspiração e diminui com a expiração. Esse intervalo aumenta no bloqueio de ramo direito em decorrência da demora no fechamento da válvula pulmonar e também na insuficiência mitral em virtude do fechamento prematuro da válvula aórtica, porém a variação do ciclo respiratório é normal e mantida em ambas as condições. Quando o desdobramento é fixo, o intervalo A2-P2 é amplo e permanece inalterado durante o ciclo respiratório. O desdobramento fixo de P2 é um aspecto da comunicação interatrial tipo *ostium secundum*, enquanto o desdobramento paradoxal ocorre como uma consequência da demora no fechamento da válvula aórtica, podendo ocorrer com bloqueio completo do ramo esquerdo, marca-passo em ápice do ventrículo direito, estenose aórtica grave, miocardiopatia hipertrófica e isquemia miocárdica.

Resposta correta alternativa c

2 Leia as seguintes afirmações sobre a amiodarona e assinale a alternativa CORRETA:

I. A excreção é basicamente hepática, minimamente renal, e cirrose hepática é incomum, mas pode ser fatal.

II. O início da ação após a administração oral é de 2 a 3 dias e, quando administrada por via intravenosa, é de 1 a 2 horas.

III. Antagoniza de forma não competitiva receptores beta e alfa-adrenérgicos e a conversão de tiroxina em tri-iodotironina.

a. Apenas I e II estão corretas.

b. Apenas I e III estão corretas.

c. Apenas II e III estão corretas.

d. Todas estão corretas.

e. Todas estão erradas.

Comentário   A amiodarona é um benzofurano aprovado nos Estados Unidos pelo Food and Drug Administration para tratamento das taquiarritmias ventriculares. Ela age bloqueando os canais de potássio nos miócitos condutores do coração e, em menor grau, os canais de sódio inativos, além de relaxar a musculatura lisa e aumentar o débito coronário por vasodilatação. Antagoniza, de forma não competitiva, os receptores alfa e beta e bloqueia a conversão de tiroxina para tri-iodotironina. Pode haver elevações das enzimas hepáticas e raramente ocorre cirrose, que pode ser fatal. O intervalo QRS no eletrocardiograma e o potencial de ação são prolongados e a frequência cardíaca é diminuída. Sua excreção hepática ocorre junto da bile com alguma recirculação entero-hepática. O *clearance* no plasma da amiodarona é baixo e a excreção renal é mínima. O início de ação após administração intravenosa ocorre dentro de 1 a 2 horas, enquanto por administração oral ocorre em 2 a 3 dias, podendo atingir até mais de 1 semana.

Resposta correta   alternativa d

3 Em relação às valvopatias, assinale a alternativa CORRETA:

a. É possível a identificação de estenose mitral apenas pela anamnese e exame físico.

b. O principal dado para indicação de tratamento intervencionista nas valvopatias é oriundo da anamnese.

c. Dor torácica em portador de valvopatia é forte indicador de doença arterial coronária associada.

d. Valvopatia é causa incomum de paciente com síndrome de intolerância a esforços e/ou retenção hídrica.

e. Os sopros sistólicos costumam ser menos intensos que os sopros diastólicos.

Comentário   Na estenose mitral, a palpação do ápex cardíaco geralmente revela um *ictus* de ventrículo direito (VD). Isso acontece em decorrência do aumento do VD, que pode deslocar posteriormente o ventrículo esquerdo. Palpa-se também a primeira bulha em decúbito lateral esquerdo e um frêmito diastólico. O fechamento da válvula pulmonar pode ser palpável no segundo espaço intercostal esquerdo em pacientes com estenose mitral e hipertensão pulmonar. A indicação para valvoplastia mitral com balão depende da área e da morfologia da válvula, da presença de insuficiência mitral e de trombo no átrio esquerdo. Dor torácica pode acontecer em pacientes com estenose mitral e pode ser causada por hipertensão pulmonar grave secundária à doença vascular pulmonar. É comum os pacientes apresentarem sintomas de fadiga e diminuição da tolerância ao exercício em decorrência da capacidade reduzida para aumentar o débito cardíaco, ou da elevada pressão venosa pulmonar e da complacência pulmonar diminuída. Os sopros sistólicos costumam ser mais intensos do que os sopros diastólicos.

Resposta correta   alternativa a

4 **Em relação à prevenção secundária da doença arterial coronariana, assinale a alternativa ERRADA:**

a. Ácido acetilsalicílico está sempre indicado, na dose de 75 a 162 mg ao dia, salvo contraindicações.

b. Betabloqueadores (beta-1 específicos ou não) estão indicados, salvo contraindicações.

c. Indicação de inibidores da enzima conversora de angiotensina está limitada a pacientes com disfunção ventricular esquerda, hipertensão arterial ou *diabetes mellitus*.

d. Na doença coronariana, recomenda-se redução de LDL-C para níveis inferiores a pelo menos 100 mg/dL.

e. Não há estudos demonstrando aumento de sobrevida com uso de nitratos orais.

Comentário   A aspirina, se não for contraindicada, deve ser usada em todo paciente com doença coronariana. Ela reduz o risco de eventos subsequentes em 25%, além de reduzir também a mortalidade e tornar o surgimento da doença cardiovascular não fatal. A dose recomendada pela American Heart Association/American College of Cardiology Foundation é de 75 a 162 mg/dia. Os estudos sobre betabloqueadores têm demonstrado sua eficácia na redução da mortalidade após infarto do miocárdio, além do fato de que eles diminuem o risco de recorrência de eventos cardiovasculares. O uso dos inibidores da enzima conversora da angiotensina (IECA) após infarto do miocárdio reduz em 7% a mortalidade em 30 dias. Em pacientes com baixa fração de ejeção após infarto, a mortalidade total é reduzida em 26%. O estudo Hope sugeriu que os benefícios dos IECA fossem estendidos para pacientes com doença cardiovascular clínica e *diabetes mellitus*, mesmo na ausência de disfunção ventricular esquerda. Foi determinado que, nas diretrizes sobre *angina pectoris* estável em pacientes com doença coronariana, o LDL-colesterol deve ser menor que 100 mg/dL. Não há estudos que tenham demonstrado aumento da sobrevida com o uso de nitratos orais.

Resposta correta   alternativa c

5   As dislipidemias podem ser classificadas em:

a.   Hipercolesterolemia quando colesterol total $\geq$ 180 mg/dL.
b.   Hipertrigliceridemia quando triglicérides $\geq$ 150 mg/dL.
c.   Dislipidemia mista quando colesterol total $\geq$ 180 mg/dL e triglicérides $\geq$ 150 mg/dL.
d.   HDL-C baixo quando em homens < 50 mg/dL e em mulheres, < 40 mg/dL.
e.   Todas as alternativas anteriores estão corretas.

Comentário   Em 2007, as "Diretrizes sobre aterosclerose" da Sociedade Brasileira de Cardiologia categorizaram as dislipidemias em hipercolesterolemia isolada quando LDL-colesterol $\geq$ 160 mg/dL; em hipertrigliceridemia, quando triglicérides > 150 mg/dL; em dislipidemia mista, quando LDL-colesterol > 160 mg/dL e triglicérides $\geq$ 150 mg/dL. O HDL-colesterol é considerado baixo, para homens, quando estiver < 40 mg/dL e para mulheres, quando < 50 mg/dL, estando isolado ou em associação com aumento do LDL-colesterol ou dos triglicérides.

Resposta correta   alternativa b

6 Em relação à endocardite em prótese valvar causada por *Staphylococcus aureus*, assinale a alternativa ERRADA:

a. A cura é mais provável se uma intervenção cirúrgica precoce for associada à antibioticoterapia.

b. O tratamento antimicrobiano deve incluir o uso combinado de três drogas.

c. Pode ocorrer extensão perivalvar da infecção especialmente nas próteses colocadas há mais de 10 anos.

d. Pacientes recebendo antibióticos betalactâmicos ou vancomicina devem ter função renal e hemograma realizados periodicamente.

e. Na endocardite em prótese valvar esquerda com vegetações visíveis ao ecocardiograma, o risco de embolias arteriais é alto.

Comentário   A endocardite por *Staphylococcus aureus* deve ser tratada com três antibióticos em combinação: vancomicina + rifampicina e gentamicina ou oxacilina + rifampicina e gentamicina. A intervenção cirúrgica tem papel importante no tratamento da infecção que não responde aos antibióticos e em complicações da endocardite infecciosa. A mortalidade diminui quando o tratamento inclui antibióticos e cirurgia. A extensão perivalvar ocorre em 45 a 60% daqueles com endocardite da prótese. Deve-se reduzir as doses de vancomicina e gentamicina em pacientes com insuficiência renal. Há maior risco de embolia arterial em pacientes com endocardite de prótese e grandes vegetações.

Resposta correta   alternativa c

7 Uma senhora de 34 anos deu entrada no serviço de emergência do hospital referindo dor torácica ventilatória-dependente, dispneia que surgia aos esforços habituais, com início nos últimos 7 dias. Foi acordada durante a noite com forte dor na face anterior do tórax e dispneia. Ao exame físico, encontrava-se dispneica e ortopneica, sem edema, com aumento das pressões jugulares, crepitações pulmonares basais e bilaterais, taquicardia, terceira bulha e galope, sopro sistólico (+++/6) na área mitral, fígado encontrava-se a 3 cm do rebordo costal direito. P = 100 bpm; pressão arterial (PA) = 110 $\times$ 70 mmHg; T = 37,5°C. Antecedentes: casada, três filhos com idades de 5 e 4 anos, e o mais novo com 20 dias. O diagnóstico mais provável é:

a. Pericardite.
b. Infarto agudo do miocárdio.
c. Tamponamento cardíaco.
d. Pneumonia.
e. Insuficiência cardíaca e tromboembolismo pulmonar.

Comentário A definição da etiologia é uma etapa fundamental nos pacientes com insuficiência cardíaca e contribui para avaliação do prognóstico, além de poder influenciar na terapia. Dados obtidos a partir de história, exame físico, eletrocardiograma (ECG) e exames laboratoriais são capazes de sugerir a causa da insuficiência cardíaca na maioria dos casos. Para etiologia isquêmica, essa paciente não apresenta *angina pectoris*, não tem antecedentes de infarto do miocárdio ou fatores de risco para aterosclerose e nem apresenta zona inativa ao ECG. Para avaliação clínica do paciente com insuficiência cardíaca, achados de dispneia, palpitações, dor torácica, presença de terceira e quarta bulhas e de sopro cardíaco são importantes. Os pulmões geralmente apresentam derrame pleural e também podem apresentar sinais de congestão, como edema, crepitações e hepatomegalia. Existem alguns fatores precipitantes para insuficiência cardíaca, como infecção, isquemia miocárdica, embolia pulmonar, insuficiência renal, anemia, hipertensão arterial, arritmias, etilismo etc. A paciente em questão é jovem, possui sinais clínicos de insuficiência cardíaca, porém sem febre, normotensa e com 20 dias pós-parto.

Resposta correta alternativa e

8 Nos pacientes com *diabetes mellitus*, as dislipidemias habitualmente encontradas são:

a. Triglicérides normais, LDL-C aumentado e HDL-C baixo.
b. Triglicérides aumentados, HDL-C reduzido e aumento de partículas de LDL-C pequena e densa.
c. Triglicérides aumentados, LDL-C reduzido e HDL-C aumentado.
d. Triglicérides aumentados, HDL-C aumentado e aumento de partículas de LDL-C pequena e densa.
e. Triglicérides aumentados, HDL-C inalterado e LDL-C inalterado.

Comentário Dislipidemia em associação com resistência à insulina é comum em pacientes diabéticos. As lipoproteínas estão relacionadas com a gravidade da resistência à insulina e a superprodução de lipoproteínas ricas em triglicérides diminui o *clearance* pela lipoproteína lipase que leva à hipertrigliceridemia nesses pacientes. A hipertrigliceridemia é resultante do aumento da glicemia, dos ácidos graxos livres e da lipólise do triglicerídeo VLDL. Níveis de triglicérides tendem a variar inversamente com níveis de HDL-colesterol, porque a proteína *transfer ester cholesterol* media as trocas de HDL para a forma VLDL. Portanto, esse grupo de pacientes, hipertrigliceridemia, redução de HDL e aumento do volume de partículas de LDL pequena e densa são as dislipidemias habitualmente encontradas.

Resposta correta alternativa b

9 **Quanto à indicação de ablação da fibrilação atrial para manutenção do ritmo sinusal, escolha a afirmativa CORRETA:**

a. É classe I para indivíduos de qualquer idade com coração estruturalmente normal, com ou sem sintomas e sem resposta após uso de pelo menos duas drogas antiarrítmicas.

b. É classe I para indivíduos de qualquer idade com coração estruturalmente normal, sintomático e sem resposta após uso de pelo menos uma droga antiarrítmica.

c. É classe I para indivíduos de qualquer idade com coração estruturalmente normal ou pouco alterado, sintomático e sem resposta após uso de pelo menos duas drogas antiarrítmicas.

d. É classe I para indivíduos jovens com coração estruturalmente normal, com ou sem sintomas e sem resposta após uso de pelo menos uma droga antiarrítmica.

e. É classe I para indivíduos jovens com coração estruturalmente normal, sintomáticos e sem resposta após uso de pelo menos duas drogas antiarrítmicas.

Comentário A estratégia de isolamento das veias pulmonares baseia-se no fato de que 90% dos focos ectópicos que deflagram a fibrilação atrial (FA) se originam em seu interior. O acesso ao átrio esquerdo que é feito por meio do forame oval ou por punções do septo interatrial é necessário e a radiofrequência é a principal energia utilizada para ablação. As diretrizes brasileiras sobre FA determinaram em 2009 que a indicação de classe I é para FA sintomática, em paciente jovem, com coração estruturalmente normal, sem resposta ou com efeitos colaterais em decorrência do uso de pelo menos dois fármacos antiarrítmicos, na ausência de condições metabólicas potencialmente correlacionadas à arritmia.

Resposta correta   alternativa e

10 Com relação aos benefícios clínicos dos betabloqueadores nos pacientes com insuficiência cardíaca, pode-se AFIRMAR que:

a. O nebivolol reduz morte cardiovascular e súbita.
b. O succinato de metoprolol reduz a insuficiência mitral.
c. O bisoprolol não é inferior à estratégia de tratamento iniciada com inibidor da enzima conversora da angiotensina (IECA).
d. O carvedilol, por ter atuação seletiva, reduz a remodelagem miocárdica.
e. O atenolol tem benefício comprovado na redução da mortalidade.

Comentário   Os betabloqueadores representam o maior avanço no tratamento da insuficiência cardíaca (IC) em pacientes com baixa fração de ejeção. O succinato de metoprolol obteve uma significativa redução de 34% no risco relativo de mortalidade em pessoas com IC leve a moderada e com disfunção sistólica moderada a grave do ventrículo esquerdo no estudo Merit-HF. O metoprolol reduziu a mortalidade de ambas, morte súbita e por progressão da IC, mas não existem relatos de melhora da insuficiência mitral. No estudo Seniors, o nebivolol reduziu somente o desfecho combinado de mortalidade total e hospitalização cardiovascular de 31,1 para 35,3%, porém não reduziu a mortalidade. Quanto ao bisoprolol, o estudo clínico Cibis III abordou uma importante questão ao comparar um tratamento inicial com bisoprolol e o tratamento usando inicialmente inibidores da enzima conversora da angiotensina (IECA). O desfecho primário de mortalidade geral ou hospitalização, em vista de objetivos de não inferioridade do bisoprolol, ocorreu em 32,4% do grupo com tratamento iniciando com bisoprolol $\times$ 33,1% daquele iniciado com enalapril. Portanto, o bisoprolol não é inferior ao enalapril na estratégia de tratamento iniciado com IECA. Propranolol e atenolol não foram testados em grandes estudos para o tratamento da IC. O carvedilol reverte a remodelagem miocárdica.

Resposta correta   alternativa c

QUESTÕES COMENTADAS | PROVA DE 2012

11 Paciente de 50 anos deu entrada em pronto-socorro com quadro de enxaqueca. Ao exame físico: PA = 180 × 130 mmHg. Fundo de olho = papilas normais A1H0. Exame neurológico normal. ECG = sobrecarga acentuada das câmaras esquerdas. Em relação ao caso, assinale a alternativa CORRETA:

a. O paciente se encontra em uma emergência hipertensiva, por apresentar lesão em órgão-alvo.

b. O tratamento ideal para este paciente é furosemida venosa e benzodiazepínicos.

c. O paciente deve ser internado em unidade de terapia intensiva e a PA, normalizada rapidamente com o uso de nitroprussiato de sódio.

d. A melhor terapêutica é a utilização de nifedipino sublingual.

e. Paciente deve ser orientado a tratar a hipertensão em nível ambulatorial.

Comentário De acordo com as "VI diretrizes brasileiras de hipertensão", de 2010, o caso relatado não se caracteriza como uma "emergência hipertensiva", que é definida como "condição em que há elevação crítica da pressão arterial (PA) com quadro clínico grave, progressiva lesão de órgãos-alvo e risco de morte, exigindo imediata redução da PA com agentes aplicados por via parenteral". Apesar de observada significativa elevação da PA no quadro, o paciente apresenta-se em estabilidade clínica, sem comprometimento agudo de órgão-alvo, com exame neurológico e fundo de olho normais. O achado de sobrecarga acentuada das câmaras esquerdas ao eletrocardiograma remete à cronicidade da hipertensão com subsequente lesão de órgão-alvo. Ressalte-se que, na emergência hipertensiva, conforme essas diretrizes, "há elevação abrupta da PA ocasionando, em território cerebral, perda da autorregulação do fluxo sanguíneo e evidências de lesão vascular, com quadro clínico de encefalopatia hipertensiva, lesões hemorrágicas dos vasos da retina e papiledema", o que não é observado no caso descrito. Trata-se de um caso de urgência hipertensiva, caracterizado por uma elevação crítica da PA – em geral, pressão arterial diastólica (PAD) ≥ 120 mmHg –, porém com estabilidade clínica e sem comprometimento agudo de órgãos-alvo. Desse modo, a internação do paciente não é justificada, assim como a redução aguda da PA. O paciente, portanto, deve ser orientado a conduzir a hipertensão arterial em nível ambulatorial, conforme orientação dessas mesmas diretrizes.

Resposta correta alternativa e

12 Dos benefícios clínicos esperados dos nitratos, NÃO se observa:

a. Redução da mortalidade na insuficiência cardíaca quando associados à hidralazina.
b. Redução da mortalidade na síndrome coronária aguda.
c. Redução da carga isquêmica na doença coronariana crônica.
d. Pouco benefício na redução da pressão arterial.
e. Melhora da capacidade ao exercício quando associado à hidralazina na insuficiência cardíaca crônica.

Comentário   A utilização rotineira dos nitratos na síndrome coronariana aguda com supradesnivelamento do segmento ST (SCACSST) foi testada nos estudos Isis-4219 e Gissi-3220, sem que fosse demonstrada vantagem. Os nitratos apresentam efeitos benéficos em pacientes com redução da reserva de fluxo sanguíneo coronariano ao aliviar a vasoconstrição causada pela disfunção endotelial, além de promover a redistribuição do fluxo sanguíneo para áreas isquêmicas, especialmente no subendocárdio. O efeito venodilatador sistêmico reduz a pré-carga, diminuindo a tensão na parede ventricular e o consumo de oxigênio. A associação de dinitrato de isossorbida e hidralazina mostrou redução de mortalidade em relação ao placebo em indivíduos com insuficiência cardíaca com disfunção sistólica do ventrículo esquerdo no estudo V-HeFT.

Resposta correta   alternativa b

13 Em relação à medida da pressão arterial, é CORRETO afirmar que:

a. A medida da PA em crianças é recomendada em toda avaliação clínica após os 3 anos de idade, pelo menos anualmente, como parte do seu atendimento pediátrico primário.
b. Os aparelhos aneroides não são indicados por conta da descalibração indetectável.
c. A interpretação dos valores de pressão arterial obtidos em crianças e adolescentes deve levar em conta a idade e o sexo, mas não a altura do paciente.
d. Hipertensão arterial na criança é definida como pressão igual ou maior ao percentil 85 de distribuição da pressão arterial.
e. Crianças não apresentam hipertensão de consultório e efeito do avental branco.

Comentário   De acordo com as "VI diretrizes brasileiras de hipertensão", de 2010, "a medida da pressão arterial (PA) em crianças é recomendada em toda avaliação clínica, após os 3 anos de idade, pelo menos anualmente, como parte do seu atendimento pediátrico primário, devendo respeitar as padronizações estabelecidas para os adultos". As diretrizes também recomendam que "a interpretação dos valores de PA obtidos em crianças e adolescentes deve levar em conta: a idade, o sexo e a altura". A hipertensão arterial que afeta essa população é definida como pressão ≥ 95% de distribuição da PA. Crianças também apresentam hipertensão de consultório e efeito do avental branco.

Resposta correta   alternativa a

14 Em relação à insuficiência cardíaca, marque a alternativa ERRADA:

a. Os betabloqueadores são drogas utilizadas no tratamento da insuficiência cardíaca que reduzem mortalidade por progressão da doença e por morte súbita.

b. Os efeitos dos inibidores da enzima conversora da angiotensina II são efeitos de classe.

c. O atenolol já foi testado no tratamento da insuficiência cardíaca e se mostrou com a mesma eficácia e segurança em relação ao succinato de metropolol, bisoprolol e carvedilol.

d. A espironolactona está indicada para os pacientes com insuficiência cardíaca das classes III e IV.

e. Os diuréticos estão indicados nas classes II, III e IV da insuficiência cardíaca com sinais e sintomas de congestão.

Comentário   O uso de betabloqueadores apresenta benefícios clínicos comprovados na insuficiência cardíaca (IC), com melhora da classe funcional, redução da progressão dos sintomas de IC e redução de internação hospitalar em indivíduos com classe funcional I a IV da New York Heart Association (NYHA). Quando associados aos inibidores da enzima conversora da angiotensina (IECA) ou aos bloqueadores dos receptores da angiotensina (BRA), aumentam a sobrevida em função da redução da mortalidade global e cardiovascular (20% por redução na morte por progressão da IC e 36 a 44% por redução da morte súbita) que promovem. Os betabloqueadores com eficácia clínica comprovada no tratamento da IC são carvedilol, bisoprolol e succinato de metoprolol. Recentemente, o nebivolol teve a sua eficácia demonstrada em idosos. O bloqueio da aldosterona em adição aos IECA e aos betabloqueadores deve ser considerado em pacientes com IC crônica grave por disfunção sistólica do ventrículo esquerdo (classes funcionais III e IV da NYHA). Os diuréticos de alça são recomendados aos pacientes com classes funcionais mais avançadas (III e IV). Por outro lado, os diuréticos tiazídicos têm indicação para as formas brandas de IC (classe funcional II), com boa eficácia na melhora clínica dos pacientes. Em decorrência da falta de evidências clínicas, os diuréticos devem ser evitados em pacientes com classe funcional I. Segundo a "III diretriz brasileira de insuficiência cardíaca crônica", os diuréticos são considerados como classe de recomendação I e nível de evidência C em pacientes sintomáticos com sinais e sintomas de congestão. Os IECA constituem um grupo de fármacos com benefícios comprovados na evolução de pacientes com IC, em relação tanto à morbidade, quanto à mortalidade.

Resposta correta   alternativa c

15 Nas curvas de pressão de átrio direito ou do capilar pulmonar, uma onda "a" muito proeminente, uma onda "a" ausente e uma onda "v" proeminente com um descenso "y" marcado podem ser encontradas nas condições a seguir, respectivamente:

a. Insuficiência mitral, estenose tricúspide e estenose mitral.
b. Estenose tricúspide, fibrilação atrial e estenose mitral.
c. Estenose mitral, dupla lesão mitral e insuficiência mitral.
d. Estenose tricúspide, fibrilação atrial e insuficiência mitral.
e. Todas as alternativas estão erradas.

Comentário   A curva pressórica do átrio direito (AD) é definida por três deflexões positivas. A onda "a", resultante da sístole atrial que ocorre aproximadamente 80 ms após a ativação elétrica (onda P do eletrocardiograma), seguida pelo descenso "x", resultante do relaxamento atrial pós-sístole e da movimentação do aparelho valvar tricúspide para baixo no início da contração ventricular. Segue-se o fechamento da valva tricúspide, refletido na pressão intra-atrial como onda "c" e, logo após, a onda "v", resultado da chegada do volume sistêmico ao átrio direito após o fechamento da valva atrioventricular. O descenso "y" relaciona-se à abertura da valva atrioventricular e à saída de sangue do átrio para o ventrículo. A fibrilação atrial é uma situação em que há ausência de contração efetiva atrial e, portanto, caracteriza a onda "a" na curva de pressão atrial direita. A onda "a" é particularmente proeminente em condições nas quais a resistência ao esvaziamento atrial direito aumenta, assim como na hipertrofia ventricular direita, na hipertensão pulmonar e na estenose tricúspide. Situações em que a onda "v" está proeminente incluem regurgitação mitral, insuficiência cardíaca esquerda e defeito do septo ventricular.

Resposta correta   alternativa d

16 Sobre o ácido acetilsalicílico (AAS), considere as seguintes afirmações e assinale a alternativa CORRETA:

I. A vida média das plaquetas é cerca de 10 dias e a reação do AAS com a cicloxigenase é irreversível.

II. As doses atualmente recomendadas de AAS em pacientes com síndrome coronariana aguda é de 300 mg na admissão e durante o período de internação hospitalar.

III. Evidências sustentando a utilização do AAS como alternativa à anticoagulação na fibrilação atrial foram observadas com doses mínimas de 300 mg.

a. Apenas I e II estão corretas.

b. Apenas I e III estão corretas.

c. Apenas II e III estão corretas.

d. Todas estão corretas.

e. Todas estão erradas.

Comentário   A vida média das plaquetas na circulação gira em torno de 10 dias e, em seguida, elas são capturadas e destruídas no baço. O ácido acetilsalicílico (AAS) afeta a função das plaquetas inibindo a cicloxigenase (COX) e impedindo a formação do tromboxano A2 (agente agregante). Essa ação é irreversível e os efeitos persistem durante a vida das plaquetas expostas. Conforme as "Diretrizes da Sociedade Brasileira de Cardiologia sobre angina instável e infarto agudo do miocárdio sem supradesnível do segmento ST", de 2007, a dose inicial recomendada de AAS é de 200 mg, que deve ser mastigado para ser absorvido por via sublingual a fim de que se obtenha altos níveis sanguíneos rapidamente. A dose recomendada é de 200 mg, por via oral, macerada, assim que o paciente chegar ao hospital, considerando-se que a dose de manutenção em longo prazo é de 100 mg/dia, embora doses baixas a partir de 75 mg/dia também sejam consideradas efetivas.

Questão anulada

17 De acordo com a atualização da "Diretriz de insuficiência cardíaca crônica", de 2012, quais são as intervenções terapêuticas recomendadas no tratamento da insuficiência cardíaca sistólica?

a. Dieta saudável com adição de até 3 g de sal, não podendo ser individualizada.

b. Reabilitação para obtenção de melhora da qualidade de vida, sobrevida e capacidade de exercício.

c. Uso de carvedilol, bisoprolol, succinato de metoprolol ou bucindolol, qualquer que seja a etiologia.

d. Possibilidade do uso de bisoprolol como monoterapia inicial.

e. Uso de espironolactona somente em classe funcional IV da New York Heart Association (NYHA).

Comentário   Dieta com teor normal de sódio foi associada a melhor evolução e, em metanálise, a restrição de sódio aumentou a mortalidade. A atualização da "Diretriz brasileira de insuficiência cardíaca crônica" preconiza dieta saudável com adição de até 6 g de sódio, individualizada conforme as características do paciente. Reabilitação ou atividade física programada melhoram a qualidade de vida e a capacidade para exercício, contudo os resultados para sobrevida e hospitalizações são conflitantes. Os betabloqueadores com eficácia clínica comprovada no tratamento da insuficiência cardíaca são carvedilol, bisoprolol e succinato de metoprolol. A atualização da "Diretriz brasileira de insuficiência cardíaca crônica", de 2012, recomenda, para espironolactona, o uso em pacientes sintomáticos com disfunção sistólica do ventrículo esquerdo, classes funcionais III e IV da NYHA, associado ao tratamento padrão. O estudo Cibis III mostrou que o bisoprolol pode ser utilizado como monoterapia inicial em insuficiência cardíaca leve ou moderada.

Resposta correta   alternativa d

18 São considerados fatores AGRAVANTES de risco coronário, EXCETO:

a. Antecedente familiar de doença coronária prematura.
b. Tabagismo.
c. Insuficiência renal crônica.
d. Síndrome metabólica.
e. Hipertrofia ventricular esquerda.

Comentário A "IV diretriz brasileira sobre dislipidemias e prevenção da aterosclerose", do Departamento de Aterosclerose da Sociedade Brasileira de Cardiologia, de 2007, considera como fatores agravantes do risco coronariano: antecedente familiar de doença coronariana prematura, doença renal crônica, síndrome metabólica, hipertrofia ventricular esquerda, micro ou macroalbuminúria, proteína C-reativa de alta sensibilidade > 3 mg/L (na ausência de etiologia não aterosclerótica) e exame complementar com evidência de doença aterosclerótica subclínica. O tabagismo é classicamente conhecido como um fator de risco coronariano.

Resposta correta alternativa b

19 De acordo com a atualização da "Diretriz de insuficiência cardíaca", de 2012, no diagnóstico de insuficiência cardíaca sistólica, qual é a resposta CORRETA?

a. A dosagem de BNP/Pro-BNP deve sempre ser realizada para diagnóstico, determinação de prognóstico e para avaliação de resposta terapêutica.
b. O ecocardiograma não tem indicação de rotina na avaliação inicial dos pacientes, mas sempre na modificação do quadro clínico.
c. Cinecoronariografia deve ser realizada em todos os pacientes para determinação da etiologia.
d. A angiotomografia coronariana é indispensável em pacientes com história de doença coronariana e angina.
e. Métodos de avaliação não invasiva de viabilidade miocárdica são recomendados em pacientes com doença arterial coronariana considerados para revascularização miocárdica.

Comentário A utilização do BNP/NT-proBNP é recomendada pela atualização da "Diretriz brasileira de insuficiência cardíaca crônica", de 2012, quando há dúvida no diagnóstico da insuficiência cardíaca (IC), para estratificação prognóstica em pacientes com IC e em medidas seriadas como complemento ao exame físico para guiar tratamento em pacientes com IC. Para a utilização do ecodopplercardiograma na IC, recomenda-se a avaliação inicial de todo paciente com o diagnóstico e reavaliação ecocardiográfica quando o quadro clínico indica modificação do manejo terapêutico. A cineangiocoronariografia só deve ser utilizada, conforme essas diretrizes, no paciente com IC e angina típica, assim como no paciente com IC sem angina com fatores de risco para doença arterial coronariana (DAC) ou com história de infarto agudo do miocárdio. A angiotomografia coronariana permite excluir de forma não invasiva a presença de DAC significativa, principalmente em pacientes de risco baixo ou intermediário. A diretriz recomenda angiotomografia coronariana para detecção de DAC obstrutiva em pacientes com fração de ejeção reduzida e probabilidade baixa ou intermediária de DAC. Métodos de avaliação não invasiva de viabilidade miocárdica (eco de estresse, medicina nuclear ou ressonância magnética) são recomendados em pacientes com IC e com DAC considerados para revascularização miocárdica.

Resposta correta   alternativa e

20 Dentre as alternativas a seguir, assinale aquela que, pelas diretrizes atuais de ressonância magnética cardiovascular, constitui contraindicação à realização do exame:

a.   Bioprótese valvar mitral.
b.   *Stent* coronário.
c.   Clipes metálicos intracranianos.
d.   Prótese valvar aórtica mecânica.
e.   Prótese metálica da cabeça do fêmur.

Comentário Conforme as "Diretrizes da Sociedade Brasileira de Cardiologia sobre ressonância e tomografia cardiovascular", de 2006, os exames de ressonância magnética cardiovascular não podem ser realizados por portadores de marca-passo, desfibriladores implantados ou implantes cocleares e pacientes com clipes cerebrais ou com fragmentos metálicos nos olhos.

Resposta correta   alternativa c

QUESTÕES COMENTADAS | PROVA DE 2012

21 Todas as condições a seguir constituem contraindicações absolutas para trombólise em infarto do miocárdio, EXCETO:

a. Sangramento interno em atividade (salvo menstruação).
b. Dissecção aguda da aorta.
c. Ressuscitação cardiorrespiratória não traumática.
d. Traumatismo craniano recente.
e. Acidente vascular encefálico hemorrágico.

Comentário No tratamento da síndrome coronariana aguda com supradesnivelamento do segmento ST (SCACSST), dispõe-se da angioplastia primária e do uso de trombolíticos na tentativa de recanalização da artéria responsável pela SCACSST. Os trombolíticos são indicados na SCACSST em pelo menos duas derivações no eletrocardiograma ou em pacientes com novo bloqueio de ramo esquerdo presumido. Como os trombolíticos são fármacos que podem desencadear sangramentos indesejáveis, há contraindicações absolutas e relativas ao seu uso. A "IV diretriz da Sociedade Brasileira de Cardiologia sobre o tratamento do infarto agudo do miocárdio com supradesnivelamento do segmento ST" estabelece sete contraindicações absolutas ao uso dos trombolíticos ou fibrinolíticos: qualquer sangramento intracraniano, acidente vascular encefálico isquêmico nos últimos 3 meses, dano ou neoplasia no sistema nervoso central, trauma significativo na cabeça ou rosto nos últimos 3 meses, sangramento ativo ou diátese hemorrágica (exceto menstruação), qualquer lesão vascular cerebral conhecida (malformação arteriovenosa) e suspeita de dissecção da aorta. A ressuscitação cardiorrespiratória traumática ou prolongada é uma contraindicação relativa. A alternativa c é a exceção, pois, por se tratar de uma ressuscitação não traumática, não é contraindicação relativa nem absoluta ao uso dos fibrinolíticos.

Resposta correta alternativa c

22 Homem de 75 anos, portador de estenose aórtica degenerativa, apresenta-se em classe funcional III/IV. O ecocardiograma demonstra presença de calcificação valvar moderada, com FE de 30% e gradiente transvalvar aórtico máximo de 30 mmHg. Que conduta seria mais adequada nesta situação?

a. Implante de bioprótese por via cateter percutânea.
b. Tratamento cirúrgico da valva aórtica.

c. Medicar com vasodilatador arterial.

d. Medicar com estatina.

e. Avaliar grau da estenose aórtica com ecocardiograma sob estresse.

Comentário   Trata-se de um paciente idoso, com insuficiência cardíaca em classe funcional III/IV e com estenose aórtica degenerativa. Tem um gradiente ventrículo esquerdo-aorta (VE-Ao) baixo (30 mmHg), porém uma fração de ejeção do VE de 30%. Portanto, trata-se de uma estenose aórtica com baixo fluxo, baixo débito e disfunção ventricular. Nesse paciente, a dúvida é se a estenose aórtica é grave ou não e, por isso, o grau da estenose tem que ser definido. A fim disso, utiliza-se o ecocardiograma com doses baixas de dobutamina com o intuito de melhorar o volume sistólico do VE e quantificar melhor o gradiente transvalvar.

Resposta correta   alternativa e

23 O fluxo sanguíneo:

a. Para a pele está amplamente sob controle metabólico local.

b. Para o cérebro está significativamente sob controle nervoso autônomo.

c. Para o coração é máximo durante a sístole cardíaca, quando a pressão arterial é maior.

d. Pode ser aumentado localmente pela produção endotelial de óxido nítrico (NO).

e. É diretamente proporcional à resistência vascular.

Comentário   O fluxo sanguíneo ao longo de um vaso é diretamente proporcional ao gradiente de pressão entre as extremidades desse vaso e inversamente proporcional à resistência vascular sistêmica (lei de Ohm). O fluxo sanguíneo é medido pela quantidade de sangue que passa no vaso por unidade de tempo, geralmente em mL/min ou L/min. O sistema nervoso autônomo (simpático e parassimpático), o metabolismo local, a produção de substâncias endógenas vasodilatadoras ou vasoconstritoras e o momento do ciclo cardíaco fazem com que o fluxo sanguíneo tenha as suas particularidades em determinados órgãos. Na pele, o fluxo sanguíneo é muito dependente do sistema nervoso autônomo. No cérebro, é principalmente dependente do gradiente entre a pressão arterial sistêmica média e a pressão intracerebral. No coração, o fluxo sanguíneo coronariano ocorre preferencialmente durante a diástole.

Resposta correta   alternativa d

24 Para um paciente com fibrilação atrial permanente e angina de difícil controle, qual dos medicamentos não teria efeito terapêutico:

a. Bisoprolol.
b. Verapamil.
c. Trimetazidina.
d. Atenolol.
e. Ivabradina.

Comentário   A *angina pectoris* refratária caracteriza-se por não ser completamente controlada com os fármacos habituais (betabloqueadores, antagonistas dos canais de cálcio e nitratos) e deve-se considerar também que o paciente já foi submetido à revascularização cirúrgica ou percutânea, contando com a impossibilidade de fazê-las por anatomia coronariana inadequada, insuficiência cardíaca grave ou comorbidades. Os fármacos citados incluem dois betabloqueadores (atenolol e bisoprolol), um antagonista dos canais de cálcio (verapamil), um inibidor da oxidação de ácidos graxos (trimetazidina) e um inibidor do marca-passo do nó sinusal (ivabradina). Todos esses são medicamentos utilizados em pacientes com angina do peito refratária; no entanto, esse paciente tem fibrilação atrial permanente, consequentemente, a ivabradina não é recomendada.

Resposta correta   alternativa e

25 Paciente do sexo masculino de 84 anos apresenta sopro sistólico, em focos da base, intensidade 3+/6+, configuração em diamante, com pico tardio, rude, irradiado para carótidas e fúrcula; também apresenta sopro sistólico, audível no foco mitral, intensidade 2+/6+, configuração em diamante, com timbre piante. Não aumenta com decúbito lateral esquerdo. Assinale a alternativa que contempla a hipótese diagnóstica CORRETA:

a. Estenose pulmonar grave e insuficiência mitral moderada.
b. Estenose aórtica moderada e insuficiência mitral moderada.

c. Insuficiência mitral grave.

d. Estenose aórtica grave.

e. Insuficiência aórtica grave.

Comentário   Com o envelhecimento da população, a estenose aórtica se tornou uma doença frequente em pacientes com idade superior a 80 anos. Doença degenerativa, febre reumática, valva aórtica bicúspide e congênita são as principais etiologias. Dispneia, angina do peito e síncope são sintomas clássicos que geralmente aparecem na fase tardia da estenose aórtica e são marcadores do prognóstico da doença. Os pacientes com angina terão sobrevida média de 50% em 5 anos; os com síncope, em 3 anos; e os com sintomas de insuficiência cardíaca (dispneia), em 2 anos. No quadro clínico apresentado, o paciente tem um sopro sistólico no foco da base, em diamante, caracterizando estenose valvar grave, sendo que o pico é tardio, com origem na valva aórtica e há irradiação para fúrcula esternal e região carotídea. Na estenose aórtica grave, há a ocorrência da transmissão desse sopro para o foco mitral, caracterizando o fenômeno de Gallavardin. Questiona-se se esse sopro é originado por uma insuficiência mitral associada. Nesse caso, como não há irradiação para axila, o sopro ocorre em decorrência da irradiação do sopro sistólico da estenose aórtica (fenômeno de Gallavardin).

Resposta correta   alternativa d

26 Qual das alternativas a seguir é ERRADA?

a. A maioria dos pacientes hospitalizados por conta de descompensação aguda da insuficiência cardíaca não tem evidências de choque cardiogênico.

b. O edema pulmonar pode se manifestar, inicialmente, apenas por taquipneia.

c. O ecocardiograma, na maioria dos casos, não permite identificar a causa da descompensação aguda da insuficiência cardíaca.

d. A causa mais comum de descompensação aguda da insuficiência cardíaca é a isquemia miocárdica.

e. O paciente portador de insuficiência cardíaca pode estar descompensado, mas sem evidência de congestão.

Comentário   A insuficiência cardíaca (IC) é a causa mais frequente de internações hospitalares nos Estados Unidos em pacientes com idade superior a 65 anos. No Brasil, a IC aguda é a principal causa de internação hospitalar entre as doenças do aparelho cardiovascular. O grande desafio na saúde pública, portanto, é fazer com que a reinternação desses pacientes diminua, considerando que eles se apresentam com sintomas de baixo débito (fadiga) e/ou com sintomas congestivos (pulmonar e/ou periférico). Quando um paciente é admitido com IC descompensada, questiona-se essencialmente qual é a etiologia (normalmente, já identificada em avaliações prévias) e por qual motivo descompensou. O ecocardiograma é muito útil na confirmação da etiologia da IC, mas não determina a causa da descompensação. A maioria dos pacientes que descompensam o fazem por congestão pulmonar e não por baixo débito (choque cardiogênico). A insuficiência coronariana é a etiologia mais frequente da IC; no entanto, na descompensação aguda, há muitos outros fatores envolvidos além da isquemia miocárdica, como interrupção de medicação, ingestão excessiva de líquidos ou sal, infecção, embolia pulmonar, fármacos, insuficiência renal, anemia, hipertensão arterial, arritmias e uso de álcool.

Resposta correta   alternativa d

27 Paciente de 67 anos com antecendente de angioplastia coronária há 2 anos apresenta palpitações de início súbito. PA: 120 × 80 mmHg, ausculta pulmonar normal, nega síncope. Qual é a intervenção inicial para o paciente com este traçado eletrocardiográfico?

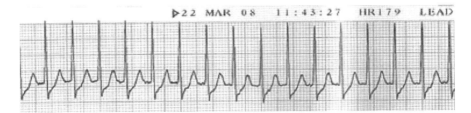

   a. Administração intravenosa de verapamil.
   b. Manobra de Valsalva.
   c. Cardioversão sincronizada.
   d. Administração intravenosa de adenosina.
   e. Desfibrilação imediata.

Comentário Pelo traçado eletrocardiográfico, trata-se de uma taquicardia regular com QRS estreito (< 0,12 s) em um paciente hemodinamicamente estável (pressão arterial normal e sem sinal de síncope) e de provável origem supraventricular. Nesse caso, terá que ser definido se a arritmia é ou não dependente do nó atrioventricular (AV). Desse modo, a tentativa de interrupção da condução sobre o nó AV é a primeira conduta. Isso pode ser feito de imediato com as manobras vagais (manobra de Valsalva ou massagem do seio carotídeo) ou por ação de fármacos, como betabloqueadores ou antagonistas dos canais de cálcio não di-hidropiridínicos (verapamil e diltiazem). Portanto, considerando que o paciente está estável, o primeiro passo é a manobra vagal (Valsalva).

Resposta correta alternativa b

28 Em relação ao tratamento da hipertensão arterial, é CORRETO afirmar que:

a. Qualquer medicamento dos grupos de anti-hipertensivos comercialmente disponíveis, desde que resguardadas as indicações e contraindicações específicas, pode ser utilizado para o tratamento da hipertensão arterial.

b. Na escolha de medicamentos anti-hipertensivos, devem-se escolher aqueles com curta duração, pois em caso de algum efeito adverso pode-se retirar a medicação sem prejuízo ao paciente.

c. O mecanismo de ação anti-hipertensiva dos diuréticos se relaciona inicialmente ao seu efeito vasodilatador, com diminuição da resistência periférica. Posteriormente, após cerca de 4 a 6 semanas, o volume circulante se reduz por conta da natriurese induzida pelo diurético com normalização da resistência vascular periférica.

d. Os diuréticos de alça são reservados para situações de hipertensão associada à insuficiência cardíaca com taxa de filtração glomerular abaixo de 60 mL/min/1,73 m².

e. Todas as alternativas anteriores estão CORRETAS.

Comentário No passado, as diretrizes preconizavam que o início do tratamento da hipertensão arterial sistêmica ficava restrito aos diuréticos e betabloqueadores. Atualmente, usa-se quaisquer anti-hipertensivos comercialmente disponíveis, desde que as indicações e contraindicações específicas sejam observadas. As diretrizes recomendam que os medicamentos sejam escolhidos com menor número de tomadas ao dia, de preferência dose única diária. Na ação dos diuréticos, ocorre justamente o inverso do que é relatado na alternativa c. No início, ocorre a natriurese e, logo após, a vasodilatação. Por último, os diuréticos de alça são reservados para pacientes com insuficiência renal.

Resposta correta   alternativa a

29 Uma dissecção aguda da aorta que se inicia logo acima do plano das artérias coronárias e progride até o arco aórtico é classificada como:

a. Tipo B de Stanford.
b. Tipo IIIa de DeBakey.
c. Tipo IIIb de DeBakey.
d. Tipo II de DeBakey.
e. Tipo I de DeBakey.

Comentário   As classificações da dissecção da aorta se baseiam em seu tempo de evolução (aguda, com menos de 2 semanas, e crônica, com mais de 2 semanas) e quanto ao local da aorta envolvido na dissecção. Considerando-se esse último parâmetro, há duas classificações, a de DeBakey e a de Stanford. A mais utilizada é a classificação de Stanford que se divide em tipo A, quando há envolvimento da aorta ascendente, e tipo B, quando não envolve a aorta ascendente. A classificação de DeBakey define como tipo I quando aorta ascendente e descendente são acometidas, tipo II quando acomete somente a aorta ascendente é acometida e o tipo III quando somente a aorta descendente. Nesta última, foi feita uma subclassificação, definindo-se como IIIa quando a dissecção termina acima do diafragma e IIIb quando a dissecção se estende abaixo do diafragma.

Resposta correta   alternativas d e e

30 No tratamento da insuficiência cardíaca sistólica, recomenda-se:

a. Associação de hidralazina + nitrato na insuficiência cardíaca sistólica refratária com tratamento otimizado em qualquer etnia.
b. Digoxina para pacientes em ritmo sinusal sintomáticos, mesmo com fração de ejeção $\geq$ 45%.
c. Inibidor competitivo da trombina, ou inibidor do fator X ativado, como alternativa aos cumarínicos em pacientes com fibrilação atrial e escore CHADS$_2$ no valor $\geq$ 2.
d. Dronedarona para tratamento de arritmia ventricular complexa não sustentada, independentemente da sintomatologia.
e. Ivabradina em pacientes com ritmo de fibrilação atrial com FC $\geq$ 80 bpm, já otimizados.

Comentário A associação entre hidralazina e nitrato em paciente refratário ao tratamento otimizado em qualquer etnia, segundo a atualização das "Diretrizes de insuficiência cardíaca", tem classe de recomendação IIa e nível de evidência C. Pacientes com fração de ejeção $\geq$ 45% e em ritmo sinusal não têm indicação da utilização de digoxina. A dronaderona não tem indicação na insuficiência cardíaca (IC) sistólica para prevenção de morte súbita. A ivabradina, por agir diminuindo a frequência cardíaca no nó sinusal, não tem ação em pacientes com fibrilação atrial. Os recentes inibidores do fator X ativado (dabigatrana, apixabana e rivaroxabana) tornaram-se alternativa aos cumarínicos na prevenção de complicações embólicas em pacientes com fibrilação atrial. A anticoagulação é indicada em pacientes com escore CHADS$_2$ $\geq$ 2 e, quando < 2, utilizam-se os antiagregantes plaquetários. O CHADS$_2$ são as iniciais C (insuficiência cardíaca congestiva), H (hipertensão), A (*age*, idade > 75 anos), D (diabetes) e S (*stroke*, acidente vascular encefálico). Soma-se 1 ponto para cada um deles, exceto se presente o último "S", que tem valor de 2 pontos.

Resposta correta alternativa c

31 Paciente de 56 anos apresenta um quadro de infarto agudo do miocárdio com menos de 60 minutos de evolução e é submetido a uma cineangiocoronariografia imediata. Observam-se os seguintes achados:

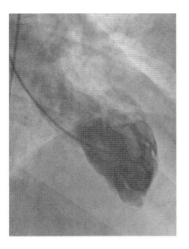
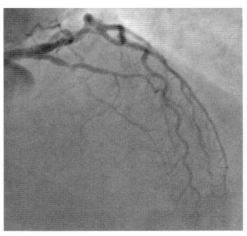

Qual a melhor conduta a ser tomada?

a. Usar trombolítico endovenoso por estar dentro da janela ideal para reperfusão química.
b. Angioplastia imediata da artéria circunflexa ocluída no seu terço médio.
c. Uso de meia dose de trombolítico intracoronário como facilitador da angioplastia direta.
d. Uso de ácido acetilsalicílico mais clopidogrel como terapia adjuvante à angioplastia da artéria descendente anterior.
e. Angioplastia direta do ramo diagonal se o tempo porta-balão for menor que 90 minutos.

Comentário   Considerando-se o diagnóstico estabelecido de infarto agudo do miocárdio (IAM) com menos de 60 minutos de evolução e a anatomia coronariana conhecida pela cineangiocoronariografia, que demonstra oclusão total do ramo descendente anterior imediatamente após a origem do primeiro ramo diagonal, a angioplastia primária (ICP) com colocação de *stent* tem o objetivo de restabelecer o fluxo coronariano anterógrado de maneira mecânica. Essa é a melhor opção para obtenção da reperfusão coronariana, se iniciada até 90 minutos após o diagnóstico do IAM. Inúmeras séries consecutivas e ensaios randomizados comprovaram as vantagens desse método se comparado à fibrinólise farmacológica. A ICP primária é capaz de restabelecer o fluxo coronariano epicárdico normal (TIMI grau 3) em mais de 90% dos pacientes, associado a reduzidas taxas de isquemia recorrente e reinfarto, sem o risco da ocorrência de complicações hemorrágicas graves, como acidente vascular encefálico. Em contrapartida, as evidências científicas quanto à eficácia e à segurança da utilização do ácido acetilsalicílico são relevantes, assim como do clopidogrel em pacientes com IAM, podendo ser consideradas definitivas.

Resposta correta   alternativa d

32 Em um paciente de 50 anos com dissecção aguda da aorta tipo B, a mais provável etiologia é:

a. Síndrome de Marfan.
b. Síndrome de Ehlers-Danlos.
c. Hipertensão arterial.
d. Válvula aórtica bicúspide.
e. Síndrome de Loeys-Dietz.

Comentário   A degeneração cística medial é o principal fator predisponente na dissecção aórtica; portanto, qualquer processo patológico ou outra doença que altere a integridade dos componentes elásticos ou musculares da média predispõem à dissecção. O grau de degeneração medial encontrado na maioria dos casos de dissecção aórtica é qualitativa e quantitativamente muito maior do que o esperado como parte do processo de envelhecimento. Embora a causa de tal degeneração medial permaneça obscura, a idade avançada e a hipertensão arterial parecem ser dois dos fatores mais importantes. Aproximadamente 75% dos pacientes com dissecção aórtica tem história de hipertensão arterial. A valva aórtica bicúspide é um fator de risco bem estabelecido para a dissecção aórtica proximal e ocorre em 5 a 7% dos casos. A degeneração cística medial é uma característica intrínseca de vários defeitos hereditários do tecido conjuntivo, destacando-se as síndromes de Marfan e de Ehlers-Danlos, e também é comum entre os pacientes com valva aórtica bicúspide. Além da sua propensão para os aneurismas de aorta torácica, os pacientes com síndrome de Marfan, na verdade, estão sob alto risco de dissecção aórtica, especialmente de uma dissecção proximal a uma idade relativamente jovem. A síndrome de Loeys-Dietz é uma doença genética autossômica dominante do tecido conjuntivo que manifesta principalmente o aneurisma de aorta, frequente em crianças.

Resposta correta   alternativa c

33 São consideradas como equivalentes de alto risco coronário as seguintes condições, EXCETO:

a. Doença coronária manifesta atual ou pregressa.
b. Acidente vascular encefálico isquêmico ou acidente isquêmico transitório.
c. Doença aneurismática de aorta abdominal ou de seus ramos.
d. Espessamento médio intimal carotídeo > 0,9 mm.
e. Doença arterial periférica.

Comentário   Um evento coronariano agudo inicial é a primeira manifestação da doença aterosclerótica em pelo menos metade dos indivíduos que apresentam essa complicação. O risco da doença aterosclerótica é estimado com base na análise conjunta de características que aumentam a chance de um indivíduo desenvolver a doença. Portanto, o mais claro identificador de risco é a manifestação prévia da própria doença. Dessa forma, o primeiro passo na estratificação do risco é a identificação de manifestações clínicas da doença aterosclerótica ou de seus equivalentes, como doença arterial coronariana com manifestação atual ou prévia (*angina pectoris* estável, isquemia silenciosa, síndrome coronariana aguda ou miocardiopatia isquêmica), doença cerebrovascular (acidente vascular encefálico isquêmico ou ataque isquêmico transitório), doença aneurismática ou estenótica da aorta ou de seus ramos, doença arterial periférica, doença arterial carotídea (estenose ≥ 50%) e diabete melito tipo 1 ou 2. O espessamento médio intimal carotídeo > 1,0 mm é considerado fator agravante de risco, e não um equivalente de alto risco, conforme foi proposto na questão.

Resposta correta   alternativa d

34 Em relação às pontes intramiocárdicas, assinale a alternativa ERRADA:

a. Costuma ser entidade benigna, e é frequentemente observada em cinecoronariografias eletivas e em necrópsias.
b. Embora raramente, tem sido associada a angina, isquemia e morte súbita.
c. Medicação com betabloqueadores costuma ser benéfica.
d. Medicação com nitratos orais costuma ser benéfica.
e. Podem ocorrer alterações de fluxo diastólico na artéria acometida.

Comentário Pequenos segmentos da artéria coronária penetram no miocárdio em uma distância variável. Tal variação anatômica ocorre em 5 a 12% dos indivíduos e é denominada "ponte miocárdica". As pontes miocárdicas apresentam aparência característica na angiografia com o segmento da ponte com calibre normal durante a diástole e abruptamente reduzido a cada sístole. Embora a ponte miocárdica não tenha qualquer expressão hemodinâmica na maioria dos casos, ela tem sido associada a *angina pectoris*, arritmia, depressão da função ventricular esquerda do miocárdio atordoado, morte precoce após transplante cardíaco e morte súbita. O tratamento clínico geralmente inclui betabloqueadores. Os nitratos devem ser evitados pela possibilidade de agravamento dos sintomas. A angioplastia coronariana e a cirurgia têm sido utilizadas em pacientes selecionados; entretanto, os resultados são conflitantes.

Resposta correta   alternativa d

35 A repolarização atrial, normalmente, ocorre durante:

a. Onda P.
b. Complexo QRS.
c. Segmento ST.
d. Onda T.
e. Período isoelétrico.

Comentário A despolarização atrial é seguida de sua repolarização. Via de regra, os potenciais gerados pela repolarização atrial não são registrados no eletrocardiograma de superfície em decorrência de sua baixa amplitude – normalmente > 100 mV – e porque eles são superpostos no complexo QRS de amplitude muito maior. Podem ser observados como uma onda de baixa amplitude com polaridade oposta àquela da onda P (a onda Ta) durante o bloqueio atrioventricular e pode ter significado especial ao influenciar padrões eletrocardiográficos durante o teste ergométrico.

Resposta correta   alternativa b

36 Paciente do sexo feminino, 84 anos, hipertensa de longa data, deu entrada no setor de emergência após episódio sincopal com lesão corporal. Fazia uso regular de hidroclorotiazida e losartana. Não apresentava cardiopatia estrutural. Ecocardiograma com a função sistólica preservada, exames laboratoriais normais, incluindo os marcadores de necrose miocárdica. Na admissão, apresentava-se torporosa, com palidez cutaneomucosa e PA = 70 × 40 mmHg.

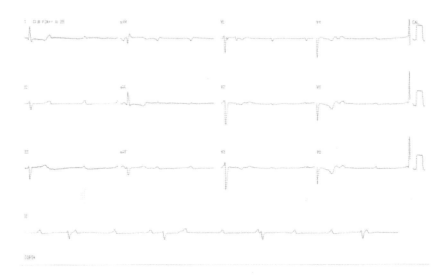

Qual o diagnóstico eletrocardiográfico? Qual a conduta clínica a ser adotada?

a. Bradicardia sinusal. Administração de atropina 1 mg IV.
b. Bloqueio atrioventricular de segundo grau Mobitz II. Implante de marca-passo provisório e posterior implante de marca-passo definitivo.
c. Bloqueio atrioventricular de segundo grau avançado. Administração de atropina, 1 mg IV.
d. Bloqueio atrioventricular de segundo grau avançado. Implante de marca-passo provisório e posterior implante de marca-passo definitivo.
e. Bloqueio atrioventricular total. Implante de marca-passo provisório e posterior implante de marca-passo definitivo.

Comentário O traçado eletrocardiográfico apresentado define o bloqueio atrioventricular total (BAVT) ou de terceiro grau, no qual é possível observar que não há relação entre o ritmo atrial e o ventricular, com uma dissociação completa entre ambos, de modo que a frequência ventricular sempre é inferior à atrial, representada no eletrocardiograma pelas ondas P sem nenhuma correlação com o complexo QRS. Esse bloqueio pode ter localização supra, intra ou infra-hissiana em relação ao feixe de His, ainda que com complexos QRS alargados ou estreitos. É preciso recordar que o BAVT de localização pré-hissiana (complexo QRS estreito) é de prognóstico favorável, pois o foco de escape se origina na junção atrioventricular inferior. Dessa forma, é dotado de boa frequência de escape (em torno de 45 a 65 bpm), eletricamente estável e responsivo aos estímulos adrenérgicos. Em contrapartida, o BAVT localizado no sistema His-Purkinge (SHP), com QRS alargado, pode ser considerado de pior prognóstico, pois o foco de escape idioventricular é de baixa frequência e eletricamente instável, predispondo à assistolia por prolongadas ocorrências, e não responsivo aos estímulos simpáticos. Considerando-se o tratamento do BAVT, é importante definir sua etiologia, assim como sua instabilidade clínica e hemodinâmica. No caso em questão, houve repercussão hemodinâmica e a hipótese de etiologia isquêmica foi afastada, tornando a etiologia degenerativa do sistema de condução mais provável. Pelo exposto, o implante de marca-passo é mandatório. Por outro lado, a bradicardia sinusal é verificada em adultos quando o nó sinusal dispara com frequência < 60 bpm. As ondas P apresentam morfologia normal e ocorrem antes de cada complexo QRS, usualmente com um intervalo PR constante > 120 ms, assim como o BAV de segundo grau tipo Mobitz II se caracteriza por bloqueio inesperado de uma onda P, sem aumento dos intervalos PR prévios ou posteriores. O BAV de segundo grau avançado ocorre quando mais de 50% das ondas atriais estão bloqueadas e, ocasionalmente, uma onda de ativação atrial consegue atingir e despolarizar os ventrículos de forma pura ou com fusão de um batimento de escape.

Resposta correta alternativa e

37 Qual a melhor conduta a se tomar diante de um paciente de 60 anos, em bom estado geral, assintomático, sem insuficiência aórtica, portador de aneurisma de aorta ascendente com 6,0 cm de diâmetro?

a. Indicar tratamento cirúrgico.
b. Reavaliar com angiotomografia em 1 ano.
c. Indicar tratamento cirúrgico somente quando houver insuficiência aórtica.
d. Indicar tratamento cirúrgico somente quando houver sintomas.
e. Tratar exclusivamente com betabloqueadores.

Comentário   Em relação aos aneurismas da aorta, o fato mais importante a ser considerado é, sem dúvida, o aumento do diâmetro da aorta na sua história natural. Para a aorta ascendente, um diâmetro > 60 mm aumenta o risco de ruptura ou dissecção de 2 para 30%, enquanto, para a aorta descendente, o aumento exponencial se dá com 70 mm, quando o risco passa de 14 para 45%. Para a indicação cirúrgica, basicamente se utiliza um valor > 55 mm no diâmetro da aorta ascendente, 65 mm na aorta descendente e > 60 mm no arco aórtico transverso. No entanto, em pacientes com fatores de risco agravantes, como síndrome de Marfan, outras doenças familiares e presença de valva aórtica bicúspide são usados valores de diâmetro menores. Para a aorta ascendente, eles são de 50 mm e, para a descendente, de 60 mm. Quando houver sintomas de compressão, dor, crescimento rápido (> 0,5 cm/ano) ou regurgitação aórtica grave, a cirurgia é indicada.

Resposta correta   alternativa a

38 **Em relação ao DSAV (defeito do septo atrioventricular):**
I. Ocorre com frequência na síndrome de Down e usualmente na forma total.
II. A alteração morfológica de base se deve à ausência da porção muscular do septo atrioventricular, sendo esta comum a todas as formas de DSAV independentemente da presença ou da ausência de uma CIA ou CIV.
III. O achado de hemibloqueio anterior esquerdo (desvio do eixo para a esquerda e para cima) e BAV 1º grau é comum em pacientes portadores de DSAV.
Assinale a alternativa CORRETA:

a. Apenas a I está correta.
b. As assertivas I e III estão corretas.

c. II e III estão corretas.

d. Apenas a III está correta.

e. Todas estão corretas.

Comentário A morfologia básica do defeito do septo atrioventricular (AV) é comum a todos os tipos e é independente da presença ou ausência de uma comunicação atrioventricular e/ou uma comunicação interventricular (CIV). A ausência do septo AV muscular, resultando em valvas AV no mesmo plano no eco; a desproporção da via de entrada/via de saída; a rotação lateral anormal do músculo papilar posteromedial e a configuração anormal das valvas AV são aspectos comuns. Entre os pacientes com síndrome de Down, 35% têm defeito do septo AV. Esses pacientes normalmente têm a forma total, com valva AV comum e uma grande CIV associada. Em relação aos achados eletrocardiográficos, a maioria dos pacientes tem bloqueio atrioventricular (BAV) de primeiro grau e desvio do eixo para a esquerda. Nos pacientes mais idosos, pode haver BAV total e/ou fibrilação ou *flutter* atrial. O bloqueio incompleto ou completo do ramo direito do feixe de His geralmente é consequência da dilatação ventricular direita ou de cirurgia prévia.

Resposta correta alternativa e

39 **Com relação ao teste de caminhada de 6 minutos em pacientes com hipertensão pulmonar, é CORRETO afirmar:**

a. Trata-se de teste submáximo, no qual pacientes com a forma idiopática da doença (mas nunca os cardiopatas) são estimulados a percorrer a distância máxima possível dentro de sua capacidade funcional, sendo considerado de bom prognóstico o cumprimento de 380 metros percorridos.

b. É formalmente contraindicado para cardiopatas, em particular para portadores de cardiopatias congênitas associadas à hipoxemia (síndrome de Eisenmenger).

c. Além da distância percorrida nos 6 minutos, são computados a pressão arterial sistêmica, a saturação de O_2 e o grau de dispneia pela classificação de Borg. São considerados de prognóstico reservado os pacientes que percorrem distâncias inferiores a 250 metros com desconforto respiratório correspondente ao grau ≤ 5 na escala de Borg.

d. Trata-se de teste submáximo, a ser realizado em todos os pacientes, não apenas na etapa diagnóstica inicial, mas também em todas as etapas de verificação da eficácia dos tratamentos instituídos. Existe correlação já demonstrada entre a distância percorrida e a sobrevida.

e. Trata-se de teste submáximo, que explora a capacidade física do paciente em seu limite de esforço, sendo a distância percorrida sempre analisada em associação com a pressão arterial sistêmica e a saturação de O_2. Resultados considerados de bom prognóstico foram estabelecidos para distâncias percorridas acima de 500 metros, se a saturação de O_2, ao final do esforço, não estiver abaixo de 90%.

Comentário   A utilização de um teste de exercício limitado por sintomas pode ser muito útil na avaliação de pacientes com hipertensão pulmonar. O teste da caminhada de 6 minutos é muito usado em experimentos clínicos como determinante da eficácia terapêutica nesses pacientes. Ele foi correlacionado a carga de trabalho, frequência cardíaca, saturação de oxigênio e resposta da dispneia. O fato de que o esforço em muitas ocorrências depende de fatores antropométricos, como velocidade da caminhada, idade, peso, massa muscular e comprimento da passada, que podem influenciar o resultado do teste, está incluso em suas desvantagens.

Resposta correta   alternativa d

40 **Em relação à tomada de decisão quanto ao tratamento das cardiopatias congênitas no neonato e lactente, marque a alternativa ERRADA:**

a. Estas ocorrem principalmente nos primeiros meses de vida.

b. O aumento no diagnóstico pré-natal das cardiopatias congênitas complexas resultou em internação e intervenção mais precoces.

c. A melhora das técnicas cirúrgicas e do cateterismo intervencionista permite que muitos neonatos sejam submetidos à intervenção precoce.

d. A tendência atual é de correção completa do defeito no neonato e lactente jovem em razão da melhora das técnicas cirúrgicas e de preservação do miocárdio.

e. Apesar do aumento de experiência nessa faixa etária, o foco principal na atualidade consiste em tentar reduzir a mortalidade que ainda se encontra muito elevada nessa faixa etária, mesmo nos melhores centros especializados.

Comentário A maioria das decisões de tratamento dos pacientes com cardiopatia congênita (CC) significativa são tomadas nos primeiros meses de vida. O aumento do diagnóstico pré-natal de anomalias cardíacas congênitas significativas resultou em admissão e intervenção mais precoces nos neonatos. Esses neonatos estão, em geral, em melhores condições que no passado, em função da administração de prostaglandinas logo após o parto, mantendo, dessa forma, a estabilidade hemodinâmica. Com a melhora da cirurgia e das técnicas de cateterismo intervencionista, muitos desses neonatos são submetidos a intervenções nos primeiros dias ou semanas de vida. Há uma tendência para a correção completa no neonato e no lactente jovem por conta do aperfeiçoamento na preservação do miocárdio e nas técnicas cirúrgicas. Com o aumento de experiência nesse grupo etário, atualmente o foco foi desviado da mortalidade para a morbidade. Na maioria dos centros de tratamento cardiovascular, a mortalidade cirúrgica para esse grupo etário está na faixa de 2 a 4%, o que representa uma melhora sobre os resultados do passado, quando os procedimentos paliativos frequentemente precediam a correção total.

Resposta correta alternativa e

41 Considerando-se o emprego dos *stents* farmacológicos, são todas recomendações de classe I, EXCETO:

a. Pacientes diabéticos.
b. Vasos coronários com diâmetro de referência < 2,5 mm.
c. Estenose em bifurcação coronária.
d. Enxertos de veia safena.
e. Oclusão crônica.

Comentário Em pacientes já submetidos a cirurgia de revascularização miocárdica (RVM) e portadores de enxertos de veia safena degenerados, a intervenção coronária percutânea (ICP) é um constante desafio. Com a longevidade após o procedimento cirúrgico, a degeneração é progressiva, isto é, quanto pior for o controle dos fatores de riscos do paciente, além de surgirem obstruções relacionadas ao acúmulo de cristais de colesterol, serão somados os processos de trombose intermitentes, uma vez que se alojam em muitas ocorrências em um enxerto de calibre exageradamente amplo e desprovido de endotélio normal. Diversas séries consecutivas relataram os resultados da aplicação de *stents* farmacológicos em enxerto de veia safena. Nos 6 primeiros meses de acompanhamento, não foram observadas diferenças entre os grupos com relação ao risco de óbito ou infarto do miocárdio; no entanto, na análise dos 3 anos de evolução, maior taxa de mortalidade tardia foi detectada naqueles que receberam *stents* farmacológicos. As justificativas podem ser diversas, desde a interrupção precoce da dupla terapia antiplaquetária até aquela de âmbito técnico em decorrência da má aposição das hastes em enxertos calibrosos e a redução da "endotelização" nesses condutos. O diabete melito é reconhecido como a única variável clínica com poder independente para ocorrência de maiores taxas de reestenose coronariana. O sinergismo potencial da associação com o tratamento de estenoses mais longas localizadas em vasos de menor calibre eleva progressivamente os riscos de sua ocorrência. O advento dos *stents* farmacológicos promoveu impacto significativo na redução das taxas de reestenose e da necessidade de repetir procedimentos de RVM por lesão-alvo. Estenoses coronarianas se localizam em vasos de pequeno calibre com frequência, conceituados como aqueles com diâmetro de referência < 2,5 mm. A utilização de *stents* não farmacológicos nessa morfologia se constitui em fator de risco independente para ocorrência de maiores taxas de reestenose. Como esperado, os *stents* farmacológicos foram eficazes nesse subgrupo morfológico. Estenoses de localização ostial – aórticas ou em bifurcações de ramos coronarianos –, em comparação àquelas em outra localização, são reconhecidas como mais propensas a reestenose após implante de *stent* não farmacológico, principalmente em decorrência de maior recolhimento elástico e rigidez no caso de estenoses ostioaórticas. Por outro lado, alguns registros têm demonstrado resultados favoráveis nesse grupo de pacientes utilizando *stents* farmacológicos. Em relação à oclusão crônica, os *stents* farmacológicos apresentam potencial para beneficiar esse subgrupo morfológico em especial.

Resposta correta   alternativa d

42 São verdadeiras as afirmativas sobre a intervenção coronária percutânea no infarto agudo do miocárdio com supradesnivelamento do segmento ST, EXCETO:

a. Devem ser submetidos à ICP pacientes com sintomas iniciados há menos de 12 horas e com a viabilidade de efetivar o procedimento com retardo de menos de 90 minutos após o diagnóstico.

b. Devem ser submetidos à ICP pacientes com sintomas iniciados há menos de 3 horas e com a viabilidade de efetivar o procedimento com retardo de menos de 150 minutos após o diagnóstico.

c. Devem ser transferidos para um centro de cardiologia intervencionista os pacientes infartados com contraindicação formal à fibrinólise, com retardo superior a 3 horas do início dos sintomas, expectativa de realizar ICP primária em menos de 90 minutos e com disponibilidade logística, com retardo de deslocamento entre o centro diagnóstico e o intervencionista inferior a 120 minutos.

d. É desaconselhável submeter pacientes infartados a transferência para um centro de cardiologia intervencionista sem a devida preparação logística para a execução dessa prescrição e/ou diante de expectativa de retardo superior a 120 minutos.

e. Devem ser submetidos à ICP de resgate pacientes que receberam fibrinólise e que exibem falência ventricular ou edema pulmonar ou arritmias que promovam o comprometimento hemodinâmico.

Comentário   A intervenção coronária percutânea (ICP), no infarto agudo do miocárdio com supradesnível do segmento ST, é indicada para pacientes com diagnóstico de infarto do miocárdio que apresentem sintomas iniciados há 12 horas, considerando também a viabilidade de efetivar o procedimento com intervalo < 90 minutos após o diagnóstico. Com relação aos pacientes admitidos em hospitais sem facilidades para a realização de ICP primária, pode-se optar por tratá-los imediatamente com fibrinolítico ou transferi-los para um centro que realize ICP primária. Os pacientes preferenciais para transferência são aqueles com início dos sintomas do infarto agudo do miocárdio > 3 horas e < 12 horas, contraindicação para fibrinólise, expectativa de transferência do diagnóstico até o início da ICP primária < 120 minutos e transporte rodoviário ou aéreo em ambiente de terapia intensiva com monitoramento médico especializado. Após fibrinólise, a ICP de resgate é indicada para pacientes submetidos à terapia fibrinolítica que exibem falência ventricular esquerda e/ou edema pulmonar (Killip III), ou ainda arritmias que promovem comprometimento hemodinâmico, além daqueles pacientes com persistência de dor precordial e elevação do segmento ST > 50% em mais de uma derivação eletrocardiográfica (não regressão ou nova elevação nas primeiras 12 horas do início do infarto do miocárdio).

Resposta correta   alternativa b

43 Quanto aos meios de contraste radiológicos (MCRs), indique a alternativa CORRETA:

a. Os contrastes de baixa osmolaridade têm maior propensão a causar reações adversas.

b. Pelo risco de reação cruzada, nos pacientes com reação alérgica a alimentos que contêm iodo, necessita-se de preparo antialérgico prévio ao uso do MCR.

c. O uso de metformina concomitante ao MCR pode desencadear acidose láctica.

d. A nefrotoxicidade do MCR é imediata e raramente reversível.

e. O uso do bicarbonato de sódio é a medida mais adequada para evitar a insuficiência renal após uso de MCR.

Comentário Todos os contrastes radiológicos são iodados e podem ser divididos entre aqueles de alta e baixa osmolaridade em relação ao sangue, além de quanto ao fato de serem iônicos ou não iônicos. Os contrastes com alta osmolaridade têm maior propensão a causar reações adversas. Em contrapartida, os contrastes não iônicos também causam menores efeitos adversos, considerando que o custo é o principal fator limitante ao seu uso. Os pacientes com maior risco para efeitos adversos pelos contrastes iodados são principalmente aqueles com história de efeitos adversos prévios (urticária, broncoespasmo, edema etc.) e pacientes com asma. Além disso, pacientes com insuficiência renal prévia, insuficiência cardíaca, diabete melito, desidratação e idade > 70 anos também devem ser considerados de maior risco. A nefrotoxicidade por contraste é caracterizada quando ocorre uma elevação dos níveis de creatinina sérica em 25% dos valores basais até 3 dias após o exame. Geralmente, também é autolimitada e a função renal se normaliza em até 10 dias. Na eventualidade de o paciente estar utilizando metformina, deve-se interromper a medicação pelo menos 24 horas antes do exame e só reiniciá-la 48 horas após e, dessa forma, reduzir o risco de acidose láctica associada ao uso desse hipoglicemiante oral. Para a prevenção desses eventos adversos, é preciso preconizar a hidratação vigorosa do paciente sempre, além da utilização de corticosteroide e anti-histamínico naqueles pacientes com reações anteriores.

Resposta correta alternativa c

44 Qual dos seguintes parâmetros cardiovasculares diminui durante a prática de exercício de intensidade moderada?

a. Débito cardíaco.
b. Resistência periférica total.
c. Frequência cardíaca.
d. Diferença da saturação arteriovenosa de oxigênio.
e. Pressão arterial sistólica.

Comentário Durante o exercício, a descarga simpática é máxima e a estimulação parassimpática é suprimida, resultando em vasoconstrição na maioria dos sistemas circulatórios corporais, exceto aqueles da musculatura sob exercício e das circulações cerebral e coronariana. A liberação de norepinefrina venosa e arterial, a partir de terminações nervosas simpáticas pósganglionares, assim como os níveis de renina plasmática, aumentaram. À medida que o exercício progride, a liberação de catecolaminas aumenta a contratilidade ventricular, como também o fluxo sanguíneo para a musculatura esquelética. A extração de oxigênio aumenta em até três vezes, a resistência periférica total calculada diminui. As pressões arterial sistólica, arterial média e de pulso geralmente também aumentam, enquanto a pressão diastólica não se altera significativamente.

Resposta correta alternativa b

45 Paciente com pressão arterial confirmada de 130 × 90 mmHg, tabagista e dislipidêmico é considerado:

a. Hipertenso estágio I com risco adicional moderado.
b. Hipertenso estágio I com risco adicional baixo.
c. Hipertenso estágio II com risco adicional alto.
d. Hipertenso estágio II com risco adicional baixo.
e. Não hipertenso.

Comentário De acordo com a classificação da pressão arterial relacionada com a medida casual no consultório (idade > 18 anos), o paciente abordado na questão é considerado "hipertenso estágio I", pois, quando as pressões sistólica e diastólica se situam em categorias diferentes, a maior deve ser utilizada para classificação da pressão arterial.

Classificação	Pressão sistólica (mmHg)	Pressão diastólica (mmHg)
Ótima	< 120	< 80
Normal	< 130	< 85
Limítrofe	130-139	85-89
Estágio I	140-159	90-99
Estágio II	160-179	100-109
Estágio III	≥ 180	≥ 110
Hipertensão sistólica isolada	≥ 140	< 90

Por outro lado, para a mesma cifra tensional, há cenários diferentes em relação ao risco cardiovascular global, se considerado o risco adicional atribuído à classificação da hipertensão arterial de acordo com fatores de risco, lesões de órgão-alvo e condições clínicas associadas. Portanto, esse paciente é considerado hipertenso de estágio I com risco adicional moderado, pois possui dois fatores de risco, dislipidemia e tabagismo.

Resposta correta   alternativa a

46 Quanto à atuação farmacoterapêutica dos vasodilatadores, indique a alternativa ERRADA:

a. A hidralazina não deve ser associada à sildenafila por potencializar sua ação vasodilatadora.
b. O nitrato deve ser evitado na presença de infarto do ventrículo direito.
c. O nitroprussiato deve ser utilizado na dissecção aórtica concomitante ao betabloqueio.
d. O nitrato tem o potencial de agravar os sintomas da estenose aórtica grave.
e. O mononitrato de isossorbida tem uma ação vasodilatadora venosa três a seis vezes superior à arterial.

Comentário   A combinação de nitratos e sildenafila pode provocar hipotensão grave prolongada e potencialmente fatal. A terapia com nitratos é uma contraindicação absoluta ao uso de sildenafila e vice-versa. Em relação à terapêutica clínica nas dissecções aórticas, o potente vasodilatador nitro-

PROVAS PARA OBTENÇÃO DO TÍTULO DE ESPECIALISTA EM CARDIOLOGIA | 2012-2014

prussiato de sódio é muito eficaz para redução aguda da pressão arterial; no entanto, quando empregado isoladamente, pode causar um aumento da dP/dt, que, por sua vez, pode potencialmente contribuir para a propagação da dissecção. Portanto, o tratamento concomitante com betabloqueadores é essencial. Na abordagem do infarto agudo do miocárdio, com comprometimento clínico e/ou eletrocardiográfico de ventrículo direito, hipotensão arterial e bradicardia constituem contraindicações ao emprego de nitratos. Para alívio dos sintomas anginosos, a utilização de nitratos na estenose aórtica grave pode provocar hipotensão grave com consequente redução do débito cardíaco, acarretando piora dos sintomas.

Resposta correta   alternativa a

47 Aponte a alternativa ERRADA em relação a conceito, epidemiologia e prevenção da hipertensão arterial:

a. A hipertensão arterial sistêmica (HAS) é uma condição clínica multifatorial caracterizada por níveis elevados e sustentados de pressão arterial (PA). Associa-se frequentemente a alterações funcionais e/ou estruturais dos órgãos-alvo e a alterações metabólicas.

b. A mortalidade por doença cardiovascular (DCV) aumenta progressivamente com a elevação da PA a partir de 115×75 mmHg de forma linear, contínua e independente.

c. No Brasil, a prevalência de hipertensão arterial é maior no sexo feminino.

d. No Brasil, existe um baixo nível de controle da hipertensão arterial (PA < 140×90 mmHg em 19,6% dos pacientes).

e. No Brasil, algumas regiões apresentam taxas de tratamento e controle da hipertensão arterial melhores que em outros países, em especial em municípios do interior com ampla cobertura do Programa de Saúde da Família.

Comentário   Inquéritos populacionais em cidades brasileiras nos últimos 20 anos apontaram uma prevalência de hipertensão arterial sistêmica (HAS) acima de 30%. Considerando-se valores de pressão arterial (PA) $\geq$ 140×90 mmHg, 22 estudos encontraram prevalência entre 22,3 e 43,9%, com média de 32,5%. Na população entre 60 e 69 anos de idade e acima dos 70 anos, a prevalência é maior que 50 e 75%, respectivamente. Entre os gêneros, a prevalência foi de 35,8% nos homens e de 30% em mulheres, semelhante à de outros países. Revisão sistemática de 44 estudos realizados em 35 países entre 2003 e 2008 revelou prevalência global de 37,8% em homens e 32,1% em mulheres.

Resposta correta   alternativa c

48 **Em relação às arritmias ventriculares na síndrome do QT longo, escolha a afirmativa CORRETA:**

a. Na síndrome do QT longo tipo 1, ocorrem preferencialmente durante atividades físicas, e estes pacientes apresentam menor sobrevida acumulada livre de eventos quando comparada com os outros tipos.

b. Na síndrome do QT longo tipo 2, estão relacionadas a estados emocionais, e estes pacientes apresentam menor sobrevida acumulada livre de eventos quando comparada com os outros tipos.

c. Na síndrome do QT longo tipo 3, ocorrem preferencialmente durante o sono, e estes pacientes apresentam menor sobrevida acumulada livre de eventos quando comparada com os outros tipos.

d. Na síndrome do QT longo tipo 1, ocorrem preferencialmente durante o sono, e estes pacientes apresentam maior sobrevida acumulada livre de eventos quando comparada com os outros tipos.

e. Na síndrome do QT longo tipo 2, ocorrem preferencialmente durante atividades físicas e estes pacientes apresentam menor sobrevida acumulada livre de eventos quando comparada com os outros tipos.

Comentário   Os desencadeadores dos eventos cardíacos diferem bastante entre as variantes genéticas da síndrome do QT longo (SQTL). Os pacientes com SQTL tipo 1 apresentam aumento de risco durante estresse físico ou emocional. Eles experimentam 90% de eventos letais sob essas condições, enquanto os pacientes com SQTL tipo 3 experimentam a maioria de seus eventos (80%) em repouso ou durante o sono, considerando que apenas 5% o fazem durante o exercício. Os pacientes com SQTL tipo 2 possuem risco mais elevado de eventos letais quando estão acordados ou em alterações do estado emocional (37%), mas também estão em risco durante o sono ou em repouso (63%) e sob nenhum risco durante o exercício. Considerando-se o prognóstico, o marcador de risco mais consistente é a morte cardíaca súbita abortada. A sua causa mais comum é a taquicardia ventricular polimórfica, degenerando ou não para fibrilação ventricular. Pacientes que experimentam tal condição têm risco 12,9 vezes maior de novos episódios de morte súbita. Síncope prévia também é um marcador de risco desfavorável. Para pacientes assintomáticos, foram identificados como fatores de risco o intervalo QTc > 500 ms para pacientes com SQTL tipos 1 e 2 e pacientes do sexo masculino na SQTL tipo 3, independentemente do intervalo QT. Mutações que envolvem um segmento do gene que codifica o poro do canal também são relacionadas com pior prognóstico. Portanto, mais uma vez o valor da genotipagem em pacientes com essa síndrome se evidencia. A presença de morte súbita na família não se mostrou como marcador de maior risco de eventos; entretanto, é útil como informação para pesquisa de familiares assintomáticos ainda não diagnosticados.

Questão anulada

49 **Paciente do sexo masculino, 35 anos de idade, obeso, queixa-se de baixa tolerância ao exercício, exame físico normal a não ser pela presença de sopro sistólico ++/6 regurgitativo em bordo esternal direito baixo, realizou ecocardiograma transtorácico que demonstrou átrio direito e ventrículo direito aumentados, insuficiência tricúspide leve com pressão sistólica da artéria pulmonar estimada em 45 mmHg. Foi submetido a cateterismo cardíaco sem sedação e sem oferta de oxigênio, com os seguintes parâmetros hemodinâmicos:**

Local da coleta	Manometria (mmHg)				Oximetria (%)
	Ps	Pm	Pd1	Pd2	
Veia cava inferior		6			75
Veia cava superior		6			70
Átrio direito		6			85
Ventrículo direito	32	–	0	6	85
Artéria pulmonar	32	22	15		85
Capilar pulmonar		10			–
Átrio esquerdo		10			98
Ventrículo esquerdo	115		0	10	96
Aorta	115	95	70		96

Ps: pressão sistólica; Pm: pressão média; Pd1: pressão diastólica inicial; Pd2: pressão diastólica final.

Sobre as seguintes afirmações, marque a alternativa CORRETA:

I. O cateterismo confirma o diagnóstico de hipertensão arterial pulmonar leve, pois a pressão sistólica da artéria pulmonar é maior que 30 mmHg com paciente em repouso.

II. O diagnóstico de comunicação interatrial não pode ser descartado pela presença de salto oximétrico em átrio direito.

III. Arteriografia pulmonar seletiva bilateral deve ser realizada para descartar drenagem anômala de veias pulmonares.

a. Todas afirmações estão corretas.
b. As afirmações I e II estão corretas.
c. As afirmações II e III estão corretas.
d. As afirmações I e III estão corretas.
e. Todas afirmações estão erradas.

Comentário O método oximétrico se baseia em amostragem de sangue proveniente de diversas câmaras cardíacas para a determinação da saturação de oxigênio. Um *shunt* esquerdo-direito é detectado quando um aumento significativo na saturação de oxigênio é constatado entre dois vasos ou câmaras no lado direito. Em muitos casos, realiza-se uma medida de rastreamento da saturação de oxigênio para qualquer *shunt* esquerdo-direito com o cateterismo do coração direito, por meio da coleta de uma amostra de sangue da veia cava superior e da artéria pulmonar. Se a diferença na saturação de oxigênio entre essas amostras for $\geq 8\%$, um *shunt* esquerdo-direito poderá estar presente e um rastreamento oximétrico deverá ser realizado.

Questão anulada

50 Paciente do sexo feminino, 62 anos, hipertensa, foi admitida na emergência com queixa de palpitação e sinais de baixo débito (palidez cutaneomucosa e pulsos periféricos impalpáveis). Referia história de IAM prévio com revascularização miocárdica cirúrgica há 3 anos. Após a reversão do quadro e estabilização clínica, realizou coronariografia que não demonstrou lesões obstrutivas com enxertos patentes. O ecocardiograma demonstrou importante disfunção sistólica do ventrículo esquerdo (FE – Simpson = 30%) com átrio esquerdo = 45 mm e pressão sistólica da artéria pulmonar (PSAP) estimada de 51 mmHg. Não apresentava outras comorbidades. Função renal preservada. O ECG de admissão é apresentado a seguir:

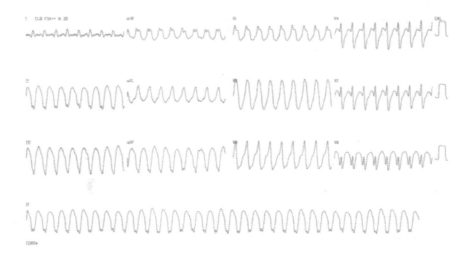

Quais são o diagnóstico eletrocardiográfico, a conduta na emergência e a programação terapêutica após compensação clínica?

a. Taquicardia ventricular monomórfica sustentada. Amiodarona venosa. Iniciar amiodarona oral seguida de alta hospitalar.
b. Taquicardia ventricular monomórfica sustentada. Amiodarona venosa. Indicado implante de CDI (cardioversor-desfibrilador implantável).
c. Taquicardia supraventricular com aberrância. Adenosina. Cintilografia miocárdica.
d. Taquicardia ventricular monomórfica sustentada. Cardioversão elétrica. Indicado implante de CDI.
e. Taquicardia supraventricular com aberrância. Cardioversão elétrica. Iniciar amiodarona oral seguida de alta hospitalar.

Comentário   Trata-se de uma paciente portadora de miocardiopatia isquêmica, apresentando grave disfunção ventricular esquerda com fração de ejeção do ventrículo esquerdo (FEVE) = 30%, eletrocardiograma compatível com taquicardia ventricular sustentada e instabilidade hemodinâmica. Portanto, apresenta indicação de cardioversão elétrica. As evidências mais fortes para utilização de cardiodesfibrilador implantável (CDI) englobam os pacientes com disfunção ventricular esquerda grave, que foram reanimados

QUESTÕES COMENTADAS | PROVA DE 2012   45

após episódio de fibrilação ventricular ou taquicardia ventricular, hemodinamicamente instáveis, e aqueles que tiveram um infarto agudo do miocárdio há pelo menos 40 dias e têm disfunção ventricular esquerda com FEVE < 30 a 40%.

Resposta correta   alternativa d

51 Mulher de 35 anos, sem antecedentes de doença cardiovascular, após 18 horas do parto de uma gravidez gemelar apresenta edema agudo de pulmão. A pressão arterial era de 100 × 60 mmHg; a frequência cardíaca, de 110 bpm, regular. Na ausculta cardíaca, ritmo de galope, com terceira bulha presente, sopro protossistólico suave em área mitral e tricúspide. Ao eletrocardiograma, ritmo de taquicardia sinusal; ao ecocardiograma, valvas normais e fração de ejeção ventricular esquerda de 35%. Qual é o diagnóstico mais provável?

a. Embolia amniótica.
b. Estenose mitral.
c. Cardiomiopatia periparto.
d. Cardiomiopatia hipertrófica.
e. Dissecção de aorta.

Comentário   A miocardiopatia periparto é uma miocardiopatia dilatada com disfunção do ventrículo esquerdo e apresentação no último mês de gestação ou dentro de 5 meses após o parto. A incidência real é estimada em 1:3.000 gestações. Os fatores de riscos incluem multiparidade, afrodescendência, idade avançada e pré-eclâmpsia. Em um estudo retrospectivo recente de 123 mulheres com miocardiopatia periparto, história positiva de hipertensão arterial foi obtida em 43% das pacientes e gestações gemelares representavam cerca de 13% do total. A normalização da função ventricular ocorre em cerca de 50% das pacientes e acontece, mais provavelmente, se a fração de ejeção for > 30% no momento do diagnóstico. A maioria dos médicos desaconselha uma segunda gravidez, mesmo que a função ventricular retorne ao normal, pois a miocardiopatia periparto irá se repetir em cerca de 30% dos casos, o que pode resultar em deterioração clínica significativa e até morte.

Resposta correta   alternativa c

52 Paciente do sexo masculino, 74 anos, hipertenso e diabético não insulino-dependente, com história de crises de palpitação de início recente. Coração estruturalmente normal (ecocardiograma: função sistólica preservada com FE = 68%/AE = 38 mm). Cintilografia miocárdica de repouso e esforço normal. Não apresentava nenhuma evidência de arteriopatia periférica. Foi solicitado Holter de 24 horas, que documentou um episódio sintomático e sustentado de fibrilação atrial. Foi iniciado uso de propafenona e o paciente manteve-se assintomático. Qual a conduta recomendada para profilaxia de fenômeno tromboembólico neste paciente?

a. Não é necessário adotar nenhuma medida profilática, por tratar-se de paciente de muito baixo risco tromboembólico.

b. Iniciar varfarina (meta de RNI: 2,0-3,0) por apresentar escore CHADS2: 2 e CHA2DS2VASc: 3.

c. Iniciar varfarina (meta de RNI: 2,5-3,5) por apresentar escore CHADS2: 2 e CHA2DS2VASc: 4.

d. Iniciar ácido acetilsalicílico (81 a 325 mg) por apresentar escore CHADS2: 1 e CHA2DS2VASc: 2.

e. Iniciar ácido acetilsalicílico e varfarina (meta de RNI: 2,0-3,0) por apresentar escore CHADS2: 3 e CHA2DS2VASc: 4.

Comentário A relação entre fibrilação atrial (FA) e acidente vascular encefálico (AVE) é bastante conhecida, mesmo em pacientes sem doença cardíaca aparente. Tanto a incidência como a prevalência da FA aumentam com a idade, estimando-se que 1:13 pessoas com idade > 70 anos tenham FA. Dessa forma, o objetivo da anticoagulação é atingir uma intensidade capaz de minimizar efetivamente os riscos de tromboembolismo sem impacto significativo nas taxas de hemorragia. Essa intensidade foi alcançada com o nível de *international normalized ratio* (INR, ou RNI) entre 2 e 3. A estratificação de risco para tromboembolismo na FA é de grande importância e diversos esquemas já foram testados e descritos. A análise de cinco estudos randomizados permitiu a elaboração de escores de risco para ocorrência de AVE relacionado a FA não valvar: CHADS2 e CHADS2VASc. Entre as variáveis analisadas, evento tromboembólico (EIT) prévio foi o principal preditor independente, com aumento de risco relativo médio de três vezes. Além de evento tromboembólico prévio, insuficiência cardíaca, hipertensão arterial sistêmica, idade avançada (> 75 anos) e diabete melito surgiram como fatores de risco independente para AVE. Pressão arterial sistólica > 160 mmHg e disfunção do ventrículo esquerdo, em mulheres, apresentam relação variável com a ocorrência de AVE.

Resposta correta alternativa b

53 Aponte a alternativa ERRADA:

a. No hiperaldosteronismo primário, a produção de aldosterona está aumentada de uma forma relativamente autônoma em relação ao sistema renina-angiotensina (SRAA), não sendo supressível por sobrecarga salina ou bloqueio do SRAA.

b. Feocromocitomas são tumores de células argentafins que se localizam na medula adrenal ou em regiões extra-adrenais que, em geral, produzem catecolaminas e se associam a quadro clínico de hipertensão arterial sistêmica (HAS) paroxística ou sustentada com ou sem paroxismos.

c. Ronco, sonolência e síndrome metabólica são indicações de provável síndrome da apneia obstrutiva do sono.

d. No paciente com hipertensão arterial refratária, a presença de sopro abdominal caracteriza hipertensão arterial de origem renovascular por fibrodisplasia.

e. Hipertensão resistente ao tratamento e/ou com hipocalemia e/ou com nódulo adrenal é sugestiva de hiperaldosteronismo primário.

Comentário Há numerosas causas de resistência ao tratamento da hipertensão arterial (HAS), geralmente definida como falha na queda da pressão arterial diastólica < 90 mmHg, apesar do uso de três ou mais fármacos anti-hipertensivos. A hipertensão renovascular (HR) é definida como HAS decorrente de uma isquemia renal geralmente causada por uma lesão obstrutiva parcial ou completa de uma ou ambas as artérias renais. Sua prevalência atinge 5% dos pacientes com HAS. A causa mais comum de HR é a aterosclerose, com prevalência em torno de 90%. A estenose aterosclerótica da artéria renal é geralmente progressiva e cerca de 40% das obstruções arteriais > 75% evoluem para obstrução total entre 1 e 5 anos. Por outro lado, a displasia fibromuscular é mais frequentemente encontrada em mulheres jovens de cor branca. Entre os vários tipos de lesões fibrodisplásicas, a mais comum é aquela que envolve a camada média da parede do vaso. Em geral, seu acometimento é bilateral, envolvendo as porções distais da artéria renal. Entre as várias características clínicas sugestivas de HR, pode-se encontrar presença de sopro abdominal e HAS refratária a terapia múltipla.

Resposta correta   alternativa d

54 Em relação à pressão arterial (PA), aponte a alternativa ERRADA:

a. Há associação entre a ingestão de álcool e alterações de PA dependentes da quantidade ingerida.
b. Os exercícios aeróbios (isotônicos), que devem ser complementados pelos resistidos, promovem reduções de PA, estando indicados para a prevenção e o tratamento da hipertensão arterial.
c. O uso do CPAP (pressão positiva contínua nas vias aéreas) está indicado na apneia obstrutiva do sono, pois pode contribuir para o controle da PA, queda do descenso da pressão durante o sono e redução dos desfechos cardiovasculares.
d. Exercícios regulares, dieta hipossódica e hipocalêmica, rica em fibras, são comprovadamente redutores da PA.
e. Para cada 10 kg de peso perdido, pode-se reduzir a PA em 5 a 20 mmHg.

Comentário   Ensaios clínicos controlados demonstraram que os exercícios aeróbios (isotônicos), complementados pelos resistidos, promovem reduções da pressão arterial (PA) e são indicados para a prevenção e o tratamento da hipertensão arterial (HAS). O padrão dietético DASH, rico em frutas, hortaliças, fibras, minerais e laticínios com baixos teores de gordura, tem importante impacto na redução da PA. Um alto grau de adesão a esse tipo de dieta reduziu o desenvolvimento de HAS em 14%. Os benefícios sobre a PA têm sido associados ao alto consumo de potássio, magnésio e cálcio nesse padrão nutricional. A relação entre a PA e a quantidade de sódio ingerido é heterogênea. Esse fenômeno é conhecido como sensibilidade ao sal. Uma dieta contendo cerca de 1 g/dia de sódio promoveu redução rápida e significativa da PA em hipertensos resistentes. Apesar das diferenças individuais de sensibilidade, mesmo modestas reduções na quantidade de sal são, em geral, eficientes para reduzir a PA. Com uma dieta rica em fibras, com o betaglucano presente na aveia, uma redução discreta da PA é determinada em obesos, efeito não observado em indivíduos de peso normal.

Resposta correta   alternativa d

QUESTÕES COMENTADAS | PROVA DE 2012   49

55 Qual a alternativa ERRADA?

a. A dose de enoxaparina requer ajustes em idosos.
b. Nitratos podem ser utilizados na formulação sublingual para reversão de espasmo coronário.
c. No escore TIMI para estratificação de risco no infarto agudo do miocárdio com elevação do segmento ST, a função renal possui maior valor que a idade.
d. A ecocardiografia com Doppler possui classe de recomendação I na suspeita de complicação mecânica pós-infarto agudo do miocárdio.
e. O teste ergométrico pode ser recomendado antes da alta hospitalar para pacientes estáveis com infarto agudo do miocárdio e não submetidos à cinecoronariografia para avaliação de risco.

Comentário   A enoxaparina deve ser administrada a partir do diagnóstico do infarto agudo do miocárdio com supradesnível do segmento ST (IAMCSST) em pacientes com idade $\geq$ 75 anos em algumas recomendações. A primeira delas é não administrar o *bolus* inicial (30 mg, intravenoso) e iniciar com 0,75 mg/kg, subcutâneo, a cada 12 horas. Na formulação sublingual, os nitratos devem ser utilizados para reversão de eventual espasmo e/ou para alívio da dor anginosa. Eles são contraindicados na hipotensão arterial (pressão arterial sistólica < 100 mmHg), no uso de sildenafila ou similares nas últimas 24 horas e quando houver suspeita de comprometimento do ventrículo direito. O escore TIMI para estratificação de risco no IAMCSST é composto por algumas variáveis, como idade, quando essas têm uma pontuação especificada, história (HAS, diabete melito ou *angina pectoris*), exame físico (pressão arterial sistólica, frequência cardíaca, classificação Killip-Kimball, peso corporal), supradesnível do segmento ST anterior ou bloqueio de ramo esquerdo e tempo para terapia de reperfusão > 4 horas. Portanto, a creatinina não é contemplada nesse escore, mas faz parte do escore Grace para estratificação de risco no IAM sem supradesnível de ST e na *angina pectoris* instável.

Resposta correta   alternativa c

56 São características da perfusão miocárdica por ressonância magnética cardíaca para a detecção de isquemia miocárdica, EXCETO:

a. Ausência de radiação ionizante.
b. Performance diagnóstica semelhante ao PET (tomografia por emissão de pósitrons).
c. Sua realização é considerada apropriada para avaliação de pacientes com probabilidade intermediária de doença arterial coronariana (DAC).
d. Apresenta baixa sensibilidade na avaliação de pacientes com dor torácica na sala de emergência, que apresentam eletrocardiograma inespecífico e marcadores de necrose miocárdica negativos.
e. O defeito perfusional miocárdico é analisado em conjunto com a cinerressonância (avaliação da contratilidade regional) e com o realce tardio (avaliação da viabilidade miocárdica), o que aumenta a acurácia diagnóstica.

Comentário   A ressonância magnética cardíaca (RMC) tem sido utilizada para avaliação de dor torácica aguda. Sensibilidade e especificidade de 84 e 85% foram reveladas, respectivamente. Foi o mais forte preditor de síndrome coronariana aguda e adicionou um valor de diagnóstico acima dos parâmetros clínicos atuais, incluindo o eletrocardiograma, o nível de troponina e o escore de risco TIMI do estudo de trombólise no infarto do miocárdio.

Resposta correta   alternativa d

57 Em relação à estenose mitral isolada GRAVE, são verdadeiras as assertivas a seguir, com EXCEÇÃO de:

a. O intervalo entre a segunda bulha e o estalido de abertura mitral é diretamente proporcional ao gradiente entre o átrio esquerdo e o ventrículo esquerdo.
b. Hiperfonese de segunda bulha em foco pulmonar é indicativo da presença de hipertensão pulmonar.
c. O sopro é holodiastólico.
d. Geralmente, há sinais de insuficiência cardíaca direita associada.
e. A intensidade da primeira bulha geralmente é reduzida.

Comentário   O estalido de abertura mitral (EAM) é o sinal clínico mais indicativo de estenose mitral e o tempo entre a segunda bulha (B2) e o EAM é inversamente proporcional ao gradiente entre o átrio esquerdo e o ventrículo esquerdo, isto é, quanto maior for o gradiente, menor será o intervalo entre

B2 e EAM. Contudo, quando existe intensa calcificação e rigidez ou se instala uma hipertensão pulmonar muito grave, o estalido desaparece, assim como diminui a intensidade da primeira bulha (B1). Presume-se que a estenose mitral é grave quando há sopro de longa duração ou holodiastólico, indicando a persistência do gradiente átrio esquerdo-ventrículo esquerdo (AE-VE) e hiperfonese do componente P2 (ou B2 única), ou também impulso do ventrículo direito, sugestivo de hipertensão pulmonar. Quando há elevação da pressão venosa jugular, com onda v, hepatomegalia e edema de membros inferiores, isto é, sinais de insuficiência cardíaca direita, também é considerada grave.

Resposta correta   alternativa a

58 O tratamento endovascular para pacientes com dissecção aórtica deve ser oferecido para os pacientes classificados como:

a. Tipo A aguda.
b. Tipo B aguda não complicada.
c. Tipo B aguda complicada.
d. Tipo A crônica.
e. Tipo B crônica toracoabdominal não complicada.

Comentário   A classificação de Stanford é a mais utilizada e divide as dissecções agudas da aorta em dois grupos, dependendo do envolvimento ou não da aorta ascendente. O tipo A é determinado quando há envolvimento da aorta ascendente no processo de dissecção, correspondente aos tipos I e II de DeBakey, enquanto o tipo B ocorre quando a dissecção não envolve a aorta ascendente, análogo ao tipo III de DeBakey. Quanto ao tempo de evolução, as dissecções podem ser classificadas em aguda, com menos de 2 semanas, e crônicas, quando a instalação tiver mais de 2 semanas. A terapia endovascular é indicada no tratamento das dissecções complicadas do tipo B que tenham anatomia favorável, definida como a presença de uma zona proximal de ancoragem e ausência de imagem de dissecção e de dilatação > 40 mm, com pelo menos 1 cm após a artéria carótida esquerda e um acesso arterial iliofemoral compatível com o procedimento. Ruptura, insuficiência renal, oclusão arterial aguda de ramos arteriais e extensão de dissecção demonstrada por métodos de imagem apesar do tratamento clínico adequado são consideradas complicações.

Resposta correta   alternativa c

59 Considere as seguintes afirmações em relação à ivabradina e assinale a alternativa CORRETA:

I. Tem discreta ação betabloqueadora seletiva (receptores beta-1).

II. Em pacientes anginosos, em ritmo sinusal, e resistentes a betabloqueador para reduzir frequência cardíaca, é recomendado substituir o betabloqueador por ivabradina.

III. Age em canais I_f, presentes no nódulo sinoatrial, durante a fase 4 do potencial celular de ação.

a. Apenas I e II estão corretas.

b. Apenas I e III estão corretas.

c. Apenas a III está correta.

d. Todas estão corretas.

e. Todas estão erradas.

Comentário A ivabradina é um inibidor seletivo e específico do canal iônico I_f, isto é, o determinante principal da corrente de estimulação do nódulo sinoatrial. Reduz a taxa de despolarização espontânea das células marca-passo sinoatriais, reduzindo, portanto, a frequência cardíaca, também por meio de um mecanismo que não está associado aos efeitos inotrópicos negativos. Reduz, ainda, a frequência cardíaca de pico durante o exercício e aumenta o tempo até o limiar de *angina pectoris,* comparado ao placebo, além de ser equivalente ao betabloqueador com relação ao desempenho físico e ao limiar isquêmico (depressão do segmento ST) em pacientes com angina estável submetidos ao teste ergométrico.

Resposta correta   alternativa c

60 Considere as seguintes afirmações em relação à tirofibana e assinale a alternativa CORRETA:

I. É um peptídeo sintético que se liga de forma não competitiva às integrinas específicas do fibrinogênio.

II. Trombocitopenia é uma complicação incomum, mas que pode ser clinicamente importante.

III. Após finalizar infusão de tirofibana, o efeito antiplaquetário costuma reverter-se em cerca de 4 horas.

a. Apenas I e II estão corretas.

b. Apenas I e III estão corretas.

QUESTÕES COMENTADAS | PROVA DE 2012   53

c. Apenas II e III estão corretas.

d. Todas estão corretas.

e. Todas estão erradas.

Comentário   A tirofibana é um derivado sintético não peptídeo de molécula pequena que possui em sua estrutura molecular a sequência arginina-glicina-aspartato (RGD), sítio de reconhecimento das integrinas presente nas proteínas adesivas do tipo fibrinogênio, fator de von Willebrand e vetronectina, entre outras. A capacidade da glicoproteína IIb/IIIa de enlaçar as proteínas adesivas é decorrente da presença dessa sequência comum. Age competitivamente no receptor celular IIb/IIIa, impedindo sua ligação ao fibrinogênio. A dose recomendada é de 0,4 mcg/kg/min, por 30 minutos, seguida da dose de manutenção de 0,1 mcg/kg/min, por 48 a 96 horas. O bloqueio da atividade do receptor e o risco de sangramento cessam prontamente após a interrupção da infusão. A trombocitopenia é uma complicação incomum, porém grave do uso de inibidores da glicoproteína IIb/IIIa, ocorrendo em menos de 0,5% dos pacientes.

Resposta correta   alternativa c

61 Jovem de 25 anos, internado por endocardite infecciosa de válvula mitral por *Streptococcus viridans* sensível à penicilina. Possui prolapso mitral anterior com insuficiência moderada. Recebe penicilina cristalina e gentamicina. A partir do décimo dia de tratamento antimicrobiano, evolui com dispneia, ortopneia e agravamento da ausculta do sopro cardíaco. Qual o melhor tratamento nessa situação?

a. Trocar de imediato os antibióticos e iniciar diuréticos.

b. Indicar tratamento cirúrgico da valva mitral, em uso de medicação específica para insuficiência cardíaca.

c. Medicar para insuficiência cardíaca e indicar cateterismo cardíaco.

d. Ecocardiograma e trocar antibióticos.

e. Intubação e balão intra-aórtico para estabilização do quadro clínico.

Comentário   A intervenção cirúrgica cardíaca tem um papel importante no tratamento das infecções que não respondem aos antibióticos, assim como nas complicações intracardíacas da endocardite. A mortalidade é inaceitavelmente alta quando a endocardite complicada por insuficiência cardíaca (IC), em decorrência da insuficiência mitral aguda, é tratada apenas com antibióticos e terapêutica clínica para IC, mesmo que otimizada. Em contrapartida, a morbimortalidade é reduzida com a combinação de medicamentos e intervenção cirúrgica. Assim, complicações são indicações para cirurgia na endocardite infecciosa, como no caso de insuficiência mitral. O procedimento cirúrgico deve ser instituído antes da deterioração hemodinâmica grave e intratável, uma vez que a mortalidade associada ao procedimento cirúrgico é diretamente influenciada pela gravidade clínica do paciente. O procedimento cirúrgico deve ser indicado precocemente quando ocorrer insuficiência mitral aguda grave com edema agudo de pulmão ou choque cardiogênico. Desse modo, pode-se afirmar que pacientes com comprometimento hemodinâmico, falência de múltiplos órgãos ou destruição intracardíaca extensa apresentam melhor prognóstico quando encaminhados para cirurgia cardíaca precoce. Embora não existam evidências clínicas robustas nesse cenário, o limite entre o tratamento clínico e o cirúrgico é baseado nos casos de IC (60% dos casos), infecção refratária ao tratamento antibiótico (40% dos casos) e complicações embólicas (18% dos casos). Essas situações clínicas constituem as três principais indicações cirúrgicas na endocardite do lado esquerdo do coração.

Resposta correta   alternativa b

62 São consideradas lesões subclínicas em órgãos-alvo, EXCETO:

a. Eletrocardiograma com hipertrofia ventricular esquerda (Sokolow-Lyon > 35 mm).
b. Espessura mediointimal de carótida > 0,9 mm ou presença de placa de ateroma.
c. Ritmo de filtração glomerular ou *clearance* de creatinina < 60 mL/min.
d. Microalbuminúria acima de 300 mg/24 h ou relação albumina/creatinina < 30 mg por g.
e. Índice tornozelo-braquial < 0,9.

Comentário   Para a tomada da decisão terapêutica na hipertensão arterial (HAS), a estratificação do risco cardiovascular global levará em conta, além dos valores de pressão arterial (PA), a presença dos fatores de risco adicionais das lesões em órgãos-alvo e das doenças cardiovasculares. As lesões em órgãos-alvos que devem ser avaliadas como preditoras de lesão subclínica associada à HAS são as seguintes:

- eletrocardiograma com hipertrofia ventricular esquerda (HVE) definida por Sokolow-Lyon > 35 mm; Cornell > 28 mm para homens (H) e > 20 mm para mulheres (M);
- ecocardiograma com HVE definido por índice de massa de ventrículo esquerdo > 134 g/m^2 em H ou 110 g/m^2 em M;
- espessura mediointimal de carótida > 0,9 mm ou presença de placa de ateroma;
- índice tornozelo-braquial < 0,9;
- depuração de creatinina estimada < 60 mL/min/1,73 m^2 ou baixo ritmo de filtração glomerular ou *clearance* de creatinina < 60 mL/min;
- microalbuminúria com 30 a 300 mg/24 h ou relação albumina/creatinina > 30 mg/g;
- velocidade de onda de pulso > 12 m/s, se disponível.

A questão faz referência à microalbuminúria na alternativa d, porém, com valores que não correspondem aos limites laboratoriais para definição de microalbuminúria, assim como informa um valor errado para a relação de albumina/creatinina, como demonstrado anteriormente.

Resposta correta   alternativa d

63 **Qual dos sintomas e/ou sinais é mais comum na dissecção aórtica aguda tipo B quando comparada com a tipo A:**

a. Turgência jugular.
b. Paraplegia.
c. Sopro diastólico aórtico.
d. Diferença pressórica entre os braços.
e. Dor retroesternal forte.

Comentário   A dissecção aórtica aguda (DAA) é uma emergência médica que exige pronto diagnóstico e terapêutica agressiva, já que as complicações associadas a ela são múltiplas, graves e frequentemente fatais. Quando o paciente apresenta-se com dor precordial ou toracoabdominal de início abrupto, hipertensão grave e eletrocardiograma (ECG) não sugestivo de síndrome coronariana aguda (SCA), a hipótese diagnóstica geralmente é levantada, sobretudo se a radiografia do tórax mostrar alargamento do mediastino, devendo-se prosseguir com outros métodos de imagem de comprovada eficácia diagnóstica. A DAA, entretanto, pode se manifestar de outras formas, e seu diagnóstico pode ficar mascarado, portanto, deve-se estar muito atento a alguma de suas apresentações menos comuns, como insuficiência aórtica aguda, que pode levar a insuficiência cardíaca ou choque; tamponamento cardíaco, síncope ou choque não esclarecido; acidente vascular encefálico (AVE); isquemia aguda de membros inferiores; SCA; e síndromes neurológicas agudas. A apresentação clínica das síndromes aórticas agudas dependerá do comprometimento dos ramos de artérias que emergem da aorta e do comprometimento dos respectivos órgãos correspondentes. Aproximadamente 65% das lacerações da íntima ocorrem na aorta ascendente; 30%, na aorta descendente; menos de 10%, no arco aórtico; e aproximadamente 1%, na aorta abdominal. Os achados do exame físico variam amplamente, desde quase não notados até parada cardíaca decorrente de tamponamento cardíaco por hemopericárdio ou ruptura. Os sinais mais comumente associados a DAA são os déficits de pulsos (19% nas DDA tipo A e em 9% nas DDA tipo B), regurgitação aórtica e manifestações neurológicas, mais notadamente para a dissecção ascendente que descendente. A DAA apresenta-se, frequentemente, com complicações neurológicas relacionadas. Estima-se que ocorram sintomas neurológicos em até 17 a 40% dos pacientes portadores de DAA tipos A e B. As complicações neurológicas podem resultar de hipotensão, má-perfusão, tromboembolismo distal ou compressão do nervo. Apesar de incomum, a paraplegia aguda, como complicação da má-perfusão da medula espinhal, tem sido descrita como uma manifestação primária da DAA, ocorrendo em 1 a 3% dos pacientes. A paraplegia é atribuída à isquemia ou ao infarto da medula espinhal em decorrência da interrupção do fluxo sanguíneo para as artérias espinhais anteriores e posteriores. O infarto ocorre tipicamente na região compreendida entre a artéria de Adamkiewics (ramo da aorta abdominal que irriga a medula espinhal) e a artéria espinhal anterior (ramo das artérias vertebrais). O comprometimento da artéria de Adamkiewics é mais frequente nas síndromes aórticas agudas associadas à DAA tipo B, e a paraplegia decorrente é uma manifestação neurológica esperada.

Resposta correta   alternativa b

64 Qual das seguintes afirmativas é FALSA sobre a pressão arterial durante o exercício físico isotônico?

a. Em indivíduos sadios, a pressão arterial diastólica não se altera significativamente durante o esforço.

b. Hipotensão após exercício ocorre mais frequentemente em indivíduos propensos a ter doença arterial coronariana.

c. A incapacidade de aumentar a pressão arterial sistólica para pelo menos 120 mmHg ou uma redução na pressão arterial sistólica abaixo do valor de repouso durante o exercício é anormal.

d. A minoria dos indivíduos sadios com menos de 55 anos apresenta hipotensão após exercício no teste ergométrico.

e. Os pacientes negros tendem a ter resposta mais alta da pressão arterial sistólica ao exercício do que os pacientes brancos.

Comentário A resposta normal ao exercício é aumentar progressivamente a pressão arterial (PA), contando com aumentos da carga de trabalho até um pico de reposta de 160 a 200 mmHg e com uma maior variação na escala em pacientes mais idosos que possuem sistemas vasculares menos complacentes. Indivíduos negros têm maior resposta da PA que brancos. Em indivíduos sadios, a PA diastólica não se altera significativamente. Incapacidade de aumentar a PA sistólica para pelo menos 120 mmHg ou uma redução na PA sistólica abaixo do valor de repouso durante o exercício é anormal. Existem múltiplas causas de hipotensão arterial esforço-induzida (HEI), como miocardiopatias, arritmias cardíacas, reações vasovagais, obstrução do trato da via de saída do ventrículo esquerdo, ingestão de substâncias anti-hipertensivas, hipovolemia e exercício vigoroso prolongado. A HEI varia de 3 a 9% em pacientes sintomáticos e é maior em pacientes com doença arterial coronariana de tronco da coronária esquerda e em pacientes triarteriais. Ao se avaliar pacientes assintomáticos, a frequência de HEI é estimada em 1,9%, com incidência estimada de 3,1% em indivíduos < 55 anos e de 0,3% em indivíduos > 55 anos. No subgrupo de pacientes assintomáticos, embora a HEI possa ocorrer em até um terço deles, na série de casos do Baltimore longitudinal study on aging, nenhum paciente apresentou desfechos isquêmicos em acompanhamento de 4 anos. Portanto, a afirmativa "hipotensão após exercício ocorre mais frequentemente em indivíduos propensos a ter doença arterial coronariana" é falsa.

Resposta correta alternativa b

PROVAS PARA OBTENÇÃO DO TÍTULO DE ESPECIALISTA EM CARDIOLOGIA | 2012-2014

65 Qual das drogas a seguir tem pouco impacto na redução de acidente vascular encefálico em idosos?

a. Clortalidona.
b. Atenolol.
c. Losartana.
d. Nitrendipino.
e. Perindopril.

Comentário   O mecanismo de ação anti-hipertensiva dos betabloqueadores envolve diminuição inicial do débito cardíaco, redução da secreção de renina, readaptação dos barorreceptores e diminuição das catecolaminas nas sinapses nervosas. Betabloqueadores de geração mais recente – terceira geração –, como o carvedilol e o nebivolol, distintamente dos betabloqueadores de primeira e segunda gerações, também proporcionam vasodilatação que, no caso do carvedilol, decorre em grande parte do efeito de bloqueio concomitante do receptor alfa-1-adrenérgico e, no caso do nebivolol, do aumento da síntese e da liberação endotelial de óxido nítrico. São eficazes no tratamento da hipertensão arterial. A redução da morbidade e da mortalidade cardiovasculares é bem documentada em grupos de pacientes com idade < 60 anos. Estudos e metanálises recentes não têm apontado redução de desfechos relevantes, principalmente acidente vascular encefálico, em pacientes com idade > 60 anos, condição em que o uso dessa classe de medicamentos seria reservada para situações especiais, como portadores de coronariopatia, disfunção sistólica, arritmias cardíacas ou infarto do miocárdio prévio. Em múltiplos estudos randomizados controlados de grande porte, o uso de betabloqueadores, particularmente do atenolol, não conferiu maior proteção contra o primeiro infarto agudo do miocárdio que outros fármacos e se associou a um aumento estatisticamente significativo de 16% na incidência de acidente vascular encefálico. A explicação fisiopatológica para esse fato é que os betabloqueadores reduzem a pressão arterial braquial igualmente aos demais fármacos, porém não reduzem a pressão aórtica com a mesma eficiência que os demais agentes.

Resposta correta   alternativa b

66 Qual das seguintes afirmativas é CORRETA?

a. O sopro de Graham Steel decorre de regurgitação aórtica.
b. O sopro de estenose mitral é sistólico e apresenta reforço pré-sistólico quando em ritmo sinusal.

QUESTÕES COMENTADAS | PROVA DE 2012   59

c. O esforço isométrico aumenta a intensidade do sopro na regurgitação mitral.

d. A oclusão das artérias braquiais pela insuflação de dois manguitos de pressão determina redução da intensidade do sopro da comunicação interventricular.

e. Sopro de insuficiência tricúspide se acentua na expiração profunda.

Comentário   O exercício físico, ao aumentar a velocidade sanguínea, determina quase sempre a intensificação dos sopros. O esforço isométrico (*hand grip*) tende a aumentar os sopros regurgitantes, como os de insuficiência aórtica, comunicação interventricular e insuficiência mitral, uma vez que há aumento da resistência vascular periférica.

Resposta correta   alternativa c

67 Primigesta de 22 anos, em curso da 20ª semana de gestação, deu entrada no pronto-socorro com edema agudo de pulmão. A pressão arterial era de 90 $\times$ 60 mmHg; a frequência cardíaca, de 116 bpm, regular. Na ausculta cardíaca, primeira bulha hiperfonética, segunda bulha hiperfonética, seguida de estalido. Qual é o diagnóstico mais provável?

a. Pré-eclâmpsia.
b. Cardiomiopatia periparto.
c. Insuficiência aórtica aguda.
d. Pericardite constritiva.
e. Estenose valvar mitral.

Comentário   Cerca de dois terços das gestantes portadoras de doença valvar reumática apresentam estenose mitral reumática, considerando que essa é, portanto, a doença mais frequente no ciclo gravídico-puerperal. O aumento do débito cardíaco provoca elevação do gradiente de pressão por meio da valva mitral estenótica e o percentual de complicações cardíacas varia de 5 a 30%, atingindo 5% de mortalidade materna, constatando-se que o edema agudo de pulmão pode ser a primeira manifestação da doença em gestantes previamente assintomáticas. A estenose mitral tende a se agravar durante a gravidez em decorrência da elevação no débito cardíaco em conjunto com o aumento na frequência cardíaca. Isso encurta o tempo de enchimento diastólico e exacerba o gradiente valvar mitral. Qualquer diminuição no volume de ejeção ventricular causa taquicardia reflexa tardia, contribuindo totalmente para a pressão elevada do átrio esquerdo. O início da fibrilação atrial pode precipitar o edema agudo de pulmão. A análise de grandes séries sobre estenose mitral na gravidez permite destacar que área valvar mitral, ritmo cardíaco, função do ventrículo direito, classe funcional pré-gestacional e hipertensão arterial pulmonar constituem parâmetros para estimar a evolução da gestação nesse grupo de pacientes.

Resposta correta   alternativa e

68 Com relação à curva de pressão a seguir, ela representa uma valvuloplastia percutânea:

a. Aórtica com insucesso.
b. Aórtica com sucesso.
c. Mitral com insucesso.
d. Mitral com sucesso.
e. Nenhuma das alternativas anteriores.

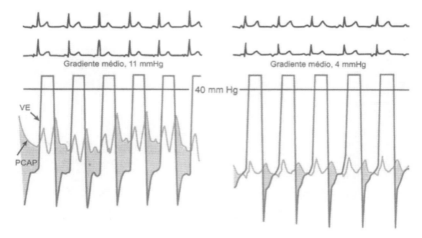

Comentário   A estenose mitral (EM) grave ou sintomática está associada a resultados em longo prazo piores se a estenose não é aliviada mecanicamente. A valvuloplastia mitral percutânea por cateter-balão (VMPCB) é o procedimento de escolha para tratamento da EM, de forma que a intervenção cirúrgica é reservada para os pacientes que necessitam dela e não são candidatos ao procedimento percutâneo. Recomenda-se a VMPCB para pacientes sintomáticos com EM moderada a grave com área valvar mitral (AVM) < 0,9 cm^2/m^2

ou < 1,5 cm² em adultos de tamanho normal e morfologia valvar favorável, além de ausência de trombose intracavitária em átrio esquerdo. A figura apresentada na questão representa o gráfico de uma VMPCB, pela técnica de Inoue, bem-sucedida, resultando em um aumento expressivo da AVM, conforme refletido pela redução do gradiente de pressão diastólica entre o ventrículo esquerdo e a pressão capilar pulmonar, indicado pela área sombreada.

Resposta correta   alternativa d

69 Um paciente com parada cardiorrespiratória em taquicardia ventricular sem pulso recebe desfibrilação imediata na sala de emergência. Qual será a próxima ação?

a. Verificar presença de pulso.
b. Administrar uma droga antiarrítmica.
c. Iniciar compressões torácicas à frequência mínima de 100/min.
d. Repetir o choque não sincronizado, aumentando para 200 J.
e. Administrar imediatamente droga vasopressora, epinefrina, 1 mg, IV.

Comentário   Após realização de desfibrilação elétrica para tratamento de parada cardiorrespiratória (PCR) em taquicardia ventricular sem pulso ou fibrilação ventricular (FV), a medida inicial mais eficaz é iniciar as compressões torácicas externas (CTE) com frequência mínima de 100/min. Esse elemento do suporte básico de vida tem como intenção manter o fluxo sanguíneo e as pressões de perfusão coronariana e cerebral até que medidas definitivas sejam tomadas. A utilização dessa técnica se mostrou favorável quando feita conforme a recomendação, isto é, região palmar sobre os dois terços inferiores do esterno, região hipotenar da outra mão sobre o dorso da mão apoiada sobre o esterno, membros superiores retos com cotovelos retificados formando um ângulo de 90º com o tórax e realizando compressão vigorosa do esterno para deprimi-lo em mais de 5 cm, permitindo em seguida um relaxamento abrupto e completo. Assim, essa técnica se baseia na hipótese de que a pressão intratorácica é o principal propulsor do sangue. Isso permitirá que ocorra o *duty cycle*, que é o tempo gasto comprimindo o tórax, como proporção do tempo entre o início de uma compressão e o início da próxima compressão. O fluxo de sangue coronariano é determinado em parte pelo *duty cycle*, embora a média do *duty cycle* esteja entre 20 a 50%, resultando em adequada perfusão coronariana e cerebral. Um *duty cycle* de 50% é recomendado, pois é facilmente atingido com a prática.

Resposta correta   alternativa c

70 Qual é o diagnóstico evidenciado pelo estudo Doppler intracavitário a seguir:

a. Refluxo pulmonar fisiológico.
b. Insuficiência tricúspide moderada.
c. Insuficiência pulmonar grave.
d. Hipertensão pulmonar grave.
e. Estenose pulmonar grave.

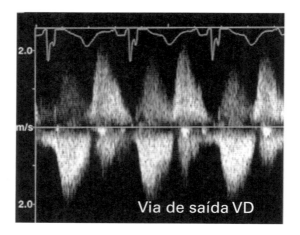

Comentário   A avaliação da valva pulmonar normalmente é possível com a ecocardiografia bidimensional. Graus discretos de regurgitação pulmonar têm sido demonstrados em 48 a 78% dos pacientes com valvas pulmonares normais e sem doença cardíaca estrutural. As áreas de jato planimetradas, indexadas para a área de superfície corporal, têm demonstrado boa correlação com a gravidade da regurgitação pulmonar determinada angiograficamente. A figura apresentada ilustra o perfil do Doppler contínuo que demonstra rápida desaceleração do jato regurgitante (tempo de desaceleração curto) para a linha de base em virtude da rápida equalização das pressões diastólicas das artérias pulmonar e ventricular direita antes do início do QRS. Existe, também, um fluxo diastólico por meio da valva pul-

QUESTÕES COMENTADAS | PROVA DE 2012 63

monar, ocasionado pelo rápido aumento da pressão diastólica ventricular direita.

Resposta correta   alternativa c

71 Na hipercolesterolemia isolada, os medicamentos recomendados são as estatinas, que podem ser administradas em associação:

a. À ezetimiba, à colestiramina e eventualmente aos fibratos ou ao ácido nicotínico.
b. À ezetimiba, ao ômega 3, a fitosteróis e eventualmente ao probucol.
c. À colestiramina, ao probucol e eventualmente ao ômega 3.
d. Aos fibratos, ao ácido nicotínico e eventualmente ao ômega 3.
e. Ao ácido nicotínico, eventualmente aos fibratos e ao ômega 3.

Comentário   Os pacientes com dislipidemia isolada e aqueles com risco cardiovascular aumentado devem ser orientados para a implementação de medidas não farmacológicas relacionadas à mudança do estilo de vida (grau de recomendação I, nível de evidência A). O tratamento medicamentoso com os hipolipemiantes deve ser empregado sempre que não houver efeito satisfatório com essas mudanças ou impossibilidade de aguardar seus efeitos por prioridade clínica. Os medicamentos recomendados para hipercolesterolemia isolada são as estatinas, que podem ser administradas em associação à ezetimiba, à colestiramina e, eventualmente, aos fibratos ou ao ácido nicotínico.

Resposta correta   alternativa a

72 A pressão arterial medida por esfigmomanômetro:

a. Pode ser falsamente baixa, com manguito muito estreito.
b. Pode ser falsamente baixa, em pacientes com artérias bem rígidas.
c. Pode ser falsamente alta, em pacientes obesos.
d. Permite a leitura direta da pressão arterial média.
e. Depende do desaparecimento do ruído para sinalizar a pressão sistólica.

Comentário   Uma série de procedimentos é recomendada para se obter uma medida fidedigna da pressão arterial, de forma indireta, com o uso de um esfigmomanômetro. Inicialmente, o preparo do paciente envolve a ex plicação do procedimento, com orientação de que deve permanecer em repouso por pelo menos 5 minutos em ambiente calmo, assim como solicitar que não converse durante a aferição. Certifica-se, dessa forma, que o paciente não está com a bexiga cheia, não praticou exercícios físicos há pelo menos 1 hora, não ingeriu bebida alcoólica ou café, e também não fumou nos 30 minutos anteriores. O posicionamento adequado é sentado, com as pernas descruzadas, pés apoiados no chão, dorso recostado na cadeira e relaxado, além da manutenção do braço na altura do coração, livre de roupas, apoiado com a palma da mão voltada para cima e o cotovelo levemente fletido. Deve-se obter a circunferência aproximadamente no meio do braço para selecionar o manguito adequado ao tamanho do braço. Manguitos mais largos e longos são necessários nos pacientes obesos. O emprego de manguitos menores (inadequados) pode levar à superestimação da pressão arterial. Nos pacientes idosos, pode ser observada uma "pseudo-hipertensão" que está associada ao processo aterosclerótico e que pode ser detectada pela manobra de Osler.

Resposta correta   alternativa c

73 Paciente do sexo feminino, 42 anos, com diagnóstico de cardiomiopatia dilatada idiopática, FE = 28%, deu entrada no pronto-socorro com queixa de dispneia, palpitações e lipotímia. Eletrocardiograma evidenciou taquicardia de complexo largo (traçado).

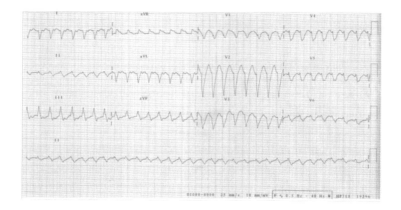

Para esta paciente, escolha a afirmativa CORRETA:

a. Paciente com indicação de CDI para prevenção secundária.
b. É comprovado que a amiodarona nestes casos reduz a mortalidade total.
c. Não há benefício do implante de CDI nestes casos.
d. Paciente tem indicação de CDI para prevenção primária.
e. Paciente com indicação de amiodarona para prevenção secundária.

Comentário   O caso apresentado de uma paciente de 42 anos com miocardiopatia dilatada, disfunção ventricular grave, fração de ejeção do ventrículo esquerdo (FEVE) = 28%, que chega ao serviço de emergência com queixa de dispneia –, palpitações e lipotímia, além de apresentar uma taquicardia ventricular (TV) no eletrocardiograma, configura uma indicação formal de cardiodesfibrilador implantável (CDI) para prevenção secundária. Conforme as "Diretrizes brasileiras de dispositivos cardíacos eletrônicos implantáveis", o implante de CDI na prevenção secundária de morte súbita cardíaca é considerado classe I em pacientes com cardiopatia estrutural. Desse modo, parada cardíaca por taquicardia ventricular ou fibrilação ventricular de causa não reversível com FEVE < 35% e expectativa de vida de pelo menos 1 ano (nível de evidência A), taquicardia ventricular espontânea sustentada com comprometimento hemodinâmico ou síncope, de causa não reversível com FEVE < 35% e expectativa de vida de pelo menos 1 ano (nível de evidência A) estão incluídas.

Resposta correta   alternativa a

74 **Considere as seguintes afirmações sobre musculatura miocárdica hibernante e assinale a alternativa CORRETA:**

I. Trata-se de disfunção contrátil quando a perfusão miocárdica está cronicamente reduzida, mas ainda suficiente para manter o tecido vivo.

II. Uma região muscular pode tornar-se hibernante como consequência de episódios repetitivos de atordoamento.

III. A característica clínica desses pacientes pode não ser angina, mas sim dispneia secundária à pressão diastólica ventricular esquerda aumentada.

a. Apenas I e II estão corretas.
b. Apenas I e III estão corretas.
c. Apenas II e III estão corretas.
d. Todas estão corretas.
e. Todas estão erradas.

Comentário A musculatura miocárdica hibernante é uma condição de disfunção ventricular esquerda em repouso, decorrente de hipoperfusão crônica em regiões do miocárdio nas quais os miócitos permanecem viáveis, porém com função e contratilidade cronicamente deprimidas. A estratégia de revascularização promove normalização do fluxo sanguíneo e permite uma melhora funcional. Uma região muscular pode se tornar hibernante em virtude de episódios repetitivos de atordoamento. A *angina pectoris* pode não ser a apresentação clínica principal e pode até estar ausente. Sinais de disfunção ventricular esquerda, como dispneia secundária à elevação da pressão diastólica final do ventrículo esquerdo, podem se expressar como a característica clínica desses pacientes.

Resposta correta   alternativa d

75 Em relação ao exame do aparelho cardiovascular, todas as afirmativas são corretas, com EXCEÇÃO de:

a. Frêmitos estão associados a sopros com intensidade igual ou superior a 4+ em 6.
b. Pulso em martelo d'água está relacionado com insuficiência aórtica acentuada.
c. O *ictus cordis* está deslocado para a esquerda e para cima na insuficiência mitral acentuada.
d. Sopro de Austin Flint não é indicador preciso de gravidade na insuficiência aórtica.
e. O *ictus cordis* normal apresenta diâmetro de até 2 cm.

Comentário   Esta questão aborda etapas fundamentais do exame físico cardiovascular com análise de parâmetros de inspeção, palpação e ausculta. A inspeção e a palpação devem ser realizadas de forma simultânea, já que seus achados devem ser interpretados em conjunto. Pesquisa de abaulamentos, análise do *ictus cordis* e dos batimentos ou movimentos visíveis e/ou palpáveis, palpação de bulhas e pesquisa de frêmitos devem ser realizados.

A alternativa a é verdadeira, pois afirma que os frêmitos estão associados aos sopros com intensidade $\geq 4+/6+$. A alternativa b também é verdadeira quando afirma que o pulso em martelo d'água, ou pulso de Corrigan, está relacionado com insuficiência aórtica grave. Para facilitar a sua observação, levanta-se o braço do paciente acima de sua cabeça. A alternativa c, em contrapartida, é falsa, uma vez que o *ictus cordis* está deslocado para a esquerda e para baixo na insuficiência mitral grave. A alternativa d versa sobre o sopro de Austin Flint, que é um sopro mesotelediastólico, geralmente associado à insuficiência aórtica grave, e pode ser distinguido da estenose mitral com base na resposta ao vasodilatador e na presença dos achados associados de estenose mitral. A alternativa e é verdadeira por afirmar que o *ictus cordis* normal apresenta diâmetro de até 2 cm.

Resposta correta   alternativa c

76 Na tetralogia de Fallot:

   I. O grau de obstrução da via de saída do ventrículo direito é variável, sendo a estenose subvalvular (infundibular) usualmente o sítio dominante.

   II. Nos pacientes sem cirurgia prévia, o grau de cianose é variável e esta é tanto mais intensa quanto maior for o grau de obstrução da via de saída do ventrículo direito.

   III. A intensidade e a duração do sopro sistólico de ejeção variam direta e proporcionalmente ao grau de obstrução, assim, quanto maior for a obstrução, maior será o sopro.

Marque a alternativa CORRETA:

a. I, II e III estão corretas.

b. II e III estão corretas.

c. I e II estão corretas.

d. Apenas a III está correta.

e. I e III estão corretas.

Comentário   A tetralogia de Fallot é a cardiopatia congênita cianótica mais comum após o primeiro ano de vida e representa 10% de todas as cardiopatias congênitas. Caracteriza-se por ampla comunicação interventricular (CIV) subaórtica, na qual a aorta cavalga o septo interventricular, a obstrução da via de saída e a hipertrofia do ventrículo direito. A afirmativa I é verdadeira, pois afirma que o grau de obstrução da via de saída do ventrículo direito é variável, considerando que a estenose subvalvular infundibular é usualmente o sítio dominante. A afirmativa II também é verdadeira por afirmar que, nos pacientes sem cirurgia prévia, o grau de cianose é variável e, quanto maior for o grau de obstrução da via de saída do ventrículo direito, essa se torna mais intensa. Ao afirmar que a intensidade e a duração do sopro sistólico de ejeção variam direta e proporcionalmente ao grau de obstrução e, assim, quanto maior for a obstrução também será o sopro, a afirmativa III está errada. Em verdade, ao contrário da estenose valvar pulmonar com septo ventricular íntegro, o sopro da estenose infundibular da tetralogia de Fallot torna-se mais curto e de menor intensidade com a piora da obstrução.

Resposta correta   alternativa c

77 Em relação ao pulso alternante (*pulsus alternans*), pode-se afirmar:

   a.   É característico da fibrilação atrial.
   b.   Pode estar presente em portadores de insuficiência cardíaca grave.
   c.   É exacerbado por hipervolemia e estados hipotensivos.
   d.   Variações do ciclo respiratório o acentuam.
   e.   É indicativo de estenose aórtica moderada a grave.

Comentário   O pulso alternante (*pulsus alternans*) caracteriza-se por uma ampla onda seguida de uma outra mais fraca. A variação da amplitude do pulso e da pressão arterial ocorre batimento a batimento em paciente com ritmo regular e independe do ciclo respiratório. A compressão da artéria deve ser calculada para a percepção da onda mais débil. É geralmente visto na insuficiência cardíaca avançada e se torna mais proeminente em regurgitação aórtica grave, hipertensão arterial e estados hipovolêmicos.

Resposta correta   alternativa b

78 Em relação aos achados semiológicos da cardiomiopatia hipertrófica, é CORRETO afirmar:

   a.   Há acentuação do sopro na fase de esforço da manobra de Valsalva.
   b.   Posição de agachamento acentua a intensidade do sopro.
   c.   Pulso *paradoxal* pode estar presente na forma obstrutiva da doença.
   d.   A presença de pulso *tardus* e *parvus* a diferencia da estenose aórtica.

e. Sopro diastólico surge quando o movimento sistólico anterior da valva mitral está presente.

Comentário   A manobra de Valsalva reduz a maioria dos sopros, exceto quando se trata do sopro sistólico da miocardiopatia hipertrófica (CMH), que usualmente se torna mais intenso, e do sopro do prolapso de valva mitral, que se torna mais longo com essa manobra. A alternativa a é verdadeira pois descreve essa alteração da manobra de Valsalva. Por afirmar que a posição de agachamento acentua a intensidade do sopro da CMH, a alternativa b é incorreta. Sabe-se que o agachamento e o levantamento passivo das pernas aumentam o retorno venoso e, dessa forma, têm papel inverso ao do ortostatismo e da manobra de Valsalva. A alternativa c versa sobre o pulso paradoxal que pode ser encontrado em tamponamento cardíaco, pericardite efusivo-constritiva, asma, doença pulmonar obstrutiva crônica, embolia pulmonar, pneumotórax hipertensivo, obesos e até gestantes saudáveis. Esse não é um achado da CMH. A alternativa d está incorreta, pois a presença de pulso *tardus e parvus* é característica da estenose aórtica, enquanto a alternativa e não está correta pois o sopro que surge quando o movimento sistólico anterior da valva mitral está presente é tipicamente sistólico.

Resposta correta   alternativa a

79 Paciente do sexo feminino, 68 anos, em consulta ambulatorial, apresentou queixa de dispneia aos esforços habituais, palpitações e escurecimento visual esporadicamente há 4 meses. Faz uso de atenolol, 50 mg, duas vezes por dia, e sinvastatina, 20 mg por dia, para tratamento de HAS e dislipidemia. Eletrocardiograma realizado durante a consulta evidenciou bradiarritmia (traçado).

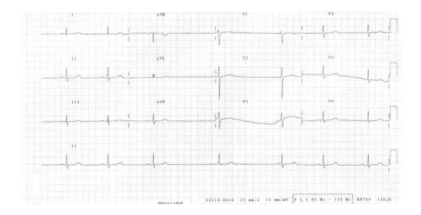

PROVAS PARA OBTENÇÃO DO TÍTULO DE ESPECIALISTA EM CARDIOLOGIA | 2012-2014

Quanto à indicação de implante de marca-passo definitivo, escolha a afirmativa CORRETA:

a. Paciente com diagnóstico de doença do nó sinusal e indicação classe I de implante de marca-passo definitivo.
b. Paciente com diagnóstico de doença do nó sinusal e indicação classe IIa de implante de marca-passo definitivo.
c. Modificar o medicamento anti-hipertensivo e reavaliar necessidade de implante de marca-passo definitivo.
d. Modificar o medicamento anti-hipertensivo e implantar marca-passo definitivo.
e. Manter o medicamento anti-hipertensivo e implantar marca-passo definitivo.

Comentário   Trata-se de um paciente que apresentou queixa de dispneia aos esforços habituais, palpitações e turbidez visual com evidência de bradiarritmia. Vinha em uso de atenolol, 100 mg/dia. A alternativa correta é a c, pois indica que deve-se trocar o medicamento anti-hipertensivo que apresenta ação cronotrópica negativa, com posterior necessidade de se reavaliar a necessidade de implante de marca-passo definitivo.

Resposta correta   alternativa c

80 Mulher de 39 anos, no curso da 6ª semana da terceira gestação, portadora de cardiomiopatia dilatada idiopática e cardiodesfibrilador implantável devido a três paradas cardiorrespiratórias recuperadas. Atualmente em IC (NYHA) II, pressão arterial de 110 × 75 mmHg, frequência cardíaca de 78 bpm sem sopros na ausculta cardíaca. Qual é o tratamento farmacológico mais apropriado nessa fase da gestação?

a. Captopril, furosemida, carvedilol, espironolactona.
b. Hidralazina, amiodarona, carvedilol, espironolactona.
c. Enalapril, hidralazina, furosemida, espironolactona.
d. Amiodarona, hidralazina, espironolactona, furosemida.
e. Hidralazina, nitratos, furosemida, carvedilol.

Comentário   Trata-se de um caso clínico com paciente de 39 anos na 6ª semana de gestação, portadora de miocardiopatia dilatada idiopática e cardiodesfibrilador implantável (CDI). Atualmente, apresenta-se em classe funcional II da New York Heart Association, com pressão arterial de 110 ×

75 mmHg e sem sopros à ausculta. Os inibidores da enzima conversora da angiotensina são formalmente contraindicados na gestação, independentemente da idade gestacional. Além de serem associados a malformação do sistema cardiovascular e nervoso central do feto, quando usados no primeiro trimestre, comprometem o desenvolvimento renal e, nos demais períodos, provocam oligo-hidrâmnio, malformações ósseas, hipoplasia pulmonar, hipotensão, anúria e morte neonatal. A espironolactona deve ser evitada na gestação por poder provocar feminilização dos fetos masculinos e alterações no aparelho reprodutor dos fetos, tanto masculinos como femininos, mesmo que em doses baixas. A hidralazina é o vasodilatador de escolha para tratamento de insuficiência cardíaca na gestação. A furosemida pode ser utilizada no tratamento. A amiodarona deve ser usada com cautela durante a gestação e todo recém-nascido deve ter sua função tireoidiana monitorada. Seu uso não é recomendado durante a amamentação.

Resposta correta   alternativa e

81 Você é chamado para atender um paciente e, quando chega no quarto, o paciente não responde e não respira. Você faz parte do time de resposta rápida ou código azul e chega para atender o paciente com uma enfermeira e um médico residente. Você determina que não há pulso. Qual será sua próxima ação?

a. Abrir a via aérea com inclinação da cabeça e elevação do queixo.
b. Administrar epinefrina a uma dose de 1 mg/kg.
c. Administrar duas ventilações de resgate durante 1 segundo cada.
d. Iniciar compressões torácicas.
e. Administrar vasopressina, dose de 40 UI.

Comentário   Diante de uma vítima suspeita de parada cardiorrespiratória (PCR), ao se identificar que o paciente não tem pulso, a atitude mais apropriada é iniciar as compressões torácicas com frequência mínima recomendada de 100/min. O objetivo dessa manobra é manter o fluxo sanguíneo, e as pressões de perfusão coronariana e cerebral até que medidas definitivas sejam tomadas. O fundamento fisiopatológico hipotético é que a pressão intratorácica é o principal propulsor do sangue durante as manobras de ressuscitação cardiopulmonar (RCP). A utilização dessa técnica se mostrou favorável quando feita conforme a recomendação.

Resposta correta   alternativa d

82 Em relação à amiloidose cardíaca, é correto afirmar, EXCETO:

a. Apresenta padrão típico na curva de pressão ventricular (sinal da raiz quadrada).
b. A forma mais comum de apresentação é como cardiomiopatia restritiva.
c. Acomete mais mulheres e é rara após os 60 anos de idade.
d. Pode cursar com distúrbios da condução.
e. Hipotensão ortostática pode ocorrer em 10% dos casos.

Comentário A amiloidose é um grupo heterogêneo de desordens hereditárias, inflamatórias ou neoplásicas que resultam em depósitos de fibrilas amiloides em diversos órgãos, como coração, rins e sistema nervoso. O acometimento cardíaco deve-se à infiltração miocárdica dessas proteínas, tornando-se clinicamente aparente quando o depósito extracelular de amiloide altera a arquitetura do tecido normal. O tipo de amiloidose é definido pelo padrão de proteína precursora que acomete os tecidos. As quatro proteínas precursoras mais comuns associadas à amiloidose cardíaca são proteínas de cadeias leves produzidas por plasmócitos (amiloidose AL), substância amiloide derivada da transtiretina (TTR), variante selvagem (amiloidose sistêmica senil), TTR mutante (amiloidose familiar) e depósito de substância amiloide localizada atrial derivada do peptídeo natriurético. A amiloidose secundária, cujos depósitos são derivados de substância amiloide sérica proveniente de proteínas inflamatórias, raramente acomete o coração. A forma de amiloidose cardíaca mais descrita é a amiloidose AL que se manifesta como insuficiência cardíaca rapidamente progressiva e frequentemente relacionada com acometimento de outros órgãos. O padrão mais comum é de uma miocardiopatia restritiva, também com comprometimento do ventrículo direito e com edema periférico proeminente, além de ascite ocasional. Há possibilidade de manifestações clínicas de disfunção sistólica, hipotensão postural e distúrbios de condução. O padrão, em raiz quadrada, é uma evidência da disfunção diastólica com restrição ao enchimento ventricular visto em curvas de manometria invasiva e, apesar de típico, não é exclusivo dessa doença. Usualmente, indivíduos com mais de 40 anos de idade são afetados, sendo mais frequente em homens.

Resposta correta alternativa c

83 Quais são o medicamento e a dose recomendados como estratégia inicial para o tratamento de um paciente com fibrilação ventricular refratária?

a. Procainamida, 17 mg/kg, em 5 minutos.
b. Amiodarona, 300 mg.
c. Propafenona, 1 mg/kg.
d. Dopamina, 1 mg/kg por minuto.
e. Lidocaína, 0,5 mg/kg.

Comentário   Para o paciente vítima de parada cardiorrespiratória (PCR) por fibrilação ventricular (FV) ou taquicardia ventricular (TV) que permanece em FV/TV após as medidas iniciais de desfibrilação com corrente direta e após epinefrina em *bolus*, situação definida como FV/TV refratária, uma maior estabilidade elétrica do coração pode ser obtida pela administração intravenosa de agentes antiarrítmicos durante as manobras de reanimação cardiopulmonar (RCP) continuada. A amiodarona intravenosa surgiu como o tratamento inicial de escolha, considerando que 300 mg, por via intravenosa, devem ser administrados em *bolus* diluídos em 20 mL de soro fisiológico, com a possibilidade de uma nova dose de 150 mg, intravenosa, em *bolus*, diluídos em 20 mL de soro fisiológico, depois de 3 a 5 minutos, se necessário. Em seguida, após retorno à circulação espontânea, deve-se administrar solução de manutenção pelas próximas 18 horas ou por diversos dias, se necessário, a depender da estabilidade do ritmo. Essa estratégia terapêutica é uma das poucas evidências em RCP que foi testada em ensaio clínico que comparou amiodarona × lidocaína para FV/TV refratária à desfibrilação primária.

Resposta correta   alternativa b

84 Paciente do sexo feminino com dispneia limitante às atividades habituais apresenta exame físico com B1 hiperfonética, estalido de abertura da valva mitral protodiastólico seguido de sopro diastólico em ruflar 2+/6+. Eletrocardiograma de doze derivações com sobrecarga biatrial e sobrecarga de ventrículo direito. Radiografia de tórax evidencia aumento atrial direito e esquerdo, artéria pulmonar convexa e abaulada, e contorno cardíaco esquerdo sugestivo de hipertrofia ventricular direita. Realizou ecodopplercardiograma transtorácico que evidenciou: AE = 55 mm; VEd = 43 mm; SIV =

9 mm; PPVE = 9 mm; FE = 70%; valva mitral compatível com acometimento reumático, com área estimada em 1,9 cm²; gradiente transvalvar médio de 3 mmHg; PSVD = 74 mmHg. Assinale a alternativa que contempla a conduta adequada:

a. Indicação de tratamento cirúrgico da valva mitral.
b. Realização de ecodopplercardiograma transesofágico.
c. Orientação para tratamento comportamental.
d. Realização de cateterismo cardíaco com manometria completa e prova de volume e atropina se necessário.
e. Indicação de valvoplastia mitral percutânea.

Comentário   Trata-se de paciente com sintomas limitantes de dispneia, com uma discrepância entre os sintomas e os achados ecocardiográficos, demonstrando uma estenose mitral pouco importante, a julgar pelo gradiente e pela área valvar estimada, todavia com uma hipertensão acentuada de câmaras direitas. Nessas circunstâncias, quando os testes não invasivos são inconclusivos, a manometria direta por cateterismo invasivo de câmaras direitas e esquerdas será útil na avaliação etiológica da dispneia se estiver realmente associada à valvopatia ou a outra condição clínica, como hipertensão pulmonar (classe de recomendação I, nível de evidência C). Durante a realização do exame, caso não seja aferido um gradiente transvalvar mitral significativo, uma confirmação dos achados após segunda condição, com prova de volume ou medicações cronotrópicas positivas, deve ser realizada (classe de recomendação IIa, nível de evidência C). Essas medidas servem para desmascarar situações em que o gradiente esteja subestimado, como depleção volêmica, que pode estar presente em situações de jejum prolongado pré-procedimento.

Resposta correta   alternativa d

85 Qual das associações a seguir inclui somente as drogas que reduzem mortalidade da insuficiência cardíaca?

a. Inibidores da enzima conversora da angiotensina II, antagonistas da aldosterona e betabloqueadores.
b. Inibidores da enzima conversora da angiotensina II, antagonistas da aldosterona, betabloqueadores e sensibilizadores de cálcio.

c. Digoxina, diuréticos, inibidores da enzima conversora da angiotensina II, antagonistas da aldosterona e betabloqueadores.
d. Amiodarona, inibidores da enzima conversora da angiotensina II, antagonistas da aldosterona e betabloqueadores.
e. Digoxina, diuréticos, inibidores da enzima conversora da angiotensina II.

Comentário   Redução da mortalidade e dos sintomas, melhora da qualidade de vida e prevenção de progressão de doença são as principais metas para o tratamento da insuficiência cardíaca (IC) crônica com disfunção sistólica. Dos fármacos utilizados para tratamento da IC, inibidores da enzima conversora da angiotensina, bloqueadores do receptor de angiotensina, antagonistas da aldosterona, betabloqueadores adrenérgicos e, para determinadas populações, combinação de hidralazina e nitrato oral são os únicos associados a redução de mortalidade em diversos ensaios clínicos randomizados. A utilização de digitálicos, diuréticos, antiarrítmicos e agentes sensibilizadores do cálcio não está associada ao aumento de sobrevida, entretanto, são fármacos úteis em terapias específicas para redução de sintomas clínicos.

Resposta correta   alternativa a

86 Paciente do sexo masculino, 28 anos, procurou avaliação médica após dois episódios de síncope sem pródromos e grave lesão corporal nos últimos 3 meses. Exame físico, ecocardiograma e *tilt-test* foram normais. Não havia cardiopatia estrutural nem fazia uso de qualquer medicação regular. O eletrocardiograma basal é apresentado a seguir.

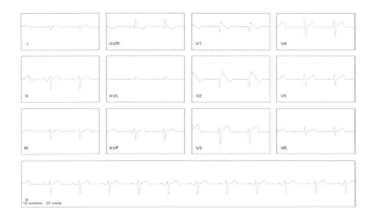

Qual o diagnóstico e qual a conduta médica?

a. Atraso de condução pelo ramo direito. Indicado Holter de eventos implantável para elucidação diagnóstica da síncope.
b. Síndrome do QT longo congênito. Indicado implante de CDI (cardioversor-desfibrilador implantável) – classe IIa/NE B.
c. Síndrome de Brugada. Indicado implante de CDI – classe IIa/NE C.
d. Origem anômala de coronária. Coronariografia.
e. Síndrome do QT longo congênito. Indicado implante de CDI – classe I/NE A.

Comentário   O eletrocardiograma (ECG) em questão é de um paciente em ritmo sinusal com elevação de segmento ST (≥ 2 mm), seguido de inversão de onda T em derivações precordiais direitas (V1 e V2), correspondendo a um padrão compatível com síndrome de Brugada tipo 1. A ocorrência de síncopes tipo "desliga-liga", repetitivas e com traumatismos associados, na ausência de cardiopatia estrutural, em paciente com ECG desse padrão, é compatível com o diagnóstico de síndrome de Brugada. O quadro apresentado tem indicação de implante de cardiodesfibrilador para prevenção secundária de eventos, que é um método de tratamento com relativa eficácia para prevenção de morte súbita cardíaca (classe de recomendação IIa, nível de evidência C).

Resposta correta   alternativa c

87 Pode-se considerar as seguintes situações clínicas em que os diuréticos devem ser empregados largamente:

a. Insuficiência cardíaca aguda de início recente.
b. Hipertensão arterial hiper-reninêmica e hiperadrenérgica.
c. Na gestante hipertensa.
d. Na presença de hipertensão arterial com elevação do ácido úrico.
e. Na insuficiência cardíaca crônica agudizada.

Comentário   Os pacientes com insuficiência cardíaca (IC) aguda de início recente se encontram euvolêmicos e, a partir da ativação neuro-hormonal, há redistribuição de fluxo para território venocapilar pulmonar. A hipertensão venosa pulmonar leva a extravasamento de fluido, o que promove efetiva diminuição do volume arterial e acentuada vasoconstrição, gerando um ciclo vicioso com hipertensão arterial e hipoperfusão, diferente dos pacientes com IC crônica agudizada, nos quais se tem hipervolemia pulmonar e sistêmica. Portanto, algumas situações clínico-hemodinâmicas de IC aguda de início recente não necessitam de tanto estímulo diurético, mas de vasodilatadores. Na IC crônica agudizada, a prioridade, além dos vasodilatadores, é o uso em larga escala de diuréticos. O efeito dos diuréticos em situações de hipertensão arterial sistêmica hiper-reninêmica e hiperadrenérgica é escasso, com pouco efeito anti-hipertensivo. Os efeitos adversos mais comuns dos diuréticos são hipopotassemia, hipomagnesemia e hiperuricemia, sendo que há outros menos frequentes e dose-dependentes, como a ocorrência de intolerância à glicose e hipertrigliceridemia. Em gestantes, o uso de diuréticos pode acarretar redução de fluxo placentário e retardo do crescimento fetal, devendo ser realizado com cautela, em casos selecionados, dando-se preferência para os diuréticos de alça.

Resposta correta   alternativa e

88 A causa da IC aguda do paciente pode ser atribuída pela imagem ecocardiográfica a seguir a:

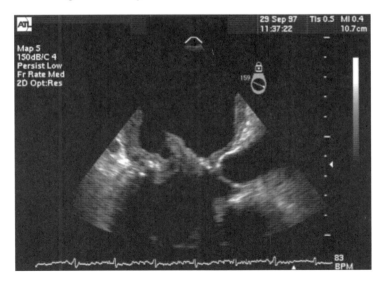

a. Trombose atrial esquerda e *flutter* atrial.
b. Tumor cardíaco.
c. Endocardite infecciosa.

d. Estenose aórtica.
e. Nenhuma das anteriores.

Comentário Essa imagem demonstra um ecocardiograma transesofágico – corte de três câmaras – em paciente com uma válvula mitral espessada e calcificada, apresentando aparente restrição de abertura de seu folheto posterior, com imagem hiperecoica aderida à face ventricular do folheto mitral e seu anel aórtico, que pode corresponder à vegetação. Em um paciente portador de insuficiência cardíaca aguda com esses achados ecocardiográficos, a principal hipótese diagnóstica é endocardite infecciosa.

Resposta correta alternativa c

89 Na endomiocardiofibrose, é correto afirmar, EXCETO:

a. A forma mais comum é a biventricular.
b. Caracteriza-se por fibrose endocárdica da via de entrada do ventrículo direito e/ou esquerdo, com acometimento das valvas atrioventriculares.
c. Embora mais comum na África, pode ser encontrada em outras regiões tropicais e subtropicais, como Índia, Brasil, Colômbia e Sri Lanka.
d. Quando um dos ventrículos é acometido isoladamente, o comprometimento do ventrículo direito é mais frequente.
e. Uma das características hemodinâmicas que a diferencia da pericardite constritiva é que, nas restrições, a pressão sistólica do ventrículo direito geralmente excede 50 mmHg, o que não ocorre nas constrições.

Comentário A endomiocardiofibrose é uma doença rara, sem etiologia definida, caracterizada por fibrose do endocárdio ventricular esquerdo e ápice do ventrículo direito, causando uma miocardiopatia restritiva, com sintomas de insuficiência cardíaca direita e/ou esquerda. Mais comumente, há restrição ao enchimento ventricular em decorrência da fibrose apical, com comprometimento do aparato subvalvar mitral e tricúspide. Ocorre com mais frequência em países africanos; no entanto, tem sido descrita em países asiáticos e na América do Sul, incluindo o Brasil. Acomete mais homens que mulheres, provavelmente por uma predisposição genética. Outros fatores etiológicos foram aventados, como exposição ambiental a determinados oligoelementos, assim como cério, e exposição a determinados agentes infecciosos e parasitoses. O início dos sintomas é insidioso, com surgimento de insuficiência cardíaca (IC) direita ou esquerda. As manifestações clínicas dependem da predominância de acometimento dos ventrículos isoladamente. IC direita, com ascite volumosa e edema discreto de membros inferiores, é frequente entre os pacientes. Quando o acometimento é predominante de ventrículo esquerdo, dispneia e *angina pectoris* são os sintomas mais relatados. O exame de eleição para o diagnóstico é o ecocardiograma. O diagnóstico diferencial é feito com as diversas causas de restrição ao enchimento ventricular, em especial as outras doenças que causam miocardiopatia restritiva e pericardite constritiva. Nesta última situação, o diagnóstico diferencial envolve uma série de características ecocardiográficas e hemodinâmicas, e a manometria cardíaca é um importante parâmetro para a diferenciação entre as duas entidades. A variação dinâmica respiratória consistente com a interdependência ventricular é o melhor parâmetro hemodinâmico para distinguir constrição pericárdica de miocardiopatia restritiva. Durante a inspiração, a pressão sistólica ventricular direita aumenta e a pressão sistólica ventricular esquerda diminui. Essa variação se encontra ausente na constrição pericárdica, dessa forma, esse achado possui especificidade e sensibilidade > 90% para diferenciar as duas condições. A presença de hipertensão de câmaras direitas com uma pressão sistólica ventricular direita > 50 mmHg é mais típica de um processo restritivo.

Resposta correta   alternativa d

90 Marque a alternativa ERRADA:

- a. Cerca de 40% dos casos de insuficiência cardíaca têm fração de ejeção do ventrículo esquerdo normal ou preservada.
- b. Os pacientes com insuficiência cardíaca com sintomas de repouso encontram-se na classe funcional III da NYHA.
- c. Não é possível a diferenciação entre insuficiência cardíaca sistólica e diastólica apenas baseada nos sinais e sintomas.
- d. Todo paciente com insuficiência cardíaca deve se submeter a um exame de ecocardiograma.
- e. O BNP é um peptídeo natriurético cujos níveis sanguíneos estão elevados na presença de insuficiência cardíaca.

Comentário A insuficiência cardíaca (IC) é uma síndrome clínica complexa que resulta de alterações estruturais e funcionais capazes de comprometer tanto a ejeção quanto o enchimento ventricular. De acordo com a fração de ejeção ventricular, a IC pode ser classificada como sistólica (com fração de ejeção do ventrículo esquerdo < 40%) ou função sistólica preservada (fração de ejeção ≥ 50%). Aproximadamente metade dos pacientes com IC possuem função ventricular esquerda sistólica normal, não havendo possibilidade de diferenciação entre essas duas entidades clínicas com base apenas na ocorrência de sintomas. O estadiamento da American College of Cardiology Foundation e da American Heart Association e a classificação funcional da New York Heart Association são dois métodos úteis para classificar os pacientes com IC de acordo com seus sintomas. Esta última é amplamente utilizada e foca na tolerância do indivíduo aos esforços, variando de classe funcional I a IV, sendo que a IV é aquela na qual o indivíduo apresenta sintomas de IC em repouso. O ecocardiograma transtorácico é uma importante peça na avaliação diagnóstica e etiológica do paciente com IC, devendo ser um método diagnóstico inicial em todos os pacientes com essa suspeita clínica. É um exame não invasivo, seguro e que pode ser realizado à beira do leito, fornecendo informações importantes sobre a estrutura e a função miocárdica, além das válvulas cardíacas, fluxos e suas pressões de enchimento. Na última década, novos biomarcadores surgiram como métodos adjuntos que fornecem informações importantes diagnósticas e prognósticas sobre o paciente com IC. A dosagem de peptídeos natriuréticos (BNP e NT-proBNP), biomarcadores que são liberados pelos cardiomiócitos em situação de estresse, é útil tanto na exclusão de situações clínicas que possam mascarar os sintomas de IC (com elevada sensibilidade e valor preditivo negativo) como no manejo da doença aguda descompensada e no acompanhamento ambulatorial dos pacientes em tratamento.

Resposta correta   alternativa b

91 Como devemos realizar a ventilação em paciente com parada cardiorrespiratória em que já foi obtida uma via aérea avançada?

a.   Aplicar compressões e ventilações com uma relação 30:2.
b.   Aplicar compressões e ventilações com uma relação 15:2.
c.   Aplicar uma ventilação única a cada 6 a 8 segundos durante a pausa de compressão.

d. Aplicar compressões torácicas contínuas sem pausas e 10 ventilações por minuto.

e. Aplicar uma ventilação única a cada 10 a 12 segundos durante a pausa de compressão.

Comentário   A interrupção das compressões para a ventilação só deve ser realizada durante a reanimação cardiorrespiratória cerebral nos casos em que não existe uma via aérea avançada para facilitar a entrada de ar pela traqueia e pulmões. Nesses casos, deve ser realizada na sequência 30:2. Nos casos que uma via aérea avançada existe, como intubação orotraqueal ou uso de máscara laríngea, a entrada de ar está garantida e as compressões não devem ser interrompidas. As ventilações devem ser realizadas em uma frequência fisiológica, a cada 10 segundos, evitando-se a hiperventilação que pode levar a aumento da pressão intratorácica, o que dificulta e piora o resultado hemodinâmico das compressões.

Resposta correta   alternativa d

92   **Em relação à febre reumática (FR), é ERRADO afirmar que:**

a. O mais importante para diminuir a incidência da doença é tratar precocemente a infecção de orofaringe pelo estreptococo.

b. O teste rápido para diagnóstico de infecção por estreptococo através da coleta de amostra de secreção da faringe pode ser realizado para diferenciar de infecções virais.

c. Títulos elevados de ASLO não fazem diagnóstico de febre reumática, mas apenas demonstram estreptococcia anterior.

d. Pacientes com diagnóstico de FR devem receber profilaxia secundária com penicilina benzatina para evitar novos surtos da doença.

e. Pacientes com altos títulos de ASLO devem receber profilaxia com penicilina benzatina até completarem 18 anos de idade.

Comentário   O tratamento adequado das infecções orofaríngeas pelo estreptococo beta-hemolítico do grupo A com antibióticos adequados é a maneira mais eficaz de se realizar a profilaxia primária da febre reumática. Embora o teste rápido com ASLO possa ser utilizado para diferenciar as infecções estreptocócicas das virais, não deve ser realizado em saúde pública por retardar o tratamento precoce e adequado. É importante salientar que a presença de altos títulos de ASLO indica apenas o contato anterior com o estreptococo e não faz diagnóstico de febre reumática, portanto, não devem ser utilizados como marcadores para o uso de profilaxia secundária. Apenas 3% das infecções estreptocócicas não tratadas desenvolvem febre reumática, mas nos pacientes com diagnóstico clínico de febre reumática prévia, recomenda-se o uso de penicilina G benzatina nas doses de 600.000 UI para crianças com até 25 kg e 1.200.000 UI acima desse peso. Utiliza-se a penicilina a cada 15 dias nos 2 primeiros anos após o surto e, posteriormente, a cada 21 dias. Em pacientes com manifestações articulares ou coreia deve-se suspender aos 18 anos de idade ou 5 anos após o surto reumático. Nos pacientes com cardite durante o surto agudo que não apresentam sequelas tardias, ou apresentam sequelas muito discretas, deve-se suspender aos 25 anos de idade, ou 10 anos após o último surto reumático. Os pacientes nos quais a retirada da profilaxia levam ao retorno dos sintomas deverão manter a profilaxia por mais 5 anos e aqueles que realizaram cirurgia cardíaca, mesmo com acometimento cardíaco discreto residual, deverão realizar profilaxia prolongada, de preferência por toda a vida, mas quando isso não for possível, pelo menos até os 40 anos de idade.

Resposta correta   alternativa e

93 Na cardiomiopatia hipertrófica, são critérios de alto risco para morte súbita, EXCETO:

a. Taquicardia ventricular não sustentada ao Holter.
b. Espessamento septal > 30 mm.
c. História de síncope.
d. Mutações causais malignas.
e. Aparecimento da doença em idade > 40 anos.

Comentário   A morte súbita é uma forma traumática de apresentação clínica da miocardiopatia hipertrófica e pode ocorrer em cerca de 1 a 2% dos casos, sendo que em algumas ocorrências é associada à realização de exercício físico. Pacientes que já apresentaram taquicardia ventricular sustentada ou fibrilação ventricular apresentam maior risco de morte súbita. Nos demais pacientes, presença de espessamento septal > 30 mm, história prévia de síncope inexplicada, taquicardia ventricular não sustentada no Holter e hipotensão arterial durante a realização de esforço físico são fatores de risco associados ao risco de morte súbita. Estudos recentes sugerem que pacientes que possuem alguns tipos de mutações, como a de cadeias pesadas de betamiosina e de troponina T, apresentam maior risco de morte súbita em relação aos pacientes com mutações da miosina C ou alfatropomiosina; no entanto, por se tratarem de estudos iniciais, a pesquisa genética ainda não é incluída na estratificação inicial desses pacientes, especialmente no Brasil, onde a realização ainda não é disponível de forma geral, mas a resposta pode ser considerada adequada. Em relação à idade, embora não seja incluída como critério clássico para morte súbita, os resultados dos estudos que consideraram a idade como fator de risco independente para morte súbita sugerem que quanto mais precoce for o aparecimento da doença, maior será o risco de morte súbita. Dessa forma, a resposta mais correta seria a alternativa e, mas a resposta da alternativa d também não pode ser considerada errada, mesmo que sem uso prático em nosso país.

Resposta correta   alternativas d e e

94 É correto dizer, sobre a técnica de realce tardio miocárdico por ressonância magnética cardíaca, EXCETO:

a. É usada na avaliação da viabilidade miocárdica.
b. É usada na avaliação da detecção do infarto miocárdico.
c. O mecanismo é dependente da entrada do contraste no espaço intracelular no miocárdio normal.
d. O mecanismo é dependente da saída lenta do contraste da área de miocárdio lesado.
e. O mecanismo é semelhante nos infartos crônicos ou agudos.

Comentário   A técnica do realce tardio na ressonância magnética cardíaca utiliza o contraste intravenoso gadolínio, que não penetra nas membranas celulares íntegras e, portanto, tem distribuição extracelular. Nas regiões de infarto agudo, ocorre ruptura das membranas dos miócitos necróticos e o gadolínio pode se distribuir livremente (maior volume de distribuição). Além disso, a necrose dos miócitos também causa uma alteração da cinética de distribuição do contraste, de modo que a saída do gadolínio das áreas de infarto ocorre mais lentamente. Esses dois fatores fazem com que a concentração do contraste, cerca de 10 a 20 minutos após a injeção, seja muito maior nas regiões necróticas do que no tecido miocárdico normal, tornando as áreas de infarto brancas (sinal intenso) nas imagens de realce tardio. Em resumo, ao aumentar a intensidade de sinal do infarto (utilizando o gadolínio e ponderando as imagens em T1) e diminuir a intensidade de sinal do miocárdio normal (com o pré-pulso de inversão e TI em torno de 200 a 300 ms), a técnica do realce tardio otimiza o contraste entre os dois tecidos (diferença de sinal de até 1.080%) e permite a precisa delimitação das áreas de necrose miocárdica. Assim, a técnica de realce tardio é usada na avaliação da viabilidade miocárdica, na detecção de infarto do miocárdio agudo e crônico, por meio da distribuição diferente deste no espaço extracelular, uma vez que o gadolínio não penetra no espaço intracelular.

Resposta correta   alternativa c

95 Observam-se como características farmacodinâmicas dos antagonistas do cálcio, EXCETO:

a. Os di-hidropiridínicos são mais cardiosseletivos por apresentarem velocidade de acoplamento rápida.

b. O verapamil é contraindicado nos pacientes com doença nodal AV preexistente ou naqueles com síndrome do nódulo sinusal.

c. O diltiazem apresenta uma ação intermediária cardíaca e vascular em relação ao verapamil e os di-hidropiridínicos.

d. Os antagonistas do cálcio podem apresentar efeito de relaxamento muscular quando em altas doses.

e. Os antagonistas do cálcio determinam menor redução das hipertrofias vascular e cardíaca quando comparados aos IECAs.

Comentário   Os bloqueadores de canais de cálcio (BCC) são divididos em relação ao seu mecanismo de ação em di-hidropiridínicos e não di-hidropiridínicos, sendo que estes últimos têm como principais representantes o diltiazem e o verapamil. Os di-hidropiridínicos ainda se dividem entre os de primeira geração, como o nifedipino, e os de segunda geração, com ação mais prolongada, como anlodipino e felodipino. Os BCC não di-hidropiridínicos apresentam maior cardiosseletividade que os di-hidropiridínicos, motivo pelo qual devem ser utilizados com cuidado nos pacientes com doença atrioventricular e sinusal, ou de forma concomitante com os betabloqueadores. Os di-hidropiridínicos, por sua vez, caracterizam-se por seu maior efeito vasodilatador.

Resposta correta   alternativa a

QUESTÕES COMENTADAS | PROVA DE 2012   85

96 São objetivos da avaliação clínica e laboratorial inicial da hipertensão arterial (HAS):

a. Confirmar o diagnóstico de HAS por medida da pressão arterial.
b. Pesquisar lesões em órgãos-alvo.
c. Identificar fatores de risco para doenças cardiovasculares.
d. Pesquisar presença de outras doenças associadas.
e. Todas as anteriores estão corretas.

Comentário   Todas as alternativas apresentadas fazem parte da avaliação clínica e laboratorial inicial da hipertensão arterial que tem como objetivo confirmar o diagnóstico de hipertensão arterial por medida de pressão arterial, identificar fatores de risco para doenças cardiovasculares, pesquisar lesões em órgãos-alvo – sejam clínicas ou subclínicas –, pesquisar presença de outras doenças associadas, estratificar o risco cardiovascular global e avaliar indícios do diagnóstico de hipertensão secundária.

Resposta correta   alternativa e

97 Não está indicada profilaxia antimicrobiana para endocardite, segundo as "Diretrizes brasileiras de valvopatias", de 2011, a:

a. Paciente com prótese valvar mitral submetido a extração dentária.
b. Paciente com cardiopatia congênita corrigida submetido a broncoscopia.
c. Paciente com prótese valvar aórtica submetido a colonoscopia diagnóstica.
d. Paciente que teve endocardite infecciosa, sem lesão valvar residual, submetido a amigdalectomia.
e. Paciente transplantado cardíaco com valvopatia adquirida que fará biópsia pulmonar.

Comentário   A profilaxia antibiótica para endocardite infecciosa (EI) tem sido reservada cada vez mais para casos especiais. Embora carente de estudos clínicos bem embasados, é consenso que a avaliação para realização de profilaxia deve considerar o alto risco da cardiopatia para o desenvolvimento da EI e os procedimentos que envolvem uma bacteriemia grave. Presença de prótese valvar ou cirurgia conservadora valvar com presença de material sintético, transplantados que desenvolvem valvopatias e aqueles com antecedentes de EI são condições associadas a alto risco para o desenvolvimento de EI. Por outro lado, procedimentos odontológicos que envolvem manipulação do tecido gengival, periodontal ou perfuração da mucosa oral são associados a alto risco de bacteriemia grave. A profilaxia antibiótica de EI em pacientes com valvopatias é indicada, conforme as diretrizes brasileiras, como classe I em pacientes com alto risco para EI e que serão submetidos a procedimentos odontológicos de alto risco para bacteriemia. A profilaxia é considerada classe IIa nos casos de valvopatia submetidos a procedimentos odontológicos de alto risco de bacteriemia grave e vice-versa sem elevado risco de EI; ou, em cardiopatia congênita, também é indicada para pacientes com alto risco para EI submetidos a procedimentos de baixo risco para bacteriemia que incluem os geniturinários, esofágicos, do trato respiratório ou gastrointestinais associados a lesão de mucosa. Dessa forma, a resposta correta é a alternativa b, pois inclui um procedimento de baixo risco de bacteriemia grave em um paciente que não apresenta alto risco para o desenvolvimento de EI.

Resposta correta   alternativa b

98 **Podem-se considerar como ações dos diuréticos, EXCETO:**

a. Efeito de diurese mediado pelo bloqueio da reabsorção do sódio.
b. Ação vasodilatadora de alguns diuréticos.
c. Ação antirremodelagem cardíaca e vascular dos antagonistas da aldosterona.
d. Ação simpaticolítica com consequente potencialização da ação dos IECAs e betabloqueadores.
e. Aumento da excreção de potássio, magnésio e cloro.

Comentário   Os diuréticos fazem parte do arsenal terapêutico da insuficiência cardíaca (IC). Entre eles, o fármaco que diminui mortalidade nos pacientes com IC sistólica são os antagonistas da aldosterona. A espironolactona, no entanto, é utilizada na IC em doses baixas como bloqueador neuro-humoral e não como diurético em si. Bloqueando a aldosterona, essas drogas diminuem o efeito de antirremodelagem cardíaca e vascular gerado pelo efeito vasoconstritor da aldosterona. Já os diuréticos de alça, cujo representante maior é a furosemida, é utilizado para diminuição da congestão vascular nos pacientes com IC avançada por meio do aumento da excreção de sódio, mas, como efeito colateral, podem causar depleção de potássio, magnésio e cloro. Os diuréticos não apresentam ação simpaticolítica.

Resposta correta   alternativa d

99 Dentre as indicações de realização da angiotomografia computadorizada de artérias coronárias, podem ser consideradas apropriadas todas as seguintes, EXCETO:

a. Avaliação de coronárias anômalas.
b. Avaliação da patência de enxertos cirúrgicos.
c. Pacientes com baixa probabilidade de DAC, assintomáticos e/ou com teste de isquemia negativo.
d. Avaliação de estenoses coronárias em pacientes com probabilidade intermediária de DAC e testes de isquemia duvidosos ou conflitantes.
e. Opção à angiografia invasiva no diagnóstico diferencial de cardiomiopatias isquêmicas *versus* não isquêmicas.

Comentário   A angiotomografia coronariana é um exame não invasivo para avaliação da anatomia coronariana com alta sensibilidade e com moderada especificidade para avaliação de doença arterial coronariana (DAC). São principalmente indicadas na avaliação de artéria coronária anômala, estenoses coronarianas em pacientes com probabilidade intermediária de DAC, pacientes com baixo risco de DAC e testes de isquemia positivos, enxertos cirúrgicos – opção à angiografia invasiva no diagnóstico diferencial de cardiopatia isquêmica $\times$ não isquêmica – e doença de Kawasaki. Nos pacientes com baixa probabilidade de DAC e com teste isquêmico negativo, a angiotomografia não deve ser utilizada pelo baixo valor preditivo positivo, considerando-se os riscos associados ao uso de contraste e sua baixa especificidade. Sua utilização pode levar o paciente a realizar uma angiografia invasiva desnecessária.

Resposta correta   alternativa c

100 São verdadeiras as afirmativas a seguir com relação aos achados hemodinâmicos da pericardite constritiva comparados aos da cardiomiopatia restritiva, EXCETO:

a. Pressões de enchimento dos lados esquerdo e direito iguais são observadas na pericardite constritiva.
b. Sinal da "raiz quadrada" é muito mais frequente na pericardite constritiva.
c. Pressão venosa com descendente Y proeminente é achado comum na pericardite constritiva e variável na cardiomiopatia restritiva.
d. Hipertensão pulmonar é comum na cardiomiopatia restritiva.
e. Variação respiratória das pressões esquerda-direita é exagerada na cardiomiopatia restritiva.

Comentário Em decorrência da forma de tratamento ser diferente, o diagnóstico diferencial entre uma miocardiopatia restritiva e uma pericardite constritiva é fundamental. O diagnóstico diferencial pode ser difícil, por isso a análise cuidadosa de algumas diferenças é importante. O pulso paradoxal e o *knock* pericárdico estão presentes somente na pericardite constritiva, embora o primeiro achado esteja presente em apenas 30% dos casos. Na ecocardiografia dos pacientes com miocardiopatia restritiva, pode-se verificar alterações na musculatura miocárdica características, como na amiloidose, e aumento da espessura pericárdica na pericardite constritiva. Também são achados diferenciais importantes na ecocardiografia da pericardite constritiva, como o abaulamento septal e o aumento do átrio esquerdo, enquanto, na miocardite restritiva, o aumento é biatrial e o abaulamento do septo geralmente não é observado.

Resposta correta alternativa e

101 Considere as seguintes afirmações a respeito da angina variante (angina de Prinzmetal) e escolha a alternativa CORRETA:
I. É produzida por espasmo coronariano e pode ocorrer na ausência ou na presença de placas ateroscleróticas obstrutivas.
II. Os episódios de angina frequentemente podem despertar os pacientes durante a madrugada, pois são comuns neste horário.
III. Os espasmos ocorrem mais frequentemente na artéria coronária direita.

a. Apenas I e II estão corretas.
b. Apenas I e III estão corretas.
c. Apenas II e III estão corretas.

d. Todas estão corretas.

e. Todas estão erradas.

Comentário   O espasmo coronariano na angina variante não depende da presença de aterosclerose, podendo ocorrer sobre uma placa aterosclerótica ou sobre um endotélio normal, apesar de frequentemente ocorrer adjacente à placa. As crises de angina variante tendem a ocorrer de madrugada, entre as 0h00 e as 8h00. O espasmo é mais comum na artéria coronária direita e pode ocorrer em um ou mais sítios e artérias simultaneamente.

Resposta correta   alternativa d

102   **Homem de 61 anos com história de revascularização miocárdica há 4 anos apresenta dispneia há 5 meses. O ecocardiograma demonstra função sistólica normal, sem derrame pericárdico, fluxo mitral com padrão restritivo e Doppler tecidual do anel mitral normal. O fluxo venoso pulmonar apresenta predominância diastólica. A velocidade E transmitral diminui com a inspiração, e a velocidade E transtricúspide aumenta significativamente com a inspiração. O diagnóstico mais provável é:**

a. Tamponamento cardíaco.

b. Cardiomiopatia restritiva.

c. Pericardite constritiva.

d. Cardiomiopatia isquêmica com disfunção diastólica.

e. Alternativas b e d são possíveis.

Comentário   As alterações hemodinâmicas da pericardite constritiva assemelham-se às da miocardiopatia restritiva e às do tamponamento cardíaco, no sentido de elevação e equalização das pressões de enchimento dos ventrículos esquerdo e direito. No entanto, a análise de alterações respiratórias na velocidade de fluxo transvalvar ao ecocardiograma com Doppler podem auxiliar essa distinção, assim como a análise do fluxo venoso pulmonar ao ecocardiograma transesofágico. Na pericardite constritiva, a velocidade E transmitral diminui com a inspiração e a velocidade E transtricúspide aumenta.

Resposta correta   alternativa c

103 A pressão arterial:

a. Tende a aumentar com a idade, mesmo com a esperada queda no débito cardíaco.
b. É menor na circulação pulmonar que na sistêmica, pois a resistência vascular pulmonar é maior.
c. É mantida constante principalmente pela ação dos barorreceptores.
d. Diminui inicialmente na circulação sistêmica em resposta a um aumento na pressão intracraniana.
e. Cai quando o volume sanguíneo é reduzido, em razão de uma menor pressão de enchimento.

Comentário   Apenas a pressão arterial tende a aumentar com a idade, especialmente a sistólica, que segue uma escalada lenta e contínua ao longo da vida. A pressão diastólica aumenta até o fim da sexta década de vida, quando passa a declinar e, dessa forma, aumentar a pressão de pulso. A pressão arterial pulmonar é menor do que a sistêmica, não em razão da resistência vascular pulmonar, mas em função do ventrículo direito, que tem uma camada muscular mais fina, o que gera menor trabalho dessa câmara em relação ao ventrículo esquerdo e, consequentemente, menor débito cardíaco também. A pressão arterial não é constante, pelo contrário, sofre inúmeras variações ao longo do dia durante diversas atividades. Essas alterações controladas pelos barorreceptores são causadas exatamente para que a pressão arterial intracraniana se mantenha estável e seja constante. De acordo com a lei de Frank-Starling, dentro de limites fisiológicos, quanto maior o volume diastólico final, maior será a energia de contração cardíaca e, consequentemente, o volume de ejeção. Desse modo, em situações de hipovolemia, com volume diastólico final reduzido, o volume de ejeção diminui, assim como a pressão arterial.

Resposta correta   alternativas a e e

104 Em relação à CIA (comunicação interatrial) tipo *ostium secundum*:

I. A maioria das crianças portadoras de CIA *ostium secundum* isolada são assintomáticas e, em crianças diagnosticadas no período neonatal com CIA < 7 mm, poderá ocorrer o fechamento espontâneo no primeiro ano de vida. Por isso, em crianças assintomáticas, o fechamento pode ser adiado.
II. No paciente adulto com CIA, os sintomas mais frequentes são intolerância aos esforços (dispneia e fadiga) e palpitações.

III. *Shunt* discreto Qp/Qs < 1,5 não requer fechamento, com possível exceção nos pacientes adultos que sofreram acidente vascular encefálico (AVE) isquêmico como prevenção de embolia paradoxal.

Assinale a alternativa CORRETA:

a. Apenas a I está correta.
b. II e III estão corretas.
c. Apenas a III está correta.
d. I e III estão corretas.
e. Todas estão corretas.

Comentário   Defeitos pequenos do septo interatrial fecham espontaneamente nos primeiros anos de vida, especialmente aqueles menores de 7 mm ou com taxas de fluxo pulmonar/sistêmico que excedem 1,5:1, portanto, não requerem tratamento cirúrgico. Exceção se faz aos pacientes que desenvolveram acidente vascular encefálico isquêmico embólico, em que a comunicação interatrial (CIA) pode ser a passagem para a embolização paradoxal, assim como a origem para a formação de trombos. Os pacientes que atingem a idade adulta portando uma CIA *ostium secundum* frequentemente começam a desenvolver sintomas de insuficiência cardíaca como cansaço e dispneia ou palpitações entre a quarta e a sexta décadas de vida, momento em que não se permite mais adiar a correção cirúrgica.

Resposta correta   alternativa e

105 Considere as assertivas a seguir, relativas à análise conjunta dos diversos ensaios clínicos que compararam reperfusão por trombólise com reperfusão coronária por cateter:

I. Pacientes tratados com terapia percutânea (primária) tiveram menor recorrência de infarto em 6 meses.
II. Houve menor incidência de acidente vascular encefálico hemorrágico com reperfusão por cateter, mas incidência maior de acidentes vasculares encefálicos totais.
III. Houve tendência à redução de mortalidade antes da alta hospitalar com o tratamento percutâneo, mas sem significância estatística.

Quais estão CORRETAS?

a. Apenas I.
b. Apenas I e II.
c. Apenas I e III.
d. Apenas II e III.
e. I, II e III.

Comentário   O grande problema da trombólise na síndrome coronariana aguda (SCA) é o fenômeno da reoclusão que se manifesta por reinfarto. Sua ocorrência é maior após ocorrência de trombólise do que após angioplastia primária, tanto na avaliação intra-hospitalar quanto em um corte de 6 meses de acompanhamento. Tal fato justifica que pacientes com SCA que realizam trombólise sejam submetidos ao cateterismo cardíaco em curto prazo (menos de 24 horas). Além disso, pacientes que recebem terapia trombolítica, quando comparados aos que fazem angioplastia primária, têm maior risco de acidente vascular encefálico tanto isquêmico quanto hemorrágico. Por outro lado, não há diferenças entre as duas terapias quanto à mortalidade.

Resposta correta   alternativa a

106 Durante o ciclo cardíaco, é CORRETO afirmar que:

a. A segunda bulha cardíaca está associada à abertura da valva aórtica.
b. A pressão arterial esquerda é sempre menor do que a pressão ventricular esquerda.
c. A pressão aórtica atinge seu ponto mais baixo no início da sístole ventricular.
d. Os ventrículos ejetam sangue durante toda a sístole.
e. O volume sistólico final ventricular é maior do que o volume diastólico final.

Comentário   A segunda bulha cardíaca está associada ao fechamento da válvula aórtica e não à sua abertura. A pressão arterial sistêmica, em condições normais, isto é, sem estenose valvar aórtica, deve ser igual à pressão ventricular esquerda no momento de abertura da válvula aórtica, seguindo a lei de Bernoulli. O ponto de menor pressão aórtica é o início da sístole ventricular, logo antes da abertura da válvula aórtica (contração isovolumétrica), que corresponde à pressão arterial diastólica. Nessa fase da sístole, ainda não ocorreu nenhum volume de ejeção. O volume sistólico final é o momento em que há a menor quantidade de sangue no ventrículo esquerdo, enquanto o volume diastólico final é exatamente o contrário, quando o ventrículo esquerdo apresenta sua maior quantidade de sangue.

Resposta correta   alternativa c

107 Paciente do sexo masculino, 32 anos, assintomático, é avaliado em consulta de rotina: pulso com ascenso rápido e amplitude aumentada, FC = 80 bpm, PA = 152 × 60 mmHg, impulsão palpável em fúrcula, sem frêmito, *ictus* desviado para baixo e para a esquerda, hiperdinâmico e com três polpas, discreto sopro mesossistólico em base e sopro holodiastólico aspirativo 2+/6+ em borda esternal esquerda. Este exame físico é compatível com:

a. Dupla disfunção aórtica discreta.
b. Insuficiência aórtica grave.
c. Estenose mitral grave.
d. Dupla lesão mitral discreta.
e. Estenose aórtica com insuficiência mitral moderada.

Comentário   A insuficiência aórtica grave apresenta um quadro semiológico bastante rico. A sobrecarga de volume a que o ventrículo esquerdo é submetido nos casos avançados gera dilatação ventricular esquerda, levando à ocorrência de uma impulsão paraesternal e desvio do *ictus* cardíaco lateral e inferior. No pulso de Corrigan, ou em martelo d'água, a pressão de pulso aumenta, o que leva frequentemente os sons de Korotkoff a 0, assim como o sopro holodiastólico aspirativo de alta frequência, que é outro sinal característico dessa valvulopatia. Também na estenose aórtica, a duração do sopro tem relação direta com a gravidade da insuficiência aórtica, desse modo os sopros holodiastólicos são característicos de insuficiência grave.

Resposta correta   alternativa b

108 De acordo com a "VI diretriz brasileira de hipertensão", é CORRETO afirmar:

a. A meta de pressão arterial para pacientes com risco adicional alto ou muito alto, independentemente do estágio de pressão arterial, é abaixo de 130 × 80 mmHg.
b. Em hipertensos estágios I ou II, a meta sempre será abaixo de 140 × 90 mmHg.
c. Pacientes diabéticos com PA ≥ 140 × 90 mmHg no momento do diagnóstico ou durante o seguimento devem receber tratamento medicamentoso em monoterapia com modificação do estilo de vida por 1 ano.
d. A "curva em J" é um fenômeno importante somente nos pacientes idosos.
e. Os efeitos da "curva em J" foram registrados em variações fisiológicas da pressão arterial diastólica, ou seja, abaixo de 90 mmHg.

Comentário   As metas de pressão arterial a serem atingidas variam conforme características individuais. Pacientes classificados como de risco alto ou muito alto, assim como é o caso dos diabéticos e dos pacientes com lesões em órgãos-alvo, devem ter sua pressão arterial reduzida a valores < 130 × 80 mmHg. Hipertensos em estágios I e II devem ter sua pressão arterial abaixo de 140 × 90 mmHg, desde que não se encaixem nos casos de risco alto ou muito alto. Pacientes diabéticos com PA ≥ 140 × 90 mmHg devem receber tratamento medicamentoso com modificação do estilo de vida, porém, não necessariamente em monoterapia, podendo ser tratados com terapia farmacológica combinada desde o início do tratamento. Os efeitos da "curva em J" parecem ser impactantes em todos os pacientes, especialmente os portadores de doença arterial coronariana, nos quais reduções de pressão diastólica < 65 mmHg parecem direcionar a um prognóstico pior.

Questão anulada

109 Paciente do sexo masculino, 47 anos, relata dispneia há 6 meses, pior há 7 dias. Dispneia, fadiga e edema de MMIIs, sorologia para Chagas positiva. Ao exame físico, bom estado geral, hipocorado +/4+, hidratado, taquipneico, estase jugular onda "v" proeminente, hepatomegalia dolorosa, edema de MMII, pulmões com raros estertores em base, extremidades frias, pulso fino, regular e com variação de amplitude, FC = 112 bpm, PA = 92 × 78 mmHg. *Ictus* desviado para a esquerda e para baixo, 6º/7º EIC, B1 hipo, B2 nor-

QUESTÕES COMENTADAS | PROVA DE 2012   95

mo. Sopro holossistólico, platô 2+/6+ BEE – que aumenta à inspiração profunda e mitral, que aumenta em decúbito lateral esquerdo. B3 em ápice.

Pode-se AFIRMAR a presença de:

a. Insuficiência cardíaca (IC) com baixo débito com estenose aórtica.
b. Somente IC esquerda com baixo débito e insuficiência mitral.
c. IC com baixo débito e insuficiências mitral e tricúspide.
d. Somente IC direita com alto débito e insuficiência tricúspide.
e. Somente IC esquerda com baixo débito e miocardiopatia.

Comentário   Trata-se de um quadro clínico clássico de insuficiência cardíaca congestiva por miocardiopatia dilatada, com sinais de falência ventricular direita (hepatomegalia dolorosa e edema de membros inferiores) e esquerda (estertores crepitantes pulmonares e sinais de baixo débito cardíaco). A dilatação ventricular esquerda é característica da miocardiopatia chagásica e pode ser notada pelo desvio do *ictus cordis*. As extremidades frias, associadas à taquicardia sinusal, denotam a presença de baixo débito cardíaco, mesmo na ausência de hipotensão marcada. O sopro holossistólico em borda esternal esquerda se acentua na inspiração (sinal de Carvallo), uma vez que a inspiração profunda aumenta o retorno venoso da cava para o átrio direito, característica da insuficiência tricúspide. Já a primeira bulha hipofonética e o sopro em posição mitral, que se acentua em decúbito lateral esquerdo, referem-se à insuficiência mitral.

Resposta correta   alternativa c

110 Em relação ao mecanismo das arritmias cardíacas, escolha a afirmativa CORRETA:

a. Nas arritmias cujo mecanismo é atividade deflagrada por pós-potenciais precoces, os pós-potenciais ocorrem durante as fases 2 e 3 da repolarização ventricular e são taquicardia-dependentes.
b. Nas arritmias por automatismo anormal, ocorrem oscilações do potencial de membrana durante ou após o potencial de ação.
c. As arritmias da fase aguda do infarto e arritmias ventriculares idiopáticas do trato de saída do ventrículo direito ocorrem por pós-potenciais precoces.

d. A atividade deflagrada por pós-potenciais tardios está relacionada ao aumento do cálcio intracelular e é o mecanismo responsável pelas arritmias da intoxicação digitálica.
e. O principal mecanismo responsável pelas arritmias cardíacas é o automatismo anormal.

Comentário   Os pós-potenciais da atividade deflagrada precoce realmente ocorrem nas fases 2 e 3 da repolarização ventricular, porém não são taquicardia-dependentes. As arritmias da fase aguda do infarto e arritmias ventriculares idiopáticas do trato de saída do ventrículo direito ocorrem por pós-potenciais tardios e não precoces. A atividade deflagrada por pós-potenciais tardios é originada por meio de um afluxo do cálcio intracelular pelo retículo sarcoplasmático e é responsável por uma série de arritmias, entre elas as arritmias pós-IAM, taquicardias originadas na via de saída do ventrículo direito, fibrilação atrial originada nas veias pulmonares, assim como arritmias precipitadas por efeito digitálico.

Resposta correta   alternativa d

111 Qual das condições a seguir NÃO é causa de hipertensão arterial secundária?

a. Apneia do sono.
b. Síndrome de Cushing.
c. Infecção urinária de repetição.
d. Hiperparatireoidismo.
e. Acromegalia.

Comentário   A alternativa correta é a c, pois a infecção urinária de repetição é a única opção que não causa hipertensão arterial secundária, enquanto as demais alternativas estão relacionadas com sua presença. A hipertensão ocorre em 80% dos pacientes com síndrome de Cushing. Assim como na hipertensão por outras causas endócrinas, quanto mais tempo estiver presente, menor a probabilidade de desaparecer quando a doença de base for removida. A apneia obstrutiva do sono geralmente causa hipertensão significativa e reversível. Em até 50% dos pacientes, a hipertensão é vista com desequilíbrios hormonais incluindo acromegalia, hipotireoidismo e hiperparatireoidismo.

Resposta correta   alternativa c

112 Em relação ao tratamento da hipertensão arterial nos pacientes acima de 80 anos, assinale a alternativa CORRETA:

a. Não muda a história natural da doença.
b. Reduz sensivelmente o aparecimento de insuficiência cardíaca.
c. Reduz sensivelmente a mortalidade por acidente vascular encefálico e infarto do miocárdio.
d. A indicação é redução da pressão abaixo de 130 $\times$ 80 mmHg.
e. Não mostrou melhora na função cognitiva.

Comentário   A resposta correta é a alternativa b, pois o tratamento de hipertensos com idade > 79 anos reduziu o desenvolvimento de acidente vascular encefálico e as taxas de insuficiência cardíaca por meio da associação de inibidores da enzima conversora da angiotensina e diuréticos. As evidências disponíveis sugerem redução de eventos, mesmo sem impacto sobre a mortalidade, por isso a alternativa a não está correta. Da mesma forma, há erro na alternativa c, pois não houve redução de mortalidade por infarto do miocárdio. Além disso, o objetivo de redução da PA nessa faixa etária é para valores abaixo de 140 $\times$ 90 mmHg e houve redução da incidência de déficit cognitivo, o que faz com que as alternativas d e e estejam erradas.

Resposta correta   alternativa b

113 Nas síndromes coronarianas agudas, considere os fármacos e o uso proposto para cada um deles:
I. Antagonistas do cálcio di-hidropiridínicos em pacientes de risco intermediário com contraindicação ao emprego de betabloqueadores.
II. Clopidogrel em adição ao ácido acetilsalicílico.
III. Abciximabe pode ser usado em pacientes durante intervenção coronária percutânea.
Quais deles representam recomendação de grau I para manejo de síndromes coronárias agudas sem elevação do segmento ST?

a. Apenas I.
b. Apenas II.
c. Apenas I e II.

d. Apenas II e III.

e. I, II e III.

Comentário A afirmativa I não poderia estar correta, pois o uso de antagonistas de cálcio di-hidropiridínicos em pacientes de risco intermediário não deve ser empregado em substituição aos betabloqueadores, já que ocasionam uma vasodilatação arterial periférica mais intensa e tendem a produzir taquicardia reflexa. O clopidogrel, em adição ao ácido acetilsalicílico (AAS), mostrou redução de 20% dos eventos em relação ao grupo AAS + placebo no estudo Cure, especialmente se tratados por intervenção coronária percutânea, o que torna a afirmativa II correta. A afirmativa III também está correta porque, na estratégia intervencionista precoce em pacientes com síndrome coronariana aguda, o uso do abciximabe mostrou benefício (com aumento na incidência de sangramento) sem usar rotineiramente o tienopiridínico a partir da chegada do paciente ao hospital.

Resposta correta alternativa d

114 Um homem de 47 anos, tabagista, queixa-se de episódios de dor retroesternal opressiva, geralmente não relacionada aos esforços, com duração de cerca de 15 minutos. Teste ergométrico evidenciou supradesnivelamento do segmento ST e cinecoronariografia revelou espasmo coronariano espontâneo durante injeção de contraste no terço médio da artéria coronária direita. Escolha a alternativa CORRETA:

a. Em geral, há melhora com uso de inibidores de canais de cálcio e com betabloqueadores.

b. Em geral, há melhora com uso de nitratos e betabloqueadores.

c. Ácido acetilsalicílico pode piorar os sintomas, pois pode inibir a prostaciclina.

d. Apesar dos riscos causados por tabagismo, não há relação causal comprovada entre espasmo e tabagismo em pacientes com coronárias normais.

e. Neste tipo de paciente, os episódios anginosos são comuns após o jantar.

Comentário A alternativa a não está correta pois os betabloqueadores podem aumentar a probabilidade de vasoespasmo por não bloquearem o receptor alfa. Pela mesma razão, a alternativa b também não está correta. Embora a remissão de sintomas ocorra mais frequentemente nos pacientes que pararam de fumar, não existem evidências de relação causal. Os episódios anginosos são mais comuns entre as 0h00 e as 8h00. Por último, o ácido acetilsalicílico pode aumentar a gravidade dos episódios isquêmicos, pois inibe a biossíntese de prostaciclina, um vasodilatador coronariano natural.

Resposta correta   alternativa c

115 Assinale a alternativa CORRETA em relação a pacientes com síndrome coronária aguda na sala de emergência:

a. Eletrocardiograma sem alterações do segmento ST e onda T descarta síndrome coronária aguda.
b. Presença de dor típica tem o maior valor preditivo de doença coronária aguda.
c. Mioglobina é o atual padrão-ouro de necrose miocárdica.
d. Teste ergométrico está indicado para pacientes com baixa probabilidade de doença, em razão de seu alto valor preditivo positivo.
e. Teste ergométrico está recomendado para pacientes com bloqueio de ramo esquerdo supostamente agudo.

Comentário   O eletrocardiograma pode ser inespecífico nas primeiras horas, logo a ausência de alterações do segmento ST e da onda T não descarta síndrome coronariana aguda. O padrão-ouro de necrose miocárdica é a troponina, enquanto a mioglobina é encontrada tanto no músculo esquelético como no músculo cardíaco. O teste ergométrico possui alto valor preditivo negativo e é contraindicado na presença de bloqueio completo de ramo esquerdo, especialmente agudo. A alternativa correta é a b, pois a presença de dor típica tem o maior valor preditivo para síndrome coronariana aguda.

Resposta correta   alternativa b

116 São indicações da intervenção coronária percutânea na angina estável e na isquemia miocárdica silenciosa, EXCETO:

a. Pequena a moderada área de isquemia ou miocárdio em risco em pacientes uni ou multiarteriais assintomáticos ou com sintomas anginosos aceitáveis após tratamento medicamentoso otimizado.
b. Angina limitante, a despeito de tratamento medicamentoso otimizado em pacientes uni ou multiarteriais, com anatomia favorável à intervenção coronária percutânea.
c. Arritmia ventricular potencialmente maligna associada a isquemia miocárdica em pacientes uni ou multiarteriais, com anatomia favorável à intervenção coronária percutânea.
d. Grande área de isquemia ou miocárdio em risco em pacientes uni ou multiarteriais assintomáticos.
e. Angina limitante, a despeito de tratamento medicamentoso otimizado em pacientes com estenose grave de tronco da coronária esquerda, não elegíveis para cirurgia de revascularização miocárdica.

Comentário   De acordo com as "Diretrizes de intervenção percutânea", de 2008, a única contraindicação, e portanto a resposta correta, é a alternativa a, pois seu grau de recomendação é III (procedimento contraindicado), com nível de evidência A. As demais alternativas são todas de grau de recomendação I e, portanto, de indicação consensual.

Resposta correta   alternativa a

117 Em relação ao pulso venoso jugular são verdadeiras as assertivas a seguir, com EXCEÇÃO de:

a. Permite avaliar à beira do leito o estado volêmico do paciente.
b. A pressão venosa se modifica com a inspiração.
c. A presença de turgência jugular esquerda isolada ocorre na persistência da veia cava superior esquerda.
d. A presença de refluxo abdominojugular é indicativa de hipertensão venosa.
e. As veias jugulares externas não possuem válvulas e, portanto, devem ser preferidas para a avaliação do pulso venoso.

Comentário   O pulso venoso jugular permite avaliar à beira do leito o estado volêmico do paciente, portanto essa afirmação está correta. Também está correta a alternativa b, pois a pressão venosa se modifica com a inspiração. Da mesma forma, estão corretas as alternativas c e d. Portanto, a alternativa e não é verdadeira, porque as veias jugulares externas possuem válvulas, diferente da veia jugular interna, que reflete melhor a pressão atrial.

Resposta correta   alternativa e

118 A qualidade das compressões torácicas durante as manobras de ressuscitação é um dos fatores mais importantes para o sucesso do atendimento. Qual dos itens mencionados a seguir é uma característica das compressões torácicas de alta qualidade?

a. Permitir o retorno total do tórax.
b. Não deve haver rodízio entre os socorristas.
c. 60 a 100 compressões por minuto com uma relação 15:2.
d. Compressões ininterruptas a uma profundidade de cerca de 3 cm.
e. 50 a 60 compressões por minuto, evitando pausas entre elas.

Comentário   Para que as compressões torácicas sejam de alta qualidade devem ter uma frequência de, no mínimo, 100 compressões por minuto, com uma profundidade de pelo menos 5 cm para o interior do tórax e rodízio entre os socorristas. A alternativa a é a correta pois a qualidade das compressões torácicas depende do retorno total do tórax após cada compressão.

Resposta correta   alternativa a

119 Considere as seguintes afirmações sobre doença arterial coronariana crônica aterosclerótica e assinale a alternativa CORRETA:

I. Em pacientes submetidos à revascularização miocárdica cirúrgica ou à angioplastia por cateter, torna-se aconselhável avaliação dos níveis séricos de homocisteína.
II. Considera-se "obstrução aterosclerótica tronco-equivalente" quando há obstruções proximais importantes das artérias descendente anterior e circunflexa, mas não necessariamente deve haver oclusão de uma delas.
III. Bloqueadores de canais de cálcio e nitratos podem ser especialmente eficazes em pacientes com angina de limiar variável.

a. Apenas I e II estão corretas.
b. Apenas I e III estão corretas.
c. Apenas II e III estão corretas.

d. Todas estão corretas.

e. Todas estão erradas.

Comentário A afirmativa I não está correta pois a avaliação de níveis séricos de homocisteína mostrou risco relativo aumentado em mulheres aparentemente saudáveis e não no caso em que os indivíduos apresentam doença aterosclerótica já definida. As afirmativas II e III estão corretas pois as obstruções proximais significativas das artérias coronárias descendente anterior esquerda e circunflexa são consideradas tronco-equivalentes, assim como os bloqueadores de canais de cálcio e nitratos podem ser eficazes na angina de Prinzmetal (limiar variável).

Resposta correta alternativa c

120 Há diversas medidas terapêuticas comuns às síndromes coronárias agudas com e sem elevação do segmento ST. Dentre as listadas a seguir, assinale a que NÃO contempla essa afirmativa:

a. Angioplastia.

b. Betabloqueadores.

c. Trombolíticos.

d. Ácido acetilsalicílico.

e. Inibidores da enzima conversora da angiotensina.

Comentário As "Diretrizes de síndrome coronariana aguda com supradesnível de ST", de 2009, e as "Diretrizes de síndome coronariana aguda sem supradesnível de ST", de 2007, demonstram que a alternativa correta é a c, pois os trombolíticos não são contemplados como medida terapêutica nas síndromes coronarianas agudas (SCA) sem supradesnível de ST. As demais condutas são comuns às duas situações, pois os betabloqueadores, os antiplaquetários e os inibidores da enzima conversora da angiotensina são rotineiramente empregados, assim como a angioplastia é indicada para os pacientes de alto risco com SCA.

Resposta correta alternativa c

QUESTÕES COMENTADAS

PROVA DE
2013

1 Paciente do sexo masculino, 45 anos, há 8 anos com história de dor lombar de início insidioso, melhorando com exercício e sem alívio com repouso. Exame radiológico revelou sacroileíte, com fator reumatoide negativo e HLA-B27 positivo. Encaminhado ao cardiologista para avaliação de dispneia aos esforços. Na ausculta cardíaca, o achado mais provável de ser encontrado é um:

a. Sopro diastólico na borda esternal esquerda.
b. Sopro sistólico irradiando para axila.
c. Estalido de abertura valvar.
d. Atrito pericárdico.
e. Clique sistólico.

Comentário   O achado de sacroileíte com fator reumatoide negativo e HLA-B27 positivo faz parte do diagnóstico da espondilite anquilosante que, como se sabe, é causa de insuficiência aórtica (IAo) por falha da coaptação dos folhetos, posterior à dilatação do anel valvar. Na IAo, o sopro será diastólico e pode ser audível em borda esternal esquerda ou direita. Entre as opções, a única que descreve o sopro da IAo é a alternativa a e, portanto, é a resposta adequada para a questão.

Resposta correta   alternativa a

2 No paciente com suspeita de aneurisma de aorta abdominal, pode-se afirmar que:

a. A sensiblidade da palpação para detecção do aneurisma não tem relação com o diâmetro da aorta no local.
b. O valor preditivo positivo da palpação para detecção de aneurismas > 3,0 cm é de 25%.
c. Um sopro abdominal pode ser confundido com sopros irradiados do tórax.

d. A palpação pode excluir este diagnóstico nos pacientes não obesos.

e. Frequentemente há um sopro abdominal localizado.

Comentário   Os aneurismas podem ser detectados pelo exame físico; entretanto, mesmo os de maiores dimensões podem ser de difícil detecção em obesos. A facilidade da detecção pela palpação depende do biotipo e da pressão de pulso, sendo mais palpável em indivíduos magros. Em função da dificuldade de distinguir a aorta abdominal das estruturas circundantes pela palpação, o tamanho de um aneurisma tende a ser superestimado pelo exame físico. A ausculta não revela as doenças aórticas, exceto por ruídos ocasionais que podem ser audíveis nos pontos de estreitamento da aorta e nos seus ramos arteriais. Estudos que avaliaram a acurácia do exame físico para a detecção de aneurismas de aorta abdominal mostraram que a sensibilidade da manobra variou de acordo com o tamanho do aneurisma, isto é, de 29 a 61% nos menores que 4 cm e de 76 a 82% nos maiores que 5 cm. Dessa forma, apresenta boa sensibilidade para o diagnóstico dos aneurismas que tenham diâmetro indicativo de intervenção cirúrgica eletiva.

Resposta correta   alternativa c

3 No paciente com pressão venosa elevada, para observar melhor a pulsação da veia jugular, deve-se pedir ao paciente que:

a. Sente no leito com os pés pendentes.

b. Deite e eleve a cabeceira a 45 graus.

c. Fique no decúbito dorsal a zero grau.

d. Fique no decúbito lateral esquerdo.

e. Fique no decúbito lateral direito.

Comentário   Esta questão foi anulada após julgamento de recursos pela insuficiência de dados na bibliografia apresentada. Cabe ressaltar duas situações distintas: a semiotécnica habitual do pulso venoso e a manobra facilitadora em caso de pressão venosa central muito elevada. A posição recomendada para a avaliação usual do pulso venoso jugular consiste em examinador à direita do paciente posicionado em decúbito dorsal, com a cabeceira elevada a 45° e a face voltada para o lado esquerdo, sob iluminação adequada. Na situação proposta na questão (paciente com pressão venosa aumentada), no entanto, essa hipertensão pode dificultar a visualização das ondas e deflexões do pulso venoso. Nesse caso, pode-se fazer uso da manobra de colocar o paciente sentado a 90°, com os membros inferiores pendentes, de modo a reduzir o retorno venoso, diminuir a pressão venosa central e facilitar a visualização das ondas e colapsos do pulso venoso.

Questão anulada

4 A pressão arterial é usualmente medida indiretamente sobre a artéria braquial. Em relação a esta medida, quando obtida em artérias mais distais, geralmente nota-se:

a. Menor valor da pressão de pulso.
b. Alteração nas pressões intra-arterial.
c. Menor valor da pressão arterial média.
d. Maior valor da pressão arterial sistólica.
e. Maior valor da pressão arterial diastólica.

Comentário Em condições normais, os valores da pressão arterial nos membros inferiores não são iguais aos dos membros superiores, uma vez que, geralmente, a resistência vascular periférica é maior para vencer a força da gravidade. Assim, em condições normais, a pressão arterial sistólica nos membros inferiores é, geralmente, 10 a 20% mais elevada do que a verificada na artéria braquial.

Resposta correta alternativa d

5 Entre os indivíduos assintomáticos, sem outros sinais de doença cardiovascular, o único dos abaixo listados em que não está indicado um ecocardiograma transtorácico é aquele que apresenta, na ausculta cardíaca, apenas um sopro 2+/6+:

a. Mesossistólico.
b. Protossistólico.
c. Holossistólico.
d. Telessistólico.
e. Pré-sistólico.

Comentário Não há necessidade de investigação complementar em casos de forte suspeita dos chamados sopros "inocentes", "benignos", "acidentais", "fisiológicos" ou "não patológicos". Geralmente, são encontrados em crianças, sem qualquer alteração estrutural do coração. Também podem ocorrer em situações de hipercinesia, como anemia, hipertireoidismo e gestação. Via de regra, os sopros inocentes têm baixa intensidade (+ a ++/6+), portanto não apresentam frêmito e nunca são diastólicos.

Resposta correta   alternativa a

6 Paciente do sexo feminino, 38 anos, é atendida no consultório com diagnóstico prévio de prolapso da valve mitral. Após examiná-la em decúbito dorsal, o médico solicita que a paciente fique na posição de cócoras. Nesta posição, nova ausculta cardíaca é realizada, devendo ser observado que:

a. O sopro sistólico fica mais precoce.
b. O clique sistólico aumenta de intensidade.
c. O sopro mesossitólico aumenta de intensidade.
d. O clique sistólico se aproxima da primeira bulha.
e. O clique sistólico se distancia da primeira bulha.

Comentário   No prolapso valvar mitral, o sopro é mais tardio e o clique se move em direção à segunda bulha cardíaca com o acocoramento como consequência do atraso no prolapso dos folhetos gerado pelo aumento do volume ventricular. Por outro lado, com o ato de levantar-se rapidamente, tanto o clique quanto o sopro serão mais precoces, ou seja, mais próximos da primeira bulha cardíaca.

Resposta correta   alternativa e

7 A contração e o relaxamento ventricular sofrem influência de vários fatores fisiológicos. Diante disso, pode-se afirmar que um fator e o seu respectivo comportamento estão corretamente apresentados em:

a. A pós-carga reduzida gera disfunção diastólica.
b. O aumento da fosforilação da troponina i reduz a razão de relaxamento.
c. A ativação dos receptores rianodínicos do retículo sarcoplasmático libera grande quantidade de sódio no citosol.
d. O cálcio do citosol tem que ser reduzido para fornecer o desacoplamento do cálcio do sítio c da troponina para que ocorra relaxamento.

e. A capacidade de recaptação do cálcio pela enzima serca do retículo sarcoplasmático tem influência direta sobre a contração ventricular.

Comentário   Entre os fatores que influenciam o relaxamento, quatro são de maior interesse. O primeiro deles, o nível de cálcio citosólico, deve cair para causar a fase de relaxamento, um processo que necessita de trifosfato de adenosina (ATP) e fosforilação da fosfolambam para a captação do cálcio em função do retículo sarcoplasmático (RS). Enquanto isso, o segundo, as propriedades viscoelásticas inerentes ao miocárdio, é importante, já que, no coração hipertrofiado, o relaxamento ocorre mais lentamente por alterações nessas propriedades. Em terceiro lugar, o aumento na fosforilação da troponina I eleva a velocidade de relaxamento. Por fim, o quarto trata da velocidade de relaxamento que varia diretamente conforme a carga sistólica. Dentro dos limites, quanto maior a carga sistólica, maior a velocidade de relaxamento. Ao se interiorizar na célula, o Ca^{++} se liga às microestruturas da membrana do RS, denominadas receptores de rianodina, e promove a abertura de canais liberadores de Ca^{++} do RS. Dessa maneira, quantidades significativas de Ca^{++} são liberadas do RS para o citoplasma.

Resposta correta   alternativa d

8 Após cada despolarização, uma das formas de equilibrar a quantidade de cálcio que entra na célula cardíaca é promover uma pequena saída deste íon através de um processo ativo de troca com:

a. Hidrogênio.
b. Magnésio.
c. Potássio.
d. Cloro.
e. Sódio.

Comentário   Para balancear a pequena quantidade dos íons de cálcio que entram na célula cardíaca a cada despolarização, uma quantidade similar deve deixar a célula por um ou dois processos. Inicialmente, o cálcio pode ser trocado pelos íons sódio que entram pela troca Na^+/Ca^{++} e, depois, pela bomba de cálcio sarcolemal consumidora de trifosfato de adenosina (ATP), a qual pode transferir o cálcio para dentro do espaço extracelular contra um gradiente de concentração.

Resposta correta   alternativa e

9 A ação da norepinefrina nos receptores alfa-2 pré-sinápticos visa diretamente à(ao):

a. Dilatação arterial.
b. Constrição vascular.
c. Elevação da frequência cardíaca.
d. Aumento da liberação de norepinefrina.
e. Inibição da liberação excessiva de norepinefrina.

Comentário   Um importante aspecto da atividade simpática envolve o "retorno" de norepinefrina para receptores alfa e beta-adrenérgicos localizados na superfície neuronal, isto é, receptores pré-sinápticos. A ativação de receptores alfa-adrenérgicos pré-sinápticos inibe a liberação de norepinefrina, enquanto a ativação beta pré-sináptica estimula a liberação de norepinefrina.

Resposta correta   alternativa e

10 A hipertrofia fisiológica do ventrículo esquerdo, que ocorre no coração de alguns atletas treinados, deve ser diferenciada da hipertrofia patológica, que tipicamente ocorre na cardiomiopatia hipertrófica. Dentre as características diferenciais da hipertrofia fisiológica, tem-se:

a. Participação do fator transformador de crescimento-beta.
b. Enchimento diastólico precoce aumentado.
c. Áreas pequenas de fibrose intersticial.
d. Apoptose protetora dos miócitos.
e. Contração ventricular reduzida.

Comentário   As alterações na função e na forma cardíacas encontradas após o treinamento físico são consequências das adaptações morfológicas que ocorrem na tentativa de melhorar o desempenho cardíaco e incluem aumento da massa miocárdica e do diâmetro diastólico, além de incremento na espessura das paredes e melhora da função diastólica do ventrículo esquerdo. Estudos demonstram aumento da relação E/A mitral em decorrência do aumento na velocidade de E e redução na velocidade de A.

Resposta correta   alternativa b

11 O óxido nítrico é um gás produzido em diversos tecidos e apresenta propriedades extremamente importantes para manter a boa função do sistema cardiovascular. O óxido nítrico produzido pela óxido nítrico-sintetase neuronal nas terminações vagais determina a liberação de:

a. Cálcio.
b. Epinefrina.
c. Bradicinina.
d. Acetilcolina.
e. Norepinefrina.

Comentário   Há descrições recentes de que o óxido nítrico (NO) modula a liberação de acetilcolina em vários lugares do sistema nervoso central. Acredita-se que o NO endógeno não causa a liberação de acetilcolina diretamente de neurônios colinérgicos, mas age por meio da estimulação de neurônios glutamatérgicos. Recentemente, demonstrou-se que o NO eleva os níveis de GMP cíclico em interneurônios colinérgicos no córtex e no *striatum*. Mesmo antes da descoberta da enzima óxido nítrico sintetase (NOS), o marcador histoquímico para NOS, NADPH-diaforase, já havia sido encontrado em neurônios de diversos núcleos colinérgicos. A localização simultânea do GMP cíclico e de vesículas de acetilcolina em terminais neuronais de diversas regiões centrais sugere que o NO tem função anterógrada ou retrógrada em determinados neurônios colinérgicos.

Resposta correta   alternativa d

12 Uma terceira bulha fisiológica pode ser auscultada em uma condição hipercinética, especialmente em crianças e adolescentes. Este achado pode ser atribuído à(ao):

a. Enchimento ventricular mais tardio contra um gradiente de pressão.
b. Relaxamento diastólico ativo do ventrículo esquerdo.
c. Equalização da pressão no átrio e ventrículo.
d. Parada rápida do enchimento diastólico.
e. Início da contração atrial.

Comentário   As bulhas diastólicas (terceira e quarta) ocorrem em momentos distintos da diástole ventricular. O enchimento ventricular esquerdo é composto por duas fases, isto é, a fase de enchimento rápido e a fase de contração atrial. A fase de enchimento rápido é responsável pelo enchimento de 80% do ventrículo e não é um evento passivo. O relaxamento ventricular dessa fase é um processo ativo, complexo e depende de energia. O ruído gerado nessa fase de enchimento rápido é denominado terceira bulha cardíaca. A terceira bulha pode ser patológica ou fisiológica. Sua apresentação fisiológica é comumente encontrada em crianças e adultos jovens. Em contrapartida, o ruído encontrado na fase da contração atrial é denominado quarta bulha e, em geral, é uma bulha patológica.

Resposta correta   alternativa b

13 Paciente do sexo masculino, 52 anos, é atendido pela segunda vez com PA = 152 × 94 mmHg. Nessa consulta, o cardiologista prescreve hidroclorotiazida 25 mg por dia. Noventa dias depois, o paciente retorna com PA = 140 × 88 mmHg. Neste momento, o principal mecanismo de ação terapêutica é a diminuição da(o):

a. Atividade plasmática de renina.
b. Resistência vascular periférica.
c. Volume extracelular.
d. Atividade simpática.
e. Débito cardíaco.

Comentário   Com o uso dos diuréticos tiazídicos, inicialmente ocorre redução do volume plasmático e do débito cardíaco, além de aumento da resistência periférica. Porém, após 4 a 6 semanas, o volume plasmático retorna ao normal e ocorre redução da resistência periférica a partir da redução da pressão arterial.

Resposta correta   alternativa b

14 Diuréticos podem ser usados como tratamento inicial da hipertensão essencial. Entre os grupos de indivíduos que têm os maiores efeitos anti-hipertensivos com diuréticos, estão os pacientes:

a. Caucasianos.
b. Adultos jovens.
c. Com baixos níveis de aldosterona.
d. Com catecolaminas plasmáticas elevadas.
e. Com atividade plasmática de renina elevada.

Comentário   Em negros, hipertensão tem sido caracterizada por ter um componente relativamente maior do volume de fluido em excesso, incluindo maior prevalência da atividade de renina plasmática diminuída e maior resposta à terapia diurética.

Resposta correta   alternativa c

15 Paciente em tratamento anti-hipertensivo com hidroclorotiazida apresenta sódio plasmático de 125 mEq/L. Entre as opções a seguir, o(a) paciente com maior probabilidade de ocorrência deste efeito é:

a.   Um homem de 80 anos.
b.   Um homem de 40 anos.
c.   Uma mulher de 35 anos.
d.   Uma mulher de 75 anos.
e.   Um adolescente de 18 anos.

Comentário   A hiponatremia é um problema grave ocasionado pelo uso crônico de diuréticos. Embora possa ocorrer com qualquer diurético, os diuréticos tiazídicos de longa ação, isolados ou em combinação com um poupador de potássio, parecem apresentar maior risco para essa ocorrência, especialmente em idosos e mulheres.

Resposta correta   alternativa d

16 Paciente do sexo masculino, 56 anos, hipertenso, em uso de clortalidona 25 mg e enalapril 20 mg por dia. Assintomático, nega história patológica pregressa relevante. Na última consulta, com PA = 138 × 86 mmHg. Exames bioquímicos normais, exceto por ácido úrico de 8,5 mg/dL. Neste caso, a conduta mais adequada deve ser:

a.   Trocar clortalidona por hidroclorotiazida e observar PA.
b.   Iniciar alopurinol 100 mg por dia e acompanhamento.
c.   Iniciar probenecida 1 g por dia e observação clínica.
d.   Manter o tratamento e acompanhamento clínico.
e.   Suspender clortalidona e observar PA.

Comentário   Um terço dos pacientes hipertensos não tratados apresentam nível sérico de ácido úrico elevado. Com a terapia diurética crônica, a hiperuricemia aparece em mais de um terço dos pacientes, provavelmente por reabsorção tubular proximal acompanhada de contração do volume. Desde que a hiperuricemia assintomática não cause depósito de urato, a maioria dos pesquisadores concorda que não deve ser tratada. Caso alguma terapia seja instituída, a droga uricosúrica de escolha seria a probenecida, uma vez que o alopurinol promove mais efeitos colaterais e o problema que ocorre se trata de uma deficiência na excreção do ácido úrico e não na sua superprodução.

Resposta correta   alternativa d

17 Paciente do sexo feminino, 54 anos, apresenta quadro de hipertensão resistente. O cardiologista fica em dúvida entre metildopa e clonidina como agente anti-hipertensivo adicional. Na comparação entre os dois fármacos, opta pela clonidina, por esta NÃO induzir:

a. Sedação.
b. Boca seca.
c. Anemia hemolítica.
d. Taquicardia após sua suspensão.
e. Ação nos receptores alfa-adrenérgicos centrais.

Comentário   A clonidina tem muitas características em comum com a metildopa. Atua provavelmente nos mesmos sítios centrais, tem eficácia anti-hipertensiva similar e causa muitos dos mesmos problemas, entretanto tem efeitos adversos menos graves, com destaque para sedação e boca seca. Não induz, no entanto, efeitos colaterais autoimunes e inflamatórios.

Resposta correta   alternativa c

18 Paciente do sexo masculino, 62 anos, com história de IAM há 12 anos, apresenta-se com quadro de dispneia aos grandes esforços e edema de membros inferiores. Ecocardiograma mostra hipocinesia na parede anterior com fração de ejeção de 38%. O cardiologista inicia o tratamento medicamentoso, incluindo o metoprolol, que é um betabloqueador:

a. Não seletivo sem atividade simpaticomimética intrínseca.
b. Não seletivo com atividade simpaticomimética intrínseca.
c. Seletivo sem atividade simpaticomimética intrínseca.
d. Seletivo com atividade simpaticomimética intrínseca.
e. Com atividade alfabloqueadora.

QUESTÕES COMENTADAS | PROVA DE 2013   113

Comentário   Foi comprovada a eficácia de três betabloqueadores adrenérgicos na redução de mortalidade em pacientes com insuficiência cardíaca (IC): succinato de metoprolol, carvedilol e bisoprolol. O metoprolol é um betabloqueador seletivo sem atividade simpaticomimética intrínseca. Teve comprovação de eficácia na redução de mortalidade em pacientes com IC de 34% em relação ao grupo placebo no estudo Merit-HF.

Resposta correta   alternativa c

19 Paciente do sexo feminino, 20 anos, com 30 semanas de gravidez, foi internada com quadro de eclâmpsia e tratada com nifedipino retard 40 mg/dia, hidralazina 150 mg/dia e sulfato de magnésio. Nos últimos dias, vem desenvolvendo um quadro clínico sugestivo de lúpus eritematoso sistêmico. O obstetra atribui esta evolução ao uso de hidralazina, mas o cardiologista acha pouco provável, pois:

a. É raro nesta dose.
b. Não é comum nesta idade.
c. Não ocorre durante a gravidez.
d. É mais provável com a nifedipino.
e. Este efeito adverso é prevenido com o magnésio.

Comentário   Para prevenir a síndrome lúpus-*like*, a dose diária de hidralazina deve ser mantida < 400 mg/dia. A síndrome tem incidência de 10 a 20% entre aqueles que utilizam doses superiores. A reação é incomum com doses diárias ≤ 200 mg. Cabe ressaltar que esse efeito adverso é reversível com a suspensão do fármaco.

Resposta correta   alternativa a

20 Paciente do sexo masculino, 53 anos, com espondiloartrose e necessidade de uso crônico de ibuprofeno, inicia quadro de hipertensão arterial leve. Visando a menor interação medicamentosa para maior efeito anti-hipertensivo, deve-se iniciar a monoterapia anti-hipertensiva com:

a. Hidroclorotiazida.
b. Anlodipino.
c. Losartana.

d. Enalapril.

e. Atenolol.

Comentário Os efeitos anti-hipertensivos de hidroclorotiazida, enalapril, losartana e atenolol podem ser reduzidos com a utilização concomitante de anti-inflamatórios não hormonais, o que não ocorre com o anlodipino.

Resposta correta alternativa b

21 Paciente do sexo masculino, 45 anos, é admitido com palpitação e dispneia. ECG mostra taquicardia supraventricular. Após tentativa de reversão da arritmia com manobra vagal e adenosina IV, é administrado verapamil IV. Entre os prováveis efeitos hemodinâmicos a serem observados, pode-se citar:

a. Ação inotrópica positiva.

b. Efeitos simpáticos reflexos.

c. Contração da célula muscular lisa vascular.

d. Vasodilatação que é bloqueada com propranolol.

e. Vasodilatação coronária, mas não nos leitos vasculares periféricos.

Comentário Nas taquicardias supraventriculares, rápido início de ação (10 a 25 s), meia-vida curta (< 10 s) e alta eficácia são vantagens da adenosina. O potencial de ação do nó atrioventricular (AV) é dependente de canais de cálcio e, por isso, diltiazem e verapamil podem ser usados. A alternativa correta ocorre dentro de 5 minutos após a infusão de verapamil, com sucesso semelhante à adenosina, em cerca de 90% dos casos. Dados de estudos sugerem que o efeito da adenosina e do verapamil são influenciados pela frequência cardíaca (FC) da taquicardia supraventricular. A adenosina parece ser mais eficaz nas frequências mais elevadas e o verapamil parece ter sucesso inversamente proporcional à FC. Verapamil é um bloqueador dos canais de cálcio que, além de seus efeitos na musculatura lisa vascular, reduz a condução pelo nó AV e, portanto, é útil nas taquicardias de QRS estreito que utilizam o nó AV como meio de reentrada. Tem efeito inotrópico negativo, promove o relaxamento da musculatura lisa vascular e causa vasodilatação coronariana e periférica. A ativação simpática reflexa ocorre por meio de sua ação vasodilatadora.

Resposta correta alternativa b

QUESTÕES COMENTADAS | PROVA DE 2013 115

22 Entre os antiarrítmicos que predominantemente bloqueiam canais de potássio e prolongam a repolarização, pode ser incluído(a) o(a):

a. Sotalol.
b. Diltiazem.
c. Metoprolol.
d. Propafenona.
e. Procainamida.

Comentário O cloridrato de sotalol bloqueia, predominantemente, canais de potássio e prolonga a repolarização; dessa forma, entre seus efeitos adversos estão o prolongamento do intervalo QT e a taquicardia polimórfica. Como antiarrítmico do grupo III, assim como a amiodarona, tem ação predominante nos canais de potássio, além de seu efeito betabloqueador. O diltiazem é um antiarrítmico do grupo IV, bloqueador dos canais de cálcio que, além de seus efeitos na musculatura lisa vascular, reduz a condução pelo nó atrioventricular (AV). É útil em taquicardias de QRS estreito que utilizam o nó AV como meio de reentrada. O metoprolol é um betabloqueador do grupo II que atua basicamente nos receptores beta-adrenérgicos. A propafenona (grupo IC) e a procainamida (grupo IA) têm ação predominante sobre os canais de sódio, reduzem a velocidade de elevação do potencial de ação (fase 0), embora o grupo IC reduza a velocidade de condução primariamente, e a a duração do potencial de ação seja mais prolongada pelo grupo IA.

Resposta correta alternativa a

23 Paciente do sexo masculino, 78 anos, com quadro de fibrilação atrial recorrente, em uso regular de propafenona. Diante desses dados clínicos, pode-se afirmar que o único efeito que NÃO pode ser atribuído a este fármaco:

a. Inotropismo negativo.
b. Ação betabloqueadora.
c. Bloqueio atrioventricular.
d. Aumento do intervalo QT.
e. Maior ação no tecido normal do que no isquêmico.

Comentário A propafenona é um antiarrítmico do grupo IC. Seu efeito é bloquear os canais rápidos de sódio, com efeito maior sobre as fibras de Purkinje e menor sobre o músculo. Ela diminui a excitabilidade e suprime o automatismo espontâneo e a atividade deflagrada. O principal efeito é a redução da condução, além de ter efeito inotrópico negativo. Tem ação fraca de bloqueio dos receptores beta-adrenérgicos, além de poder causar bloqueio atrioventricular e aumento do intervalo QT. Não tem maior ação no tecido normal do que no isquêmico, pelo contrário, seu efeito é maior em células isquêmicas.

Resposta correta alternativa e

24 Paciente do sexo masculino, 55 anos, com diagnóstico prévio de cardiomiopatia hipertrófica, é internado com arritmia ventricular. O paciente é admitido na unidade coronária e, após administração de amiodarona por via intravenosa, espera-se:

a. Vasodilatação periférica.
b. Início de ação em 15 a 20 minutos.
c. Ação agonista no receptor beta-adrenérgico.
d. Maior conversão da tiroxina em tri-iodotironina.
e. Aumento da força contrátil de ventrículo esquerdo.

Comentário A amiodarona é um antiarrítmico do grupo III, o qual tem, como principal efeito, o bloqueio dos canais de potássio. Apesar disso, tem efeito em vários outros canais e receptores, incluindo na vasodilatação coronariana e periférica. A frequência cardíaca (FC), a resistência vascular sistêmica e a força de contração do ventrículo esquerdo são diminuídas quando é administrada em *bolus* de 150 mg em 10 minutos, seguidos de 1 mg/min. Seu efeito vasodilatador periférico e sua leve ação depressora de contratilidade (bloqueador de receptor beta-adrenérgico e, também, de canais de cálcio) podem provocar, especialmente em pacientes com disfunção ventricular, redução da pressão arterial e, além disso, inibição da conversão de tiroxina em tri-iodotironina. O início de ação do fármaco por via oral só ocorre após 2 ou 3 dias, frequentemente em 1 a 3 semanas. Esse tempo é encurtado pelo uso de doses de ataque. Por via venosa, o início do efeito ocorre após 1 a 2 horas.

Resposta correta alternativa a

QUESTÕES COMENTADAS | PROVA DE 2013   117

25 De acordo com as diretrizes da Sociedade Brasileira de Cardiologia, o uso da cintilografia com gálio-67 no diagnóstico de miocardite tem a seguinte aplicação:

a. Classe de recomendação I.
b. Aplica-se no diagnóstico de miocardite crônica.
c. Deve ser utilizada apenas em caso de suspeita de sarcoidose.
d. Utilizada no diagnóstico diferencial de doença arterial coronariana.
e. Tem sensibilidade de 50% e deve ser realizada nos primeiros 3 meses da apresentação clínica.

Comentário   De acordo com os critérios clássicos de Dallas, o diagnóstico de miocardite requer avaliação histológica. Em razão da a baixa sensibilidade da biópsia e da relutância dos cardiologistas clínicos para realizar exames invasivos, a miocardite é frequentemente subdiagnosticada e, portanto, é mais frequente do que parece. Deve-se suspeitar em casos de elevação de troponina sem outra causa, alterações eletrocardiográficas sugestivas ou redução da função ventricular em exames de imagem. A cintilografia com gálio tem sensibilidade baixa (50%) em casos de miocardite e, por isso, a ressonância magnética tem sustituído a cintilografia, já que tem sensibilidade de 63% para casos com mais de 14 dias de sintomas e valores mais elevados com relação a sintomas mais agudos. Para avaliação de miocardite pela cintilografia com gálio, é necessário que o exame seja realizado nos primeiros 3 meses da apresentação clínica e este não é útil na miocardite crônica.

Resposta correta   alternativa e

26 Paciente do sexo feminino, 65 anos, chega ao consultório com indicação de uma avaliação cardiológica antes do início de quimioterapia para tratamento de um câncer de mama. O cardiologista solicitou ecocardiograma transtorácico, que revelou fração de ejeção = 42%. A recomendação a ser realizada pelo cardiologista ao oncologista deve ser:

a. Início imediato do tratamento quimioterápico.
b. Retorno ao consultório para realização de ECG ao fim do primeiro ciclo.
c. Fármacos com alto potencial de cardiotoxicidade não devem ser iniciados.

d. Adiar o tratamento; iniciar carvedilol e repetir novo ecocardiograma transtorácico em 1 mês.
e. Realização de ecocardiograma bidimensional após término do segundo ciclo de quimioterapia.

Comentário   Diante de um paciente com disfunção ventricular que necessita de quimioterapia, é importante recomendar que quimioterápicos com alta cardiotoxicidade sejam evitados. No caso dos antracíclicos, as doses devem ser reduzidas e alguns pacientes poderiam fazer uso de dexrazoxano, mas o melhor seria evitá-los. Dosagens de troponinas e o ecocardiograma devem ser usados para monitorizar o efeito e acompanhar a evolução.

Resposta correta   alternativa c

27 Paciente do sexo masculino, 70 anos, apresentou primeiro episódio de síncope após caminhada de sete quilômetros. Realiza a mesma atividade há anos, sendo inteiramente assintomático. É hipertenso em uso de losartana potássica. Chegou à emergência sem alterações no exame físico e nos marcadores de injúria miocárdica. O ECG sugeriu sobrecarga ventricular esquerda. Ao ser liberado, o médico da emergência solicitou uma cintilografia miocárdica, conforme apresentado a seguir:

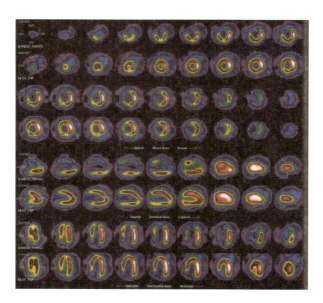

Após avaliação do exame, a conduta inicial ideal para este caso deve ser:

a. Iniciar a reabilitação cardíaca.
b. Solicitar cineangiocoronariografia.
c. Repetir o exame cintilográfico com dipiridamol.
d. Avaliar a função ventricular com ressonância nuclear magnética.
e. Solicitar o estudo eletrofisiológico para mapeamento de focos arrítmicos.

Comentário A cintilografia mostra isquemia extensa e acentuada em paredes anterior, apical, anterosseptal e anterolateral, com critérios de risco pela extensão e por ser território de artéria descendente anterior. Dessa forma, a revascularização é provavelmente benéfica e o paciente deve ser submetido à cineangiocoronariografia.

Resposta correta alternativa b

28 Considere as seguintes afirmativas a respeito da ressonância magnética cardíaca:

I. Está indicada na avaliação de pacientes com suspeita de miocardite aguda, proporcionando informações não apenas diagnósticas mas também prognósticas.
II. Permite avaliar a presença de viabilidade miocárdica, utilizando a técnica do realce tardio.
III. Está indicada na avaliação de pacientes com angina instável para identificar e caracterizar a placa vulnerável.

É(são) verdadeira(s) a(s) afirmativa(s):

a. III.
b. I e II.
c. I e III.
d. II e III.
e. I, II e III.

Comentário A ressonância magnética cardíaca distingue a maioria dos casos entre miocardiopatia isquêmica e não isquêmica. É indicada na avaliação de pacientes com suspeita de miocardite aguda, proporcionando informações não apenas diagnósticas, mas também prognósticas. A técnica de realce tardio pode definir regiões de cicatriz e risco futuro de morte e arritmias. Além disso, permite avaliar a presença de viabilidade miocárdica em pacientes com doença isquêmica. Não é indicada na avaliação de pacientes com angina instável para identificar e caracterizar a placa vulnerável. A identificação de placas vulneráveis é uma área em intensa investigação, mas ainda sem aplicabilidade clínica na assistência.

Resposta correta   alternativa b

29 **A respeito da angiotomografia das artérias coronárias, é correto afirmar que:**

a. Está indicada na avaliação de pacientes assintomáticos para estratificar o risco cardiovascular global.

b. Não apresenta boa acurácia na avaliação da patência dos enxertos coronarianos em pacientes já revascularizados.

c. A presença de calcificação coronariana acentuada não representa uma limitação ao exame, pois facilita a identificação das placas ateroscleróticas.

d. Os pacientes com maior potencial de se beneficiar do exame são aqueles com probabilidade alta de lesões coronarianas obstrutivas significativas pelos critérios de Diamond/Forrester.

e. Apresenta excelente acurácia para detectar e, principalmente, para excluir a presença de lesões obstrutivas significativas em pacientes sintomáticos com suspeita de doença aterosclerótica coronariana.

Comentário   O risco de lesões obstrutivas significativas serem encontradas é estimado a partir da avaliação clínica, das características dos sintomas, do número de fatores de risco e dos exames complementares, como testes funcionais. A melhor indicação da angiotomografia de artérias coronárias é para aqueles pacientes em que há suspeita clínica, porém acredita-se que provavelmente não haverá lesões significativas, com o objetivo de descartar essa hipótese. Em pacientes com alta probabilidade de obstruções coronarianas significativas, é mais adequado realizar o cateterismo cardíaco diretamente.

Resposta correta   alternativa e

30 A respeito do escore de cálcio coronariano, é correto afirmar que:

a. É especialmente útil na investigação diagnóstica de pacientes com dor no peito na sala de emergência.

b. A necessidade do uso do contraste iodado representa uma limitação em pacientes com função renal comprometida.

c. Quanto maior for o escore de cálcio do paciente, melhor será o seu prognóstico cardiovascular nos próximos 2 a 5 anos.

d. Está indicado na avaliação de pacientes assintomáticos com risco cardiovascular intermediário pelo escore de Framingham.

e. Com o objetivo de determinar a necessidade de suplementação nutricional de cálcio oral, está indicado na avaliação de pacientes coronariopatas idosos (> 65 anos) com diagnóstico de osteoporose estabelecido na densitometria óssea.

Comentário O escore de cálcio é uma combinação de número e tamanho de áreas com calcificação e densidade de cálcio em artérias coronárias. Há correlação positiva entre o escore de cálcio e o risco de eventos futuros. Na prática clínica, a melhor indicação para o escore de cálcio coronariano é para pacientes assintomáticos – prevenção primária – em que o exame mudaria a conduta, ou seja, pacientes de risco intermediário em que há dúvida de se fazer tratamento medicamentoso. Entre os participantes do St. Francis Heart Study com escore > 80%, com 1.005 participantes, o tratamento com atorvastatina, 20 mg/dia, esteve associado a 3% de redução absoluta do risco para desfechos cardiovasculares combinados, e uma redução significativa de 6,3% naqueles com um escore basal > 400. Se o exame não for mudar a conduta, como em pacientes de alto ou baixo risco, não é indicado. Exames seriados também não são indicados.

Resposta correta alternativa d

31 O coração do atleta apresenta várias alterações secundárias ao treino intenso. A hipertrofia do ventrículo esquerdo ocorre após vários anos de treinamento e alguns achados ecocardiográficos nos atletas podem ser confundidos com cardiomiopatia hipertrófica. Dentre os achados a seguir, o que NÃO está presente no coração do atleta é:

a. Função diastólica é normal.

b. Hipertrofia ventricular assimétrica.

122 PROVAS PARA OBTENÇÃO DO TÍTULO DE ESPECIALISTA EM CARDIOLOGIA | 2012-2014

c. Velocidades ao Doppler tecidual e os valores do *strain* são normais.
d. Dimensão da cavidade do ventrículo esquerdo encontra-se aumentada.
e. Hipertrofia ventricular esquerda, frequentemente com espessura ≤ 17 mm.

Comentário   A dúvida diagnóstica entre miocardiopatia hipertrófica e hipertrofia fisiológica do atleta é comum. Como característica, esta última é simétrica, com dilatação das cavidades, espessura das paredes do ventrículo esquerdo < 13 a 14 mm, cavidade diastólica > 55 mm e função diastólica normal. Após o período de descondicionamento físico, a regressão dessas alterações é esperada entre 4 e 6 semanas. Ao ecocardiograma, a velocidade sistólica do movimento do anel mitral (onda S), obtida pelo Doppler tecidual com valor < 9 cm/s, indica que a hipertrofia não é fisiológica. Os índices de deformação miocárdica (*strain/strain rate*) parecem ser a técnica ideal para essa análise, já que não estão sujeitos ao efeito de tracionamento dos tecidos adjacentes.

Resposta correta   alternativa b

32 Paciente do sexo feminino, 60 anos, está em tratamento para câncer de mama metastático com quimioterapia e radioterapia. Ela procura atendimento em uma emergência hospitalar com dispneia intensa, iniciada há poucas horas, acompanhada de tosse seca e lipotimia. No exame físico, observa-se uma paciente emagrecida, afebril, ausculta cardíaca com bulhas difusamente hipofonéticas, mas sem sopros, turgência jugular patológica e pulsos filiformes. Há discretas crepitações em bases pulmonares. PA = 90 × 50 mmHg, FC = 125 bpm e FR = 32 irpm. O melhor exame complementar a ser solicitado, nesse momento, para o diagnóstico deve ser:

a. Radiografia de tórax.
b. Ecocardiograma transtorácico.
c. Ressonância magnética cardíaca.
d. Tomografia computadorizada do tórax.
e. Monitorização hemodinâmica com cateter Swan-Ganz.

Comentário   Trata-se de paciente evoluindo com sinais sugestivos de tamponamento cardíaco, emergência clínica e tríade de Beck (hipotensão, abafamento de bulhas cardíacas e estase jugular). O derrame pericárdico neoplásico pelo câncer de mama é a etiologia provável. Dos métodos apresentados, o mais acessível à beira do leito é o ecocardiograma com Doppler transtorácico que, se necessário, pode guiar a pericardiocentese. Os demais exames não seriam conclusivos ou demandariam maior tempo na execução.

Resposta correta   alternativa b

33 **A cardiotoxicidade associada aos agentes quimioterápicos e a radioterapia ocorrem de forma bastante frequente, sendo o ecocardiograma um importante instrumento para a avaliação cardíaca dos pacientes oncológicos, auxiliando no início da terapia ou mesmo na sua suspensão. Em relação ao papel do ecocardiograma na quimioterapia e radioterapia, segundo a "I diretriz brasileira de cardio-oncologia" da SBC, é INCORRETO afirmar que:**

a.   A cardiotoxicidade das antraciclinas independe da sua dose cumulativa.

b.   A cardiotoxicidade atribuída ao trastuzumabe é usualmente transitória e reversível.

c.   As doenças valvares mais evidentes nas lesões causadas por radioterapia são as lesões regurgitantes.

d.   Não é recomendado iniciar fármacos com alto potencial de cardiotoxicidade em pacientes com fração de ejeção do ventrículo esquerdo < 50%.

e.   No uso de agentes como as antraciclinas, a queda absoluta da fração de ejeção do ventrículo esquerdo abaixo de 50%, em exame evolutivo, já preconiza a redução da dose do quimioterápico ou suspensão do seu uso.

Comentário   Segundo a "I diretriz brasileira de cardio-oncologia", o dano das antraciclinas é proporcional à maior dose cumulativa. Administrações repetidas das antraciclinas podem resultar em lesão dose-dependente de cardiomiócitos e dano no interstício, associadas com disfunção diastólica precoce e disfunção sistólica tardia, as quais são observadas tanto em modelos experimentais como na prática clínica.

Resposta correta   alternativa a

34 No que se refere à estenose aórtica grave, recomenda-se:

a. Avaliação hemodinâmica invasiva e coronariografia em pacientes com diagnóstico ecocardiográfico de dupla lesão aórtica com estenose predominante.
b. Avaliação hemodinâmica invasiva com infusão de dobutamina venosa para avaliação de pacientes com grave disfunção ventricular e gradiente baixo.
c. Avaliação hemodinâmica invasiva e coronariografia para confirmação dos dados ecocardiográficos.
d. Realização de teste ergométrico (te) como determinante da indicação na coronariografia.
e. Avaliação hemodinâmica invasiva e coronariografia em todos os pacientes sintomáticos.

Comentário   Segundo a "Diretriz brasileira de valvopatia" da Sociedade Brasileira de Cardiologia, de 2011, em pacientes selecionados com estenose aórtica (EAo) de fluxo baixo ou gradiente baixo e disfunção ventricular, pode ser útil determinar o gradiente pressórico transvalvar e calcular a área valvar em estado basal novamente durante exercício ou com estresse farmacológico em dose baixa de dobutamina, com o propósito de demonstrar se a estenose é grave ou moderada. Esses estudos podem ser realizados na ecocardiografia ou no laboratório de hemodinâmica.

Resposta correta   alternativa b

35 Entre as alternativas a seguir, NÃO é contraindicação relativa ao cateterismo cardíaco diagnóstico é:

a. Insuficiência renal aguda ou disfunção renal crônica não dependente de diálise.
b. Infarto agudo do miocárdio no paciente em programa de hemodiálise.
c. Febre inexplicável ou presença de infecção ativa não tratada.
d. Desequilíbrio hidroeletrolítico, sobretudo hipocalemia.
e. Acidente vascular encefálico agudo.

Comentário   A realização de cineangiocoronariografia diagnóstica em paciente com infarto agudo do miocárdio já em programa de diálise não é contraindicação relativa, uma vez que não há risco associado de complicação, como a nefropatia induzida por contraste. Todas as outras condições elencadas constituem contraindicações relativas ao cateterismo cardíaco diagnóstico por conta do maior risco associado de complicações.

Resposta correta   alternativa b

36 Com relação às complicações da coronariografia, pode-se afirmar que:

a. O desenvolvimento da técnica tornou-se método seguro e sem contraindicações, sobretudo na síndrome coronariana aguda.
b. As complicações trombóticas no local do acesso arterial e distal aos mesmos são as mais frequentes e preocupantes.
c. A realização deste exame é contraindicada em pacientes com histórico de reações alérgicas devido à anafilaxia.
d. A reação vasovagal transitória é o evento adverso mais comum, sobretudo em mulheres.
e. As complicações hemorrágicas no local do acesso arterial são as mais frequentes.

Comentário   As complicações mais comuns em acessos para cineangiocoronariografia são as complicações hemorrágicas no local de punção (hematoma local, pseudoaneurisma, fístula arteriovenosa, hematoma retroperitoneal), que podem ocorrer em 3 a 7% dos procedimentos, o que gera aumento significativo do tempo de internação e morbidades associadas, especialmente quando o procedimento for realizado por via femoral. Em pacientes com histórico de reações alérgicas ao meio de contraste, a utilização de esquema "dessensibilizador" antecedendo o exame permite a sua realização com relativa segurança. Outras complicações, como trombose local ou distal ao acesso vascular, ou ainda reação vasovagal transitória, não são frequentes.

Resposta correta   alternativa e

37 Diversos fatores clínicos, angiográficos e relacionados ao procedimento de implante de *stents* coronarianos predispõem a ocorrência de trombose de *stents*. Entre as definições de trombose, aquela considerada como definida pelo Academic Research Consortium e aceita pelos cardiologistas é:

126 PROVAS PARA OBTENÇÃO DO TÍTULO DE ESPECIALISTA EM CARDIOLOGIA | 2012-2014

a. Variação de fluxo coronariano no cateterismo, controle em pacientes com evidência de cintilografia positiva, nos primeiros 3 meses após angioplastia.
b. Alteração isquêmica no ECG acompanhada de precordialgia típica e deterioração súbita da fração de ejeção.
c. Presença de supradesnível de st acima de 30 dias após o implante.
d. Apresentação confirmada angiograficamente ou por autópsia.
e. Morte inexplicada acima de 30 dias após o implante.

Comentário A classificação de trombose de *stent*, de acordo com a Academic Research Consortium, é definida quando há apresentação clínica de síndrome coronariana aguda e confirmação angiográfica ou patológica de trombose de *stent*. Ela é provável em caso de morte inexplicável dentro de 30 dias após a colocação do *stent* ou infarto agudo do miocárdio relacionado ao vaso-alvo sem confirmação angiográfica de trombose de *stent* e possível quando há qualquer morte inexplicável após 30 dias.

Resposta correta alternativa d

38 A valvoplastia mitral percutânea para o tratamento da estenose mitral grave apresenta três principais preditores multivariáveis relacionados aos eventos tardios, quais sejam:

a. Angiografia demonstrando restrição na abertura dos folhetos valvares visualizada no levograma/aumento da pressão diastólica final do ventrículo esquerdo/classe funcional elevada.
b. Angiografia demonstrando restrição na abertura dos folhetos valvares visualizada no levograma/escore ecocardiográfico valvar mitral elevado/sintomatologia exuberante.
c. Escore ecocardiográfico valvar mitral elevado/aumento da pressão diastólica final do ventrículo esquerdo/classe funcional elevada.
d. Escore ecocardiográfico valvar mitral elevado/aumento do átrio esquerdo/presença de sintomas aos médios esforços.
e. Escore ecocardiográfico valvar mitral elevado/presença de trombo no átrio esquerdo/classe funcional elevada.

Comentário Entre os três principais preditores multivariáveis relacionados aos eventos tardios pós-valvoplastia mitral percutânea estão escore ecocardiográfico valvar mitral elevado, pressão diastólica final ventricular esquerda elevada e maior limitação funcional de acordo com a classificação da New York Heart Association.

Resposta correta   alternativa c

39 Paciente do sexo feminino, 35 anos, foi submetida a troca valvar por prótese metálica na posição mitral há 5 anos. Foi internada com quadro de febre, insuficiência cardíaca e comprometimento do estado geral. O exame clínico mostrava a presença de sopro cardíaco no foco mitral e redução do ruído de fechamento da prótese. O ecocardiograma transesofágico mostrou a presença de vegetação e deiscência da prótese com insuficiência paraprotética grave. Foram colhidas hemoculturas, que mostraram o crescimento de *Staphylococcus epidermidis*. Neste caso, o tratamento instituído deverá ser:

a. Anticoagulação, aminas vasoativas e antibióticos.
b. Anticoagulação, aminas vasoativas e diuréticos.
c. Antibioticoterapia, diuréticos e anticoagulação.
d. Antibioticoterapia, diuréticos e cirurgia.
e. Diuréticos, anticoagulação e cirurgia.

Comentário   O paciente é diagnosticado com endocardite infecciosa pela presença de três critérios maiores, isto é, regurgitação paravalvar com sopro novo, presença de vegetação ao ecocardiograma transesofágico e hemoculturas com agente típico da infecção, além de febre, que é um critério menor. O tratamento consiste em antibioticoterapia, diurético para controle sintomático da insuficiência cardíaca e cirurgia por conta do achado ecocardiográfico de grave disfunção protética com deiscência e repercussão hemodinâmica significativa.

Resposta correta   alternativa d

40 Os *stents* farmacológicos apresentaram eficácia comprovada em pacientes com alta possibilidade de reestenose. Os ensaios clínicos randomizados apresentam benefício nas seguintes condições:

a. Lesões com trombos, vasos de calibre reduzido e lesões proximais.
b. Lesões calcificadas, tortuosidades e indivíduos diabéticos.
c. Lesões oclusivas crônicas, tortuosidades e calcificações.

d. Lesões longas, vasos de calibre reduzido e reestenose.

e. Lesões proximais, tortuosidades e reestenose.

Comentário   Comparativamente aos *stents* não farmacológicos, os benefícios comprovados com a utilização de *stents* farmacológicos ocorreram no tratamento de lesões longas (> 20 mm), em vasos de calibre reduzido (< 2,5 mm) ou na reestenose de *stent* não farmacológico.

Resposta correta   alternativa d

41 Paciente do sexo masculino, 48 anos, diabético, hipertenso e tabagista. Atendido em emergência com quadro de precordialgia intensa. O ECG demonstrava supradesnível nas paredes anterior e lateral. Evoluiu com hipotensão arterial. Encaminhado ao setor de hemodinâmica com 2 horas de evolução, a angiografia demonstrava suboclusão proximal com lesão longa em artéria descendente anterior. Foi submetido à angioplastia primária com implantes de *stent* farmacológico, com sucesso. No que se refere a este caso, pode-se afirmar que:

a. O implante de *stent* farmacológico apresenta resultado tardio com menor taxa de revascularização do vaso alvo do que os *stents* não farmacológicos.

b. O implante de *stent* não farmacológico seria uma estratégia mais segura no que se refere à trombose tardia, e com necessidade de dupla antiagregação plaquetária por um período de tempo menor.

c. Devido ao alto potencial de trombogenicidade com o uso dos *stents* farmacológicos, sobretudo nos pacientes diabéticos, o emprego de trombólise prévia está indicado para diminuição de fenômenos embólicos tardios.

d. Neste caso, o infarto agudo do miocárdio apresenta fisiopatologia com evidência de placas ateromatosas com menor grau de estenose e calcificação, não implicando menor reestenose com uso de *stents* farmacológicos.

e. Devido ao alto potencial de trombogenicidade com o uso dos *stents* farmacológicos, sobretudo nos pacientes diabéticos, o uso de trombólise prévia, associada aos inibidores da glicoproteína, contribui na diminuição de fenômenos embólicos tardios.

QUESTÕES COMENTADAS | PROVA DE 2013   129

Comentário   A utilização de *stents* farmacológicos durante a angioplastia primária na síndrome coronariana aguda com supradesnível do segmento ST é uma estratégia segura e eficaz. Em relação aos *stents* convencionais, os farmacológicos diminuem as taxas de reestenose e a necessidade de nova revascularização ao reduzirem a hiperplasia neointimal, especialmente em pacientes diabéticos. Independentemente do tipo de *stent* utilizado, pacientes com síndromes coronarianas agudas devem receber dupla antiagregação por pelo menos 1 ano. O uso imediato de fibrinólise antes da angioplastia com *stents* farmacológicos ou convencionais constitui a estratégia de reperfusão chamada angioplastia facilitada. Essa forma de tratamento não deve ser utilizada, já que aumenta a incidência de eventos adversos, como morte, reinfarto e acidente vascular encefálico. O emprego da angioplastia após o uso de fibrinolíticos deve ficar reservado apenas para casos em que não há critérios clínicos de reperfusão após a fibrinólise.

Resposta correta   alternativa a

42 Paciente do sexo masculino, 73 anos, atendido no serviço de emergência cardiológica, com o diagnóstico firmado de infarto agudo sem supradesnível do segmento ST. O escore de risco classificou-o como sendo de risco alto. No que se refere à recomendação da estratégia invasiva precoce, nas primeiras 24 horas, é INCORRETO afirmar que os candidatos a esta abordagem são pacientes com:

a. Instabilidade hemodinâmica.
b. Níveis elevados de troponina.
c. Alterações no segmento ST nas primeiras 24 horas.
d. Histórico prévio de revascularização no período de 6 meses.
e. Diabetes e angina progressiva relacionada aos mínimos esforços.

Comentário   Pacientes com síndromes coronarianas agudas sem supradesnível do segmento ST constituem um grupo heterogêneo, incluindo pacientes de risco baixo, intermediário e elevado para complicações cardiovasculares. Em pacientes de risco intermediário e elevado, a estratégia invasiva precoce, caracterizada pela realização da coronariografia nas primeiras 24 horas após a admissão hospitalar, apresenta melhores resultados em relação à estratégia conservadora, na qual os pacientes permanecem em tratamento clínico e são submetidos à coronariografia de forma seletiva, baseada na evolução clínica e em exames não invasivos. Pacientes com instabilidade hemodinâmica, sinais de insuficiência cardíaca, arritmias ventriculares sustentadas e dor persistente apesar do tratamento clínico são considerados pacientes de alto risco e devem ser prontamente encaminhados à coronariografia. Pacientes com elevação significativa dos níveis de troponina e alterações do segmento ST também são considerados de alto risco e devem ser submetidos à estratégia invasiva precoce. Escores de risco como TIMI e GRACE permitem classificar os pacientes em diferentes grupos de risco e devem ser utilizados na tomada de decisão. A angina progressiva aos mínimos esforços não caracteriza pacientes de risco intermediário ou alto e, portanto, não há benefício demonstrado da estratégia invasiva precoce nesses pacientes.

Resposta correta   alternativa e

43 Motorista profissional teve marca-passo convencional implantado após diagnóstico de bradiarritmia sintomática sem cardiopatia estrutural. Não houve intercorrências durante o procedimento e o paciente evoluiu assintomático após o implante. Com relação à atividade profissional do paciente, o médico assistente pode liberá-lo a retornar ao trabalho:

a. Seis semanas após o implante do dispositivo.

b. Após um período mínimo de trinta dias sem sintomas.

c. O paciente deve ser definitivamente afastado de sua atividade profissional.

d. O prazo de retorno ao trabalho é variável, depende da função ventricular e da presença de comorbidades.

e. Após a realização de Holter que afaste a presença de arritmias ventriculares ou disfunção do marca-passo.

Comentário   Conforme as "diretrizes brasileiras para direção veicular em portadores de dispositivos cardíacos eletrônicos implantáveis e arritmias cardíacas", publicada em 2012, pacientes submetidos a implante de marca-passo devem permanecer afastados da direção veicular, pelo período de 2 semanas, em caso de direção particular e, de 6 semanas, em caso de direção profissional.

Resposta correta   alternativa a

QUESTÕES COMENTADAS | PROVA DE 2013   131

44 Paciente do sexo feminino, 30 anos, foi encaminhada ao cardiologista após episódio de síncope não relacionada ao esforço. O exame físico resultou normal. Não fazia uso de nenhum medicamento. O intervalo QTc medido no ECG de repouso foi 510 ms. Com base nos dados descritos e nos critérios atualmente aceitos para diagnóstico da síndrome do QT longo (SQTL), a paciente em questão possui:

a. Alta probabilidade de SQTL.
b. Baixa probabilidade de SQTL.
c. Probabilidade intermediária de SQTL.
d. Somente o estudo genético permite o diagnóstico da SQTL.
e. Os dados acima são insuficientes para o diagnóstico, pois este exige a presença de taquicardia ventricular polimórfica tipo *torsades de pointes*.

Comentário   Os critérios para o diagnóstico da síndrome do QT longo congênito (SQTL), conhecidos como critérios de Schwartz, foram revisados em 2011 e incluem a avaliação de parâmetros eletrocardiográficos (duração do intervalo QTc em repouso e no 4º minuto da recuperação no teste ergométrico, *torsades de pointes*, alternância de onda T, onda T entalhada em três derivações e frequência cardíaca abaixo do segundo percentil em crianças), história de síncope, surdez congênita e história familiar, atribuindo pontos para as alterações encontradas. Pacientes com pontuação ≤ 1 são considerados de baixa probabilidade. Entre 1,5 e 3 de probabilidade intermediária e a partir de 3,5 de alta probabilidade de apresentarem SQTL. A paciente em questão apresenta síncope não relacionada ao esforço (1 ponto) e intervalo QTc > 480 ms (3 pontos), considerando que é de alta probabilidade para SQTL. O estudo genético não é obrigatório para o diagnóstico da síndrome e, quando realizado, apresenta limitações pela heterogeneidade genética da SQTL. O registro da *torsades de pointes*, embora faça parte dos critérios de Schwartz, não é obrigatório para o seu diagnóstico.

Resposta correta   alternativa a

45 Em pacientes portadores de cardiopatia chagásica, a arritmia mais frequentemente observada é a(o):

a. Fibrilação atrial.
b. Taquicardia atrial.

c. *Flutter* atrial típico.
d. Ectopia ventricular.
e. Taquicardia juncional.

Comentário   As extrassístoles ventriculares são as arritmias mais frequentes em pacientes com doença de Chagas. Podem aparecer de forma isolada, em pares ou como taquicardia ventricular não sustentada. Ocorrem tanto em pacientes com disfunção ventricular quanto naqueles com função ventricular preservada. Seu mecanismo envolve a denervação parassimpática do coração e a fibrose relacionada à miocardite crônica.

Resposta correta   alternativa d

46   Paciente do sexo masculino, 32 anos, com diagnóstico prévio de síndrome de pré-excitação ventricular, é atendido em serviço de pronto-atendimento com quadro de sudorese, palidez cutâneo-mucosa, hipotensão e taquicardia. O ECG mostrou taquicardia de QRS largo e intervalos R-R irregulares. A conduta correta, neste caso, deve ser:

a. Betabloqueador intravenoso, para reduzir a frequência cardíaca.
b. Compressão do seio carotídeo.
c. Cardioversão elétrica imediata.
d. Amiodarona intravenoso.
e. Adenosina intravenosa.

Comentário   Pacientes com taquiarritmias devem ser avaliados e conduzidos conforme recomendações do *advanced cardiovascular life support* (ACLS). Hipotensão arterial, rebaixamento do nível de consciência, choque, desconforto torácico isquêmico e insuficiência cardíaca são sinais clínicos de instabilidade e requerem cardioversão elétrica imediata. Taquicardias com QRS largo e intervalos RR irregulares em pacientes com diagnóstico prévio de pré-excitação ventricular representam fibrilação atrial conduzida pela via acessória. O período refratário curto da via anômala em relação ao nó sinusal pode levar a altas respostas ventriculares e instabilidade hemodinâmica. O paciente em questão apresenta sudorese, palidez cutaneomucosa e hipotensão, devendo receber o diagnóstico de taquiarritmia instável e ser submetido à cardioversão elétrica imediata.

Resposta correta   alternativa c

QUESTÕES COMENTADAS | PROVA DE 2013   133

47 Após mudar de cidade, um paciente procurou um cardiologista para seguir acompanhando seu caso. Havia uma história de taquiarritmia não especificada e o paciente fazia uso de sotalol 160 mg/dia. Após analisar os exames complementares, realizar o exame físico e observar o ECG do paciente, o médico decidiu descontinuar o uso do sotalol, por ter identificado uma CONTRAINDICAÇÃO ao seu uso, qual seja:

a. Ácido úrico > 8 mg/dL.
b. Intervalo QT > 500 ms.
c. Aumento de transaminases hepáticas.
d. Disfunção ventricular leve ao ecocardiograma.
e. Desvio do eixo elétrico para a esquerda no ECG.

Comentário   O sotalol é uma medicação antiarrítmica da classe III de Vaughan Williams, frequentemente utilizado no tratamento de arritmias supraventriculares e ventriculares. É formado por uma mistura racêmica de d--sotalol e l-sotalol. Ambos possuem propriedades de classe III ao inibirem a corrente de potássio IKr responsável pela fase 3 do potencial de ação, prolongando a repolarização ventricular e o período refratário efetivo. Além disso, o componente l-sotalol também apresenta propriedades betabloqueadoras. Ao aumentar a duração do potencial de ação, o sotalol pode aumentar de forma significativa a duração do intervalo QTc e predispor ao aparecimento da taquicardia ventricular polimórfica *torsades de pointes*. Seu uso é contraindicado em pacientes com intervalo QTc > 450 ms. Nos casos em que o sotalol é iniciado e o intervalo QTc aumenta para valores > 500 ms, a dose deve ser reduzida ou seu uso descontinuado. Outras contraindicações para o sotalol incluem bradicardia, disfunção ventricular grave e asma.

Resposta correta   alternativa b

48 Gestante primípara, na 29ª semana de gestação, apresenta fibrilação atrial persistente, com frequência cardíaca de 140 bpm acompanhada de mal-estar. A pressão arterial aferida foi 140 × 70 mmHg. Ao exame físico, verificam-se pulmões limpos e discreto edema perimaleolar. A conduta inicial adequada, neste caso, deve ser:

a. Interromper a gestação.
b. Cardioversão elétrica imediata.

c. Ablação das veias pulmonares.
d. Tentar cardioversão farmacológica com amiodarona venosa.
e. Controlar a frequência cardíaca com digoxina, betabloqueador ou bloqueador dos canais de cálcio.

Comentário   A fibrilação atrial persistente é definida como aquela que se instala e não se interrompe espontaneamente, com episódios que geralmente duram mais de 7 dias. A paciente em questão, embora sintomática, não apresenta sinais de instabilidade clínica, como hipotensão, rebaixamento do nível de consciência ou insuficiência cardíaca. De acordo com as "diretrizes brasileiras de fibrilação atrial" publicadas em 2009, a conduta inicial na fibrilação atrial estável durante a gestação deve ser o controle de frequência cardíaca com medicações que atuam sobre o nó atrioventricular, como digoxina, betabloqueadores e bloqueadores dos canais de cálcio. A cardioversão elétrica deverá ser realizada em situações de instabilidade hemodinâmica. A amiodarona apresenta efeitos deletérios para a mãe e para o feto e, sempre que possível, deve ser evitada na gestação. A ablação das veias pulmonares, procedimento utilizado para controle de ritmo em pacientes com fibrilação atrial, envolve o uso de radiação ionizante e não deve ser utilizada como primeira opção no tratamento da fibrilação atrial na gestação. Também não há qualquer indicação para interrupção da gestação.

Resposta correta   alternativa e

49   Paciente do sexo masculino, 67 anos, hipertenso e diabético. Submetido a cirurgia de revascularização miocárdica para tratamento de insuficiência coronariana, apresentou fibrilação atrial no pós-operatório imediato. Apesar das tentativas de reversão ao ritmo sinusal, a arritmia persistiu por mais de 48 horas. Neste caso, pode-se afirmar que a anticoagulação:

a. Não deve ser iniciada, pois o risco de complicações hemorrágicas, nestes casos, é maior do que o risco de de acidente vascular encefálico (AVE).
b. Deve ser iniciada apenas 24 horas após a retirada do último dreno, como ocorre com qualquer paciente submetido a cirurgias cardíacas.
c. Somente deverá ser iniciada após um período de sete dias com AAS de 100 mg/dia, caso não haja complicações hemorrágicas.
d. Somente está indicada em pacientes com história prévia de AVE.
e. Está indicada, devido ao alto risco de AVE.

QUESTÕES COMENTADAS | PROVA DE 2013 135

Comentário Pacientes com fibrilação atrial no pós-operatório de cirurgia cardíaca apresentam risco elevado de eventos embólicos nos casos em que a arritmia tem duração superior a 48 horas. Dessa forma, a anticoagulação está indicada para prevenção de acidente vascular encefálico. O uso de antiagregantes plaquetários como o AAS não apresentam eficácia adequada para a prevenção de eventos embólicos.

Resposta correta alternativa e

50 Em pacientes com disfunção ventricular moderada a grave, o fármaco de escolha para a cardioversão farmacológica da fibrilação atrial é:

a. Sotalol.
b. Digoxina.
c. Amiodarona.
d. Propafenona.
e. Dronedarona.

Comentário Em pacientes com disfunção ventricular grave, a amiodarona é o fármaco de escolha para cardioversão elétrica da fibrilação atrial. Sotalol, propafenona e dronedarona não devem ser utilizados em pacientes com disfunção ventricular moderada a grave, pois estão associados a aumento da mortalidade nesses pacientes. A digoxina, embora relativamente segura em pacientes com disfunção ventricular, não apresenta eficácia para cardioversão farmacológica da fibrilação atrial e, dessa forma, é utilizada apenas para controle da frequência cardíaca.

Resposta correta alternativa c

51 Paciente do sexo masculino, 19 anos, com diagnóstico de cardiomiopatia hipertrófica, foi encaminhado ao cardiologista, que, após a realização de anamnese, exame físico e exames complementares, identificou dois fatores de risco para morte súbita (MS), quais sejam:

a. Valva aórtica bicúspide e fibrilação atrial persistente.
b. Septo interventricular medindo 32 mm de espessura e síncope inexplicada.
c. Septo interventricular medindo 32 mm e prolapso valvar mitral concomitantes.

d. Síncope inexplicada e gradiente > 50 mmHg no trato de saída do ventrículo esquerdo.

e. Síncope inexplicada e Holter mostrando > 500 ectopias ventriculares isoladas em 24 horas.

Comentário   Parada cardíaca (TV ou FV), TVS espontânea, história familiar de morte súbita (< 50 anos), síncope inexplicada, espessura de parede ≥ 30 mm e TV não sustentada são consideradas fatores de risco maior para morte súbita em pacientes com miocardiopatia hipertrófica.

Resposta correta   alternativa b

52 Na cardiopatia chagásica crônica, o objetivo do tratamento antiarrítmico farmacológico deve ser:

a. Controlar os sintomas.

b. Prevenir a morte súbita.

c. Evitar fenômenos tromboembólicos.

d. Retardar a progressão da disfunção ventricular.

e. Reduzir a incidência de bloqueio de ramo direito.

Comentário   Na cardiopatia chagásica crônica (CCC), há extensa fibrose tanto do VD quanto do VE. Frequentemente, a região apical é fina, com lesões degenerativas fibróticas que determinam a formação do aneurisma apical, considerado patognomônico dessa cardiopatia. A TV é a principal causa de morte súbita nessa doença. A terapêutica medicamentosa é semelhante e derivada de grandes ensaios em pacientes com cardiopatias estruturais de outras etiologias, já que ainda não foram realizados grandes ensaios randomizados direcionados para a cardiopatia chagásica crônica. A amiodarona é a droga mais frequentemente utilizada no tratamento sintomático das arritmias ventriculares da CCC. Não demonstrou prevenir morte súbita, reduzir incidência de bloqueio de ramo direito ou retardar a progressão da disfunção ventricular.

Resposta correta   alternativa a

53 Paciente do sexo feminino, 54 anos, hipertensa e dislipidêmica, portadora de angina estável classe funcional III, em uso regular de aspirina, betabloqueador, inibidor da ECA, sinvastatina e nitrato, realizando reabilitação cardíaca. Ao exame físico, apresentou: PA = 100 ×

70 mmHg, FC = 56 bpm, RCR. B4. ECG sinusal, HVE. Ecocardiograma com função de VE preservada.

Exames bioquímicos: LDL 72/HDL 45/glicose 92/triglicerídeos 143. Cintilografia miocárdica com isquemia miocárdica em quatro segmentos (área isquêmica de 18%). Fração de ejeção durante esforço preservada.

Com base neste quadro clínico, a melhor conduta deve ser:

a. Solicitar angiotomografia coronária, iniciar clopidogrel e associar trimetazidina.
b. Solicitar ecocardiograma de estresse farmacológico e aumentar dose de AAS.
c. Solicitar coronariografia e avaliar teste provocativo de espasmo coronariano.
d. Otimizar tratamento clínico e realizar nova cintilografia após 6 meses.
e. Solicitar coronariografia e avaliar revascularização miocárdica.

Comentário   Na questão, apresenta-se uma paciente feminina de 54 anos, portadora de hipertensão arterial e dislipidemia, com *angina pectoris* aos mínimos esforços (CCS III), ecocardiograma com função preservada de VE, parâmetros metabólicos dentro das metas e cintilografia miocárdica evidenciando isquemia de quatro segmentos. Trata-se de uma paciente bastante sintomática, já com terapia clínica otimizada e com isquemia documentada em teste funcional não invasivo. A solicitação da coronariografia para definição anatômica da localização da lesão responsável pela área de isquemia, visando à realização de revascularização miocárdica (cirúrgica ou percutânea) para alívio sintomático da paciente, é a próxima conduta a ser tomada.

Resposta correta   alternativa e

54 A cirurgia de revascularização miocárdica deverá ser considerada a primeira opção na cardiopatia isquêmica, em paciente de:

a. 78 anos, hipertenso e diabético, com angina estável CCS 2 há 10 anos, sem disfunção ventricular, com lesão moderada de CX proximal e DA grave 1/3 médio.
b. 72 anos, hipertenso e diabético, admitido por angina estável CCS 3, com disfunção ventricular de VE e lesão de 60% no tronco de coronária esquerda e CD terço médio.

138 PROVAS PARA OBTENÇÃO DO TÍTULO DE ESPECIALISTA EM CARDIOLOGIA | 2012-2014

c. 60 anos, hipertenso e diabético, admitido por IAM sem supra ST, com função ventricular preservada e lesão grave de DA proximal.

d. 67 anos, diabético e dislipidêmico, com quadro de angina progressiva, disfunção ventricular e lesão grave de CD e VP.

e. 53 anos, tabagista e dislipidêmico, admitido por IAM com supra ST, CD ocluída proximal e função ventricular preservada.

Comentário *The veterans administration cooperative study* (VA), *European coronary surgery study* (ECSS) e *Coronary artery surgery study* (CASS) são três grandes estudos embasaram as indicações de revascularização cirúrgica do miocárdio durante anos. Contudo, o tratamento aplicado à época desses estudos difere bastante do usado atualmente. MASS II e BARI 2D são dois estudos mais recentes que comparam os tratamentos clínico, percutâneo e cirúrgico nos pacientes com coronariopatia crônica. Os dois estudos mostraram que o tratamento cirúrgico diminui os sintomas e o risco de infarto agudo do miocárdio, enquanto o tratamento percutâneo traz poucas vantagens em relação ao tratamento exclusivamente medicamentoso. A decisão sobre a necessidade de revascularização cirúrgica do miocárdio deve levar em consideração a gravidade dos sintomas do paciente, a anatomia coronariana, a função ventricular esquerda e o resultado de testes não invasivos.

De acordo com as "diretrizes da Sociedade Brasileira de Cardiologia, para o manuseio de pacientes com angina estável", as indicações classe I de indicação de tratamento cirúrgico incluem lesão no tronco de coronária esquerda > 50%, lesão tronco-equivalente (lesão proximal da artéria descendente anterior e lesão proximal de artéria circunflexa), padrão obstrutivo multiarterial (benefício de sobrevida maior para pacientes com fração de ejeção < 50% e comprometimento de dois vasos, com envolvimento proximal da DA e fração de ejeção < 50% ou isquemia demonstrável em testes não invasivos.

Resposta correta alternativa b

55 A trombose de *stent* coronariano após a intervenção coronariana percutânea, é evento grave e tem uma taxa elevada de mortalidade, podendo atingir 20 a 45% em alguns estudos. A respeito desta complicação, pode-se afirmar que:

a. A trombose aguda de *stent* é aquela que ocorre no primeiro mês após o implante do *stent*.
b. São variáveis associadas à trombose de stent: lesões curtas, vasos grandes e lesão em bifurcação.
c. A trombose tardia de *stent* é menos comum em pacientes diabéticos e renais crônicos do que em pacientes sem estas comorbidades.
d. O implante de *stent* farmacológico deve ser evitado em pacientes com programação de cirurgia planejada para menos de 12 meses.
e. Foi demonstrado que, em pacientes submetidos à intervenção coronariana percutânea, a dose de 600 mg de clopidogrel antes da angioplastia não reduziu a incidência de trombose tardia de *stent*.

Comentário   A trombose dos *stents* é definida como a oclusão trombótica do segmento arterial que recebeu a endoprótese e ocorre mais frequentemente nos primeiros dias. Ela pode ser aguda, entre 0 e 24 horas após o implante, subaguda, se após 24 horas e 30 dias do implante do *stent*, tardia, quando entre 30 dias e 1 ano após o implante do *stent* e muito tardia, quando além de 1 ano após o implante do *stent*.

Vasos pequenos, lesões longas, lesões em bifurcação e implante de novo *stent* para tratamento de lesão reestenótica são fatores de risco relacionados à lesão que aumentam os riscos de trombose. Entre as características dos pacientes que aumentam o risco da trombose de *stent*, destacam-se idade avançada, diabetes, insuficiência renal, função ventricular reduzida e implante de *stents* em pacientes com síndrome coronariana aguda. A dose e o tempo de início do clopidogrel em pacientes com doença arterial coronariana estável é motivo de discussão.

No estudo CREDO, a dose de ataque de 300 mg foi administrada pelo menos 6 horas antes do procedimento, preferencialmente 24 horas antes, conforme análise de subgrupo no sentido de que houvesse redução nas complicações relacionadas à trombose de *stent*. O estudo ARMYDA-2 demonstrou menor risco de infarto periprocedimento quando uma dose de 600 mg era utilizada, em vez de 300 mg, 4 a 6 horas antes do procedimento. A dose de 600 mg produz efeito antiplaquetário máximo maior e mais precocemente, podendo diminuir a resistência ao clopidogrel. Doses > 600 mg não demonstraram benefício, ainda que haja tendência à redução de eventos cardiovasculares em síndromes coronarianas agudas.

Resposta correta   alternativa d

56 O fármaco que reduz mortalidade no infarto agudo do miocárdio (IAM) é:

a. Bloqueador do canal de cálcio.
b. Trimetazidina.
c. Clopidogrel.
d. Hidralazina.
e. Nitrato.

Comentário   O clopidogrel foi inicialmente testado como antiplaquetário no estudo *Clopidogrel versus aspirin in patients at risk of ischemic events* (CAPRIE), demonstrando ser mais efetivo e discretamente mais seguro do que o ácido acetilsalicílico (AAS) na prevenção secundária. Na síndrome coronariana aguda sem supradesnível de ST, foi avaliado no estudo *Clopidogrel in unstable angina to prevent ischemic events* (CURE), pela primeira vez associado ao AAS. Nesse estudo, em 12.562 pacientes seguidos por cerca de 1 ano, a dupla terapia antiplaquetária reduziu o risco de infarto do miocárdio, acidente vascular encefálico ou óbito cardiovascular em 20%.

Resposta correta   alternativa c

57 No que diz respeito à comparação entre terapia medicamentosa *versus* intervenção coronariana percutânea (ICP), em pacientes com doença coronariana crônica, pode-se afirmar que:

a. Em pacientes com estenose grave proximal da artéria descendente anterior, a ICP não reduziu significativamente a isquemia induzida por exercícios.
b. A ICP é superior ao tratamento medicamentoso otimizado em todos os pacientes com doença coronariana crônica, por reduzir o risco de IAM e a mortalidade global.
c. A ICP é superior à terapia medicamentosa otimizada por reduzir a mortalidade cardiovascular em pacientes com angina crônica estável, além de reduzir também o risco de IAM.
d. O tratamento medicamentoso otimizado para doença coronariana estável deve ser sempre complementar à ICP, nunca devendo ser a única forma de tratamento estabelecido ao paciente.
e. A ICP é superior à terapia medicamentosa otimizada no que diz respeito ao alívio sintomático, com redução do número de episódios de

angina e também de sua intensidade, além de reduzir uso de medicações antianginosas.

Comentário   O tratamento clínico otimizado da doença arterial coronariana estável envolve a redução dos fatores de risco reversíveis, aconselhamento para mudança do estilo de vida, tratamento das condições que intensificam a *angina pectoris* e o tratamento farmacológico da isquemia. Ao contrário dos pacientes com síndrome coronariana aguda, não se demonstrou que a revascularização reduz morte e infarto do miocárdio quando realizada em pacientes com doença coronariana estável (com exceção da cirurgia em pacientes que preenchem critérios anatômicos e funcionais específicos, já considerados em comentário anterior). As recomendações para revascularização devem ser baseadas na extensão e gravidade de isquemia por teste de estresse não invasivo ou avaliação invasiva do significado hemodinâmico da estenose e a gravidade dos sintomas anginosos ou redução funcional. Concluindo, a intervenção coronária percutânea na doença coronariana crônica estável complementa a terapia medicamentosa aliviando sintomas quando necessário, porém não foi capaz de reduzir risco de infarto augdo do miocárdio ou mortalidade.

Resposta correta   alternativa e

58 Paciente do sexo masculino, 75 anos, admitido no hospital com quadro de IAM com supra ST anterior extenso, com início da dor há 4 horas, quando foi encaminhado à coronariografia e angioplastia primária de artéria descendente anterior, com sucesso no implante de *stent* convencional. Não havia outras lesões significativas coronarianas. O paciente evoluiu com estabilidade clínica, apresentou disfunção ventricular moderada ao ecocardiograma e permaneceu internado por 7 dias, otimizando medicações. No momento da alta hospitalar, deve ser encaminhado a acompanhamento ambulatorial regular e reabilitação cardíaca. A melhor prescrição de alta para este paciente é ser medicado com:

a. AAS e clopidogrel, além de inibidor da ECA, betabloqueador e estatina.

b. AAS, sem clopidogrel; deve utilizar inibidor da ECA, betabloqueador e estatina.

c. AAS e clopidogrel; deve utilizar inibidor da ECA e betabloqueador; não há necessidade do uso de estatina após o IAM.

d. AAS e clopidogrel, além de inibidor da ECA, betabloqueador, estatina e trimetazidina, para reduzir episódios de angina aos esforços.

e. AAS sem clopidogrel; deve utilizar inibidor da ECA, betabloqueador, estatina e nitratos de forma regular, para evitar episódios de dor anginosa.

Comentário Em relação à terapia farmacológica para um paciente após evento isquêmico agudo com realização de angioplastia, podemos afirmar que todos deverão fazer uso de AAS indefinidamente após o evento e, portanto, é indicado já como profilaxia secundária. Metanálises demonstram clara redução na mortalidade e na taxa de eventos não fatais associados à doença coronariana crônica. Em relação ao clopidogrel, esse deve ser mantido por pelo menos 1 ano em pacientes que receberam *stent* farmacológico e, pelo menos, 1 a 3 meses (preferencialmente 1 ano) naqueles que receberam *stent* convencional. Os IECA devem ser utilizados por tempo indefinido após a alta. Os benefícios do IECA foram demonstrados em uma série de estudos clínicos que analisaram mais de 100 mil pacientes e, dessa forma, esses medicamentos são, claramente, mais eficazes em pacientes com disfunção ventricular esquerda. Betabloqueadores também devem ser usados indefinidamente após evento isquêmico agudo, iniciando-se com o paciente estável. Estatinas também devem ser usadas nesses pacientes indefinidamente, buscando um alvo terapêutico de LDL < 100 mg/dL (preferencialmente < 70 mg/ dL). Trimetazidina é um inibidor da oxidação dos ácidos, modificando o metabolismo miocárdico para vias oxidativas mais eficientes. É indicado para tratamento da *angina pectoris* e não indicado, rotineiramente, após IAM.

Resposta correta alternativa a

59 No que diz respeito ao tratamento farmacológico da doença coronariana, é correto afirmar que:

a. Após um IAM, o uso de betabloqueador mostrou uma tendência à redução de mortalidade, porém sem significância estatística.

b. Os inibidores da HMG-CoA redutase devem ser prescritos após um quadro de IAM apenas em pacientes com níveis de colesterol LDL ≥ 130 mg/dL.

QUESTÕES COMENTADAS | PROVA DE 2013 143

c. Os inibidores da enzima conversora da angiotensina administrados após IAM conferem redução de mortalidade apenas nos pacientes com disfunção ventricular esquerda.

d. Em pacientes portadores de doença coronariana crônica, sem passado de infarto agudo do miocárdio, as medicações que reduzem mortalidade são aspirina, inibidores da ECA e estatinas.

e. Pacientes admitidos com IAM com supra de ST submetidos à trombólise e sem procedimento de angioplastia podem utilizar antiagregação plaquetária somente com aspirina, sem necessidade de outro antiplaquetário.

Comentário   Os estudos iniciais sobre síndrome coronariana aguda (SCA) controlados por placebo demonstraram os benefícios dos betabloqueadores na redução de infarto do miocárdio subsequente ou isquemia recorrente. Também se demonstrou nos pacientes com SCA (com e sem supradesnivelamento do segmento ST) que os betabloqueadores reduzem a taxa de reinfarto e fibrilação ventricular. Uma redução na mortalidade alcançada pelo uso de betabloqueadores é menos compreendida. As estatinas devem ser iniciadas na admissão hospitalar de um paciente com SCA, independentemente dos níveis de LDL-colesterol. O alvo deve ser LDL < 100 mg/dL (preferencialmente < 70 mg/dL). Os inibidores da enzima conversora da angiotensina (IECA) devem ser iniciados em todos os pacientes sem contraindicações, independentemente da função ventricular. A adição de um inibidor de P2Y12 ao ácido acetilsalicílico se justifica para a maioria dos pacientes com SCA com supradesnivelamento do segmento ST. Com base nos resultados dos estudos Commit e Clarity-Timi 28, clopidogrel na dose de 75 mg/dia, por via oral, é uma alternativa para todos os pacientes com SCA com supradesnivelamento do segmento ST, independentemente de receberem terapia fibrinolítica, serem submetidos à intervenção coronária percutânea (ICP) ou não receberem terapia de reperfusão. Os dados disponíveis sugerem que uma dose de ataque de 300 mg de clopidogrel deve ser administrada a pacientes com idade < 75 anos que recebem terapia fibrinolítica. Existem dados insuficientes para recomendar uma dose de ataque em pacientes com idade ≥ 75 anos, os quais recebem um fibrinolítico. Quando a ICP primária é o modo de terapia de reperfusão, uma dose de ataque oral de 300 a 600 mg de clopidogrel, antes do implante de *stent*, é uma alternativa estabelecida. Além disso, com base nos resultados do estudo Triton-Timi 38, o prasugrel administrado com uma dose de ataque de 60 mg e manutenção de 10 mg, por via oral, em seguida, é uma alternativa superior ao clopidogrel para pacientes que não estão particularmente em alto risco de sangramento potencialmente fatal. Da mesma forma, ticagrelor administrado em uma dose de ataque de 180 mg e manutenção de 90 mg, duas vezes ao dia, é superior ao clopidogrel.

Resposta correta   alternativa d

Com base no quadro clínico apresentado a seguir, responda às questões de números 60 e 61.

Paciente do sexo feminino, 68 anos, iniciou, às 10h00, quadro de dor torácica opressiva, irradiada para MSE, em repouso, com duração de aproximadamente 10 minutos. Referia episódio de dor em repouso com duração de 5 minutos, às 5h00 com as mesmas características. Teve melhora espontânea da dor e optou por procurar serviço de emergência. Referia história de hipertensão arterial há 10 anos em tratamento regular com losartana 50 mg, 2×/dia, e hidroclorotiazida, 25 mg/dia. Referia também utilizar sinvastatina na dose de 20 mg/dia. Referia pai falecido por IAM aos 54 anos. Nunca havia sido avaliada por cardiologista e não tinha estratificação prévia para doença arterial coronariana.

Admitida sem dor precordial. PA = 140 × 90 mmHg. FC = 56 bpm. Realizou duas dosagens de troponina na emergência, com intervalo entre elas de 6 horas, que foram negativas. ECG sem alterações significativas de repolarização ventricular.

60   Com base no caso clínico, é correto afirmar que a paciente apresenta:

a.   Angina instável de médio risco pelo escore TIMI.
b.   Angina instável de baixo risco pelo escore TIMI.
c.   Angina instável de alto risco pelo escore TIMI.
d.   Dor torácica provavelmente anginosa.
e.   Dor não anginosa.

Comentário   Para o desenvolvimento do escore de risco Timi, investigou-se uma população de 1.957 pacientes do grupo submetido à administração de heparina não fracionada do estudo Timi 11B. O composto de morte por todas as causas, infarto (ou reinfarto) ou revascularização miocárdica urgente por isquemia recorrente no período de 14 dias, foi analisado como desfecho primário. Sete variáveis são consideradas fatores de risco independentes na síndrome coronariana aguda sem supradesnível do segmento ST para compor o escore de risco Timi: idade ≥ 65 anos, antecedente de doença arterial coronariana com lesões obstrutivas ≥ 50%, uso de ácido acetilsalicílico nos últimos 7 dias, presença de três ou mais fatores de risco para doença arterial coronariana, dois ou mais episódios de angina em 24 horas, desvio do segmento ST ≥ 0,5 mm e elevação dos marcadores de necrose miocárdica. O escore é calculado determinando-se valor 1 quando uma variável está presente. A simples soma aritmética do número de variáveis presentes constitui o escore de risco Timi para cada paciente. Desse modo, os pacientes são categorizados em baixo, 0 a 2 pontos; intermediário, 3 ou 4 pontos; e alto risco, 5 a 7 pontos. Portanto, a paciente da questão se encaixou em risco intermediário, possuindo idade > 65 anos, dois ou mais episódios de angina em 24 horas e presença de três ou mais fatores de risco para doença arterial coronariana como variáveis.

Resposta correta   alternativa a

61 **A conduta adequada para esta paciente é realizar tratamento com:**

a. Um antiplaquetário e anticoagulação plena; deve ser encaminhada à coronariografia.

b. Dupla antiagregação plaquetária, anticoagulação plena e coronariografia nas primeiras 48 horas.

c. Dupla antiagregação plaquetária e anticoagulação plena e deve ser programada cintilografia miocárdica em até 72 horas do evento.

d. Dupla antiagregação, sem anticoagulação; caso evolua com estabilidade, pode ser encaminhada à cintilografia miocárdica após 72 horas do evento.

e. Dupla antiagregação plaquetária e anticoagulação plena; deve ser encaminhada à coronariografia imediatamente, por apresentar dois episódios de dor típica em menos de 24 horas.

Comentário   Como definido pela história clínica da paciente, trata-se de uma angina instável de médio risco. Neste caso, indica-se internação hospitalar em unidade coronariana. Em caso de persistência da dor, deve ser iniciado o tratamento com nitrato, betabloqueador e morfina se necessário. A medicação antitrombótica deve incluir dupla antiagregação plaquetária, que demonstrou diminuição do composto de morte cardiovascular, infarto do miocárdio ou acidente vascular encefálico. A terapia adjuvante com anticoa-

PROVAS PARA OBTENÇÃO DO TÍTULO DE ESPECIALISTA EM CARDIOLOGIA | 2012-2014

gulação faz com que haja diminuição de mortalidade e de infarto em comparação com a terapia isolada com ácido acetilsalicílico. Por se tratar de um quadro de angina instável, não há necessidade de a paciente ir para a coronariografia imediatamente, mas como há isquemia recorrente, uma atitude invasiva nas primeiras 24 a 48 horas é adequada.

Resposta correta   alternativa b

62 **A respeito da angina de Prinzmetal, é correto afirmar que:**

a. O tratamento deve incluir betabloqueadores em dose otimizada e nitratos.

b. É comum em tabagistas e tende a cursar com episódios de dor na madrugada.

c. É mais comum em pacientes idosos, sabidamente portadores de doença coronariana crônica.

d. A chave para o diagnóstico é o achado de infradesnivelamento do segmento ST durante os episódios de dor.

e. Apesar dos episódios de dor serem de grande intensidade, não há relato de casos de necrose miocárdica causados por esta síndrome.

Comentário   A angina de Prinzmetal se caracteriza por uma síndrome isquêmica que ocorre tipicamente em repouso e com elevação do segmento ST no eletrocardiograma. Pode estar associada com infarto agudo do miocárdio, taquicardia ventricular e até fibrilação ventricular e morte súbita. A fisiopatologia está relacionada a vasoespasmo das artérias coronárias. Os episódios ocorrem mais frequentemente entre 0h00 e 8h00, em paciente mais jovens do que aqueles acometidos pela doença aterosclerótica e em tabagistas. Os episódios anginosos tendem a ser graves e respondem bem aos nitratos. Os bloqueadores dos canais de cálcio também são efetivos, enquanto os betabloqueadores têm resposta variável, mas podem piorar os episódios de angina por conta da vasoconstrição ocasionada por um aumento da atividade alfassimpática sem a ação do beta-2, que está bloqueado.

Resposta correta   alternativa b

63 **Paciente do sexo masculino, 65 anos, inicia quadro de dor torácica típica no domicílio, de forte intensidade, associada a irradiação para membro superior esquerdo e sudorese, porém só procura atendi-**

QUESTÕES COMENTADAS | PROVA DE 2013 147

mento médico 14 horas após o quadro, quando a dor já havia cessado. ECG revela supradesnivelamento do segmento ST de aproximadamente 1 mm nas derivações D2, D3 e aVF, com inversão de onda T e onda Q patológica nas mesmas derivações. O exame cardíaco inicial não mostrou alterações significativas. No segundo dia, leve sopro sistólico tardio é ouvido no ápice e, no terceiro dia, esse sopro aumentou até 3/6. O paciente iniciou quadro de dispneia, e a radiografia de tórax mostrou redistribuição vascular pulmonar. A explicação mais provável para o quadro deve ser:

a. Rompimento do músculo papilar anterior.
b. Rompimento das cordas tendíneas.
c. Infarto do músculo papilar posterior.
d. Infarto do músculo papilar anterior.
e. Infarto de ventrículo direito.

Comentário   Trata-se de um paciente com quadro de infarto agudo do miocárdio inferior subagudo que foi tratado de forma conservadora, provavelmente por atendimento tardio quando o paciente já se apresentava sem dor. No segundo dia, o quadro do paciente se complicou, com queixas de dispneia e aparecimento de novo sopro em ápice. O quadro é compatível com insuficiência mitral aguda como complicador do infarto. A insuficiência mitral está associada a ruptura do músculo papilar. Os infartos inferiores estão associados a ruptura do papilar posteromedial, enquanto o infarto anterolateral pode causar ruptura do músculo anterolateral.

Resposta correta   alternativa c

64 Paciente do sexo masculino, 67 anos, hipertenso há 5 anos. Sem outras comorbidades conhecidas. Iniciou quadro de dor torácica em aperto ao subir escadas e caminhar rapidamente. Refere melhora da dor ao cessar esforço. Ao exame, apresentava PA = 170 × 100 mmHg. FC = 92 bpm. RCR. B4. BNF sem sopros. Trouxe exames realizados no mês anterior: glicose 98, HDL 38, LDL 186 e triglicerídeos 208. Uso irregular de enalapril 10 mg/dia. Nega tabagismo. O restante dos exames dentro da normalidade. Diante deste quadro clínico, pode-se afirmar que a melhor estratégia deve ser:

a. O paciente deve ser orientado quanto a modificações de estilo de vida imediatamente e precisa ser submetido a um teste ergométrico tão logo seja possível para diagnóstico de angina estável; além disso, ajustar níveis pressóricos e ser orientado quanto a uso de estatina e acompanhamento regular de colesterol e níveis pressóricos.

b. O paciente tem o diagnóstico de angina estável e, portanto, deve ser orientado quanto a modificações de estilo de vida. Deve ajustar níveis pressóricos e iniciar uso de aspirina na dose de 200 mg/dia; deve ser iniciada estatina prontamente e encaminhado à coronariografia nas próximas 48 horas para avaliação da anatomia coronariana.

c. O paciente só terá o diagnóstico de angina estável após exame complementar confirmatório, como teste ergométrico ou cintilografia miocárdica; deve ser orientado quanto a controle de níveis pressóricos e mudança do estilo de vida, além de controle de níveis de colesterol com estatina. Se confirmado, deve-se iniciar AAS e estatina e avaliar coronariografia.

d. O paciente tem o diagnóstico de angina estável e deve ter seus níveis pressóricos controlados de forma otimizada, além de iniciar estatina; deve ser orientado quanto a modificações de estilo de vida e uso diário de aspirina na dose de 100 mg/dia e encaminhado à coronariografia eletivamente para estratificação anatômica de doença coronariana estável.

e. O paciente tem o diagnóstico clínico de angina estável, e deve ser orientado quanto a modificações de estilo de vida; deve-se otimizar o tratamento da hipertensão arterial e iniciar uma estatina. AAS deve ser iniciado na dose de 100 mg/dia; após otimização terapêutica e controle de duplo produto, deve ser avaliado quanto à melhora dos sintomas; caso permaneçam, pode-se avaliar a coronariografia.

Comentário   O paciente apresenta dor torácica ao realizar esforços maiores, com características típicas de dor anginosa. O diagnóstico de angina deve ser dado pela história clínica. Seu tratamento deve ser iniciado prontamente com orientações de mudança de estilo de vida, estatina, ácido acetilsalicílico na dose de 100 mg, ajuste das medicações para controle pressórico e medicações antianginosas para controle dos episódios de dor. Os exames complementares para a busca de isquemia, como teste ergométrico, ecoestresse ou cintilografia, servem para a estratificação do risco do paciente. Caso persistam os sintomas ou se os exames demonstrarem um padrão de

QUESTÕES COMENTADAS | PROVA DE 2013 149

risco elevado, pode-se optar por uma coronariografia visando a revascularização e o controle dos sintomas.

Resposta correta   alternativa e

65 Paciente do sexo feminino, 57 anos, não diabética, ex-tabagista, hipertensa estágio I sem tratamento prévio, sofreu infarto do miocárdio com elevação de ST em parede inferior. Submetida a trombólise sem sucesso, evoluiu sem complicações e está assintomática. Alta hospitalar em uso de 100 mg/dia de aspirina, 50 mg/dia de atenolol, 100 mg/dia de losartana, 10 mg/dia de rosuvastatina. Ecocardiograma antes da alta mostra função sistólica ventricular esquerda global preservada, disfunção diastólica grau I, acinesia de parede inferolateral com boa contratilidade nas demais paredes. Ao exame físico, apresentou PA sentada: 145×85 mmHg, FC: 58 bpm, ritmo cardíaco regular, pulmões limpos. Peso: 83 kg, altura: 167 cm. Um mês após a alta, a paciente é revista e seus exames laboratoriais mostram glicemia de jejum: 108 mg/dL, colesterol total: 170 mg/dL. HDL: 34 mg/dL; LDL: 77 mg/dL; triglicerídeos: 296 mg/dL; colesterol não HDL: 262 mg/dL, creatinina: 1.1 mg/dL.

Com base no quadro clínico apresentado, a conduta mais adequada é:

a. Substituir rosuvastatina por 600 mg/dia de genfibrozila, pois a anormalidade lipídica mais importante é a hipertrigliceridemia.

b. Interromper a rosuvastatina em razão do aumento do risco de desenvolvimento de diabete, substituindo-a por outra estatina.

c. Suspender o atenolol, pois aumenta a resistência à insulina e o risco de acidente cerebrovascular em hipertensos.

d. Associar 150 mg/dia de fenofibrato para reduzir o risco residual de eventos cardiovasculares.

e. Estimular a perda de peso, atividade física e reavaliar lipidograma 2 a 3 meses depois.

Comentário   Paciente em prevenção secundária de coronariopatia, que já teve um infarto agudo do miocárdio inferior com sequelas de disfunção miocárdica segmentar, com função global preservada. Os exames mostram colesterol LDL de 77 mg/dL em uso de estatina e manutenção de triglicérides séricos maior que a meta preconizada. No entanto, em dislipidemias mistas, o controle do colesterol LDL se revelou o mais importante tratamento medicamentoso para a hipertrigliciridemia. Nos pacientes em uso de estatina, os fibratos são indicados se os triglicérides estiverem > 500 mg/dL por conta do risco de pancreatite, sendo que a diminuição de eventos cardiovasculares com o uso dessa associação não é comprovada. Apesar do aumento do risco de diabete melito com o uso de estatinas, os benefícios francamente superam esse risco. Os betabloqueadores têm sido colocados em um plano secundário no tratamento da hipertensão arterial, mas têm ainda papel em pacientes após episódio de infarto agudo do miocárdio com supradesnivelamento do segmento ST. Em pacientes com menos de 60 anos, como no caso, têm eficácia comprovada na redução de eventos ligados a morbidade e mortalidade cardiovascular. As medidas não farmacológicas como estímulo para perder peso e atividade física devem ser sempre incentivadas, além de serem bastante efetivas para o controle de triglicérides que devem ser avaliados após 2 a 3 meses.

Resposta correta   alternativa e

66 **Sobre metas lipídicas recomendadas para prevenção de eventos cardiovasculares, pode-se afirmar que:**

a.   Em diabéticos, a meta para controle dos níveis de LDL colesterol corresponde a 70 mg/dL ou menos.

b.   A redução do colesterol não HDL só é considerada meta terapêutica após o controle do LDL colesterol.

c.   O colesterol não HDL é a variável primária a ser controlada quando os triglicerídeos séricos ultrapassam 200 mg/dL.

d.   Em portadores de síndrome metabólica, a meta primária é obter níveis de triglicerídeos séricos iguais ou inferiores a 200 mg/dL.

e.   Em homens coronariopatas com níveis de HDL inferiores a 45 mg/dL e LDL colesterol entre 100 e 130 mg/dL, a meta primária é elevar os níveis de HDL colesterol.

Comentário   Segundo a "V diretriz brasileira de dislipidemia", os paciente diabéticos e os coronariopatas são considerados de alto risco cardiovascular; por isso, a meta estabelecida é de LDL < 70 mg/dL. A meta de redução do colesterol LDL deve ser sempre a prioridade. Intervenções farmacológicas nas outras metas devem ser consideradas somente após seu controle, sendo que o controle do colesterol não HDL é considerado como meta secundária. O controle do colesterol HDL não tem uma meta específica, embora seja reconhecido como fator de risco.

Resposta correta   alternativa b

67 Paciente do sexo masculino, 65 anos, acometido de infarto agudo do miocárdio sem elevação de ST, recebeu um *stent* em artéria descendente anterior proximal. Tinha também uma lesão aterosclerótica de 50% na coronária direita, que não foi abordada. Não diabético, não tabagista, hipertenso estágio I. Medicado com 80 mg/dia de atorvastatina, 75 mg/dia de clopidogrel, 100 mg/dia de aspirina, 10 mg/dia de ramipril. Dois meses após a alta, o paciente está assintomático e seus exames laboratoriais mostram glicemia de jejum: 98 mg/dL, colesterol total: 170 mg/dL, HDL-colesterol: 48 mg/dL, triglicerídeos em jejum: 112 mg/dL, LDL-colesterol: 99,6 mg/dL. ALT: 41 U/L (referência < 37 U/L); AST: 45U/L (referência: < 42 U/L); CPK: 550 U/L (referência < 190 U/L).

Com base no caso clínico apresentado, a conduta mais adequada deve ser:

a. Usar os mesmos 80 mg de atorvastatina em dias alternados.
b. Diminuir a atorvastatina a 40 mg/dL e associar ezetimiba.
c. Substituir a atorvastatina por 10 mg de rosuvastatina.
d. Manter o mesmo esquema terapêutico.
e. Reduzir a atorvastatina a 40 mg/dL.

Comentário   Trata-se de paciente em prevenção secundária com doença coronariana estabelecida pós-infarto. Atorvastatina, na dose de 80 mg/dia, está sendo administrada com controle parcial, ainda sem atingir completamente a meta estabelecida (70 mg/dL) e com aumento da CPK. O aumento da CPK pode ocorrer em torno de 3% dos pacientes, sem a necessidade de diminuir a dose da estatina se tal aumento for leve a moderado. A estratégia para atingir a meta nesse caso poderia ser uma associação com ezetimiba mantendo a dose máxima da estatina.

Resposta correta   alternativa d

68 As lesões orovalvares que apresentam a pior evolução clínica durante a gestação são:

a. Estenose aórtica e estenose mitral.
b. Estenose mitral e insuficiência mitral.
c. Estenose mitral e estenose tricúspide.
d. Estenose aórtica e estenose tricúspide.
e. Estenose aórtica e insuficiência aórtica.

Comentário   As modificações fisiológicas adaptativas à gestação são responsáveis por aumento do volume circulante em 50%, aumento da frequência cardíaca e elevação do débito cardíaco de 30 a 50%. Além disso, ocorre uma redução da resistência vascular periférica. Essas modificações na hemodinâmica materna, mais pronunciadas a partir da metade do segundo trimestre da gestação, fazem com que as lesões de estenose (estenose mitral e aórtica) sejam pior toleradas que as lesões de insuficiência (insuficiências mitral, aórtica e tricúspide).

Resposta correta   alternativa a

69 O termo "*mismatch*" descreve a condição na qual, *in vivo*, a área do orifício efetivo da prótese valvar é menor que a da valva nativa. Esse tipo de condição ocorre, principalmente:

a. Em pacientes idosos com anel aórtico pequeno, portadores de hipertrofia ventricular esquerda importante e disfunção diastólica expressiva.
b. Na realização de miectomia septal e reconstrução de raiz de aorta para acomodar uma prótese maior.
c. Quando se utilizam próteses mecânicas em posição aórtica em mulheres de baixa estatura.
d. Em pacientes jovens quando se utilizam próteses biológicas em posição aórtica.
e. Quando o anel aórtico é pequeno e se utilizam próteses grandes.

Comentário   *Mismatch* é o termo utilizado quando se observa menor área efetiva de orifício protético que o orifício valvar original. É definido como *mismatch* grave aquele orifício de prótese $< 0,65$ cm^2/m^2 e fluxo normal quando a área efetiva é $> 0,85$ cm^2/m^2.

Essa situação ocorre principalmente em idosos, portadores de insuficiência cardíaca diastólica com hipertrofia ventricular esquerda e portadores de doença arterial coronariana, nos quais são gerados maiores gradientes pelo orifício protético. Quando os pacientes desenvolvem sintomas como

QUESTÕES COMENTADAS | PROVA DE 2013   153

perda da função ventricular ou exibem área compatível com mismatch grave ao ecocardiograma, devem ser submetidos a correção cirúrgica que consiste em miectomia septal e reconstrução da raiz de aorta.

Resposta correta   alternativa a

70 Os fatores indicativos de troca valvar em pacientes assintomáticos com estenose aórtica importante são:

a. Teste ergométrico com resposta hipertensiva e taquicardia ventricular não sustentada.
b. Área valvar aórtica menor ou igual a 0,8 cm^2 e hipertensão pulmonar.
c. Elevação do BNP e velocidade de fluxo transvalvar maior que 5 m/s.
d. Hipertrofia ventricular acentuada e aumento atrial esquerdo.
e. Calcificação valvar acentuada e sexo masculino.

Comentário   O dilema entre o acompanhamento clínico e a indicação de tratamento cirúrgico em pacientes com estenose aórtica (EAo) grave é frequente em consultórios de cardiologia. Alguns fatores prognósticos já se mostraram relevantes em estudos observacionais. Aumento da velocidade de jato, mudança de *status* funcional, grau de calcificação valvar e níveis de peptídeo natriurético tipo B (BNP) estão diretamente envolvidos com o tempo de sobrevida dos pacientes com EAo, mesmo assintomáticos. Outros fatores também são relacionados ao prognóstico da estenose aórtica, como velocidade de diminuição de área valvar (> 0,1 cm^2/ano), velocidade de jato transvalvar aórtico rapidamente progressiva (> 0,3 m/s/ano) e grau de hipertrofia ventricular esquerda. Entretanto, para a decisão cirúrgica, alguns fatores devem ser levados em consideração. Segundo a "Diretriz brasileira de valvopatias", de 2011, a indicação cirúrgica em portadores de EAo grave e em pacientes assintomáticos é considerada classe IIa quando há resposta anormal ao teste ergométrico, manifestada por queda de pressão intraesforço ou sintomas desproporcionais ao esforço realizado, área valvar < 0,7 cm^2, gradiente médio valvar > 60 mmHg e velocidade transvalvar de fluxo > 5 m/s. Em pacientes assintomáticos que serão submetidos a cirurgia de revascularização miocárdica ou naqueles com disfunção ventricular, mesmo que assintomáticos, existe indicação de troca valvar aórtica (classe I).

Resposta correta   alternativa c

71 Em relação ao tratamento dos pacientes com insuficiência mitral crônica, pode-se afirmar que:

a. O momento ideal para cirurgia nos pacientes assintomáticos é controverso, porém recomenda-se a cirurgia quando surgirem sinais ecocardiográficos de disfunção ventricular esquerda, como fração de ejeção menor que 60% ou diâmetro sistólico final do ventrículo esquerdo maior que 40 mm.

b. A plástica mitral, ao preservar o aparato valvar original do paciente, evita os riscos de anticoagulação crônica, porém determina maiores taxas de reoperação que a substituição por biopróteses.

c. Os índices de sucesso são maiores com base nas taxas de reoperação nos procedimentos de plástica valvar sobre a cúspide anterior quando comparados com a cúspide posterior ou ambas as cúspides.

d. O uso de diuréticos e vasodilatadores é recomendado, objetivando melhora da classe funcional, reduzindo a mortalidade daqueles pacientes que aguardam cirurgia.

e. O desenvolvimento de fibrilação atrial não é um fator preditor independente de mortalidade, portanto não deve ser considerado para indicar o tratamento cirúrgico.

Comentário Os pacientes portadores de insuficiência mitral que desenvolvem sintomas devem receber indicação de cirurgia cardíaca para reparo ou troca de valva mitral. Nenhum tipo de tratamento medicamentoso, mesmo com vasodilatadores ou diuréticos, é capaz de alterar a sobrevida nessa classe de pacientes. Nos pacientes assintomáticos, alguns fatores devem ser levados em consideração no que diz respeito ao melhor momento da indicação cirúrgica. A presença de disfunção ventricular esquerda é o principal fator envolvido. Fração de ejeção < 60% ou diâmetro sistólico final > 40 mm são indicações classe I de cirurgia cardíaca valvar conforme a "Diretriz brasileira de valvopatias", de 2011. Na ausência de disfunção ventricular esquerda ou crescimento de câmaras cardíacas, outros fatores devem ser levados em consideração. O surgimento de hipertensão arterial pulmonar (> 50 mmHg) ou fibrilação atrial devem ser observados, pois são fatores independentes de mortalidade e de surgimento de insuficiência cardíaca. Dessa forma, portadores de insuficiência mitral assintomática e fibrilação atrial têm indicação classe IIa de cirurgia cardíaca de acordo com essa diretriz. Em centros que realizam plastia de valva mitral com taxa de sucesso > 90%, outros pacientes podem ser candidatos ao procedimento. A plastia valvar mitral é factível e obtém maiores taxas de sucesso de acordo com as características das valvas acometidas. O grau de calcificação valvar, a quantidade de tecido envolvido na lesão e o acometimento de uma ou mais cúspides influenciam o resultado. O procedimento é melhor sucedido quando existem lesões da cúspide posterior. Dessa forma, quando existem centros capacitados, anatomia favorável e cirurgiões experientes, a plastia deve sempre ser indicada no lugar da troca valvar. Nesses casos, inexiste a necessidade de anticoagulação temporária ou crônica e o número de reintervenções é significativamente menor.

Resposta correta   alternativa a

72 Paciente do sexo masculino, 56 anos, com insuficiência aórtica importante e assintomático, foi submetido a ecocardiograma após consulta de seguimento ambulatorial. O exame mostrou valva aórtica bicúspide com regurgitação aórtica importante, fração de ejeção do ventrículo esquerdo de 46%, diâmetro de aorta proximal 48 mm, átrio esquerdo 38 mm, diâmetro diastólico do VE 65 mm e diâmetro sistólico do VE 47 mm. A melhor conduta a se seguir, neste caso, deve ser:

a. Acompanhar com ecocardiograma a cada 3 meses e indicar a cirurgia de troca valvar associada à correção de dilatação de aorta ascendente quando o diâmetro aórtico exceder 55 mm.

b. Indicar a troca valvar associada à correção de dilatação de aorta proximal por conta dos sinais ecocardiográficos de disfunção ventricular esquerda incipiente e risco de rotura aórtica.

c. Manter a observação clínica regular e ecocardiograma a cada 6 meses e indicar a cirurgia de troca valvar aórtica quando o diâmetro sistólico ventricular exceder 50 mm.

d. Iniciar terapia medicamentosa com vasodilatadores para prolongar a fase assintomática e beta bloqueador para diminuir o estresse sistólico sobre a aorta.

e. Indicar a cirurgia de troca valvar apenas quando aparecerem sintomas ou quando o diâmetro de aorta for maior que 50 mm.

Comentário   Não existem evidências de que qualquer tratamento clínico possa interferir no curso natural de pacientes com insuficiência aórtica (IAo) grave, mesmo que assintomáticos. Existe indicação de uso de vasodilatadores em pacientes portadores de IAo grave com disfunção ventricular ou na presença de sintomas de insuficiência cardíaca somente naqueles que tenham contraindicação à cirurgia ou como ponte para a intervenção cirúrgica. Todos os pacientes com IAo sintomática ou que desenvolvam disfunção ventricular esquerda têm indicação classe I de troca valvar aórtica de acordo com a "Diretriz brasileira de valvopatias", de 2011. Nos pacientes sem disfunção ventricular e assintomáticos, os diâmetros sistólicos e diastólicos devem ser analisados: diâmetro sistólico > 55 mm ou diastólico > 75 mm são indicação classe IIa para cirurgia valvar aórtica. A presença de valva aórtica bicúspide aumenta o risco de aneurisma dissecante de aorta e, com o aumento do diâmetro aórtico, deve-se indicar a cirurgia de Bentall e De Bono, implicando a troca da raiz da aorta.

Resposta correta   alternativa b

73 Paciente do sexo feminino, 45 anos, com história de troca valvar mitral por prótese mecânica há 10 anos. Admitida em serviço de emergência com queixa de dispneia intensa. Ao exame clínico, apresentou PA = 90 × 60 mmHg, FC = 88 bpm, ruído protético abafado, ruflar diastólico mitral audível no ápice e ausculta pulmonar com estertores até a metade de ambos os pulmões. Realizado ecocardiograma transesofágico, que revelou imagem ecodensa estendendo-se da parede atrial até a prótese mitral, causando restrição de abertura dos folhetos. A melhor estratégia terapêutica, para este caso, deve ser:

a. Aumento da dose de varfarina para um INR maior que 4.
b. Inibidor de glicoproteína IIb/IIIa.
c. Cirurgia de urgência.
d. Heparina intravenosa.
e. Terapia trombolítica.

Comentário   Deve ser levantada a suspeita de trombose aguda de prótese sempre que houver clínica súbita de insuficiência ventricular esquerda associada a abafamento do ruído da prótese, bem como sopro precordial novo. Em paciente com classe funcional III ou IV, como o citado na questão, não existe dúvida sobre a indicação cirúrgica para a condição, que deve ocorrer também na presença de grandes trombos obstruindo o orifício valvar. Em pacientes oligossintomáticos, na presença de trombos pequenos sem disfunção significativa da prótese, ou nos pacientes portadores de próteses no lado direito do coração, a terapia fibrinolítica pode ser utilizada. Ao fibrinolítico, segue-se a terapia com heparina venosa e anticoagulação crônica com varfarina.

Resposta correta   alternativa c

74 Em pacientes portadores de hipertensão arterial sistêmica, é correto afirmar que:

a. *Clearance* de creatinina < 90 mL/min caracteriza lesão subclínica de órgão-alvo.
b. O prognóstico de pacientes hipertensos é significativamente afetado apenas pelos valores da pressão arterial.
c. Doença cerebrovascular, doença renal e dislipidemia classificam o paciente como sendo de muito alto risco adicional.
d. Os pacientes hipertensos em estágio 3 apresentam risco cardiovascular alto mesmo sem qualquer fator de risco adicional.
e. Para os indivíduos de baixo ou alto risco, a estimativa do risco cardiovascular global tem impacto significativo na estratégia terapêutica.

Comentário   Conforme a estratificação de risco cardiovascular global – risco adicional atribuído à classificação de hipertensão arterial de acordo com fatores de risco – e lesão de órgão-alvo e condições clínicas associadas, os pacientes hipertensos no estágio 3 de hipertensão arterial sistêmica (pacientes com pressão arterial sistólica ≥ 180 mmHg e diastólica ≥ 110 mmHg) apresentam alto risco adicional cardiovascular, mesmo sem fator de risco, lesão de órgão-alvo ou condições clínicas associadas.

Resposta correta   alternativa d

75 Paciente do sexo masculino, 52 anos, realiza avaliação periódica de saúde e a média de três medidas da PA realizada no consultório foi 152 × 94 mmHg. Foi solicitada a monitorização ambulatorial da pressão arterial (MAPA) de 24 h, cujo traçado é apresentado a seguir. Com base na medida de consultório e no traçado da MAPA 24 h, o diagnóstico deve ser de:

a. Hipertensão verdadeira.
b. Hipertensão mascarada.
c. Normotensão verdadeira.

d. Normotensão mascarada.
e. Hipertensão do avental branco.

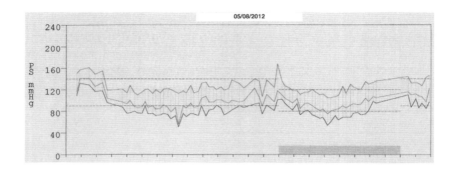

Comentário   O efeito do avental branco é a diferença entre a pressão medida no consultório e fora dele, quando essa diferença ultrapassa 20 mmHg na pressão sistólica e 10 mmHg na pressão diastólica. Os exames de avaliação da pressão arterial que são realizados fora do ambiente do consultório ajudam no diagnóstico desses pacientes, assim, a automedida da pressão arterial (AMPA), a monitorização residencial da pressão arterial (MRPA) e a monitorização ambulatorial da pressão arterial (MAPA) são úteis para a avaliação. No gráfico da MAPA, há um comportamento predominante normal da pressão arterial e elevações típicas na colocação e na retirada do aparelho, sugestivas de hipertensão do avental branco.

Resposta correta   alternativa e

76 No tratamento da hipertensão arterial em pacientes com condições clínicas associadas, é boa prática clínica, EXCETO:

a. Nos obesos, deve-se iniciar o tratamento com diuréticos tiazídicos.
b. No pacientes com insuficiência renal crônica e perda proteica, recomenda-se o bloqueio do SRAA.
c. Nos diabéticos, o benefício do tratamento é maior com níveis de pressão arterial inferiores a 110 × 70 mmHg.
d. Os betabloqueadores adrenérgicos devem ser utilizados nos pacientes com *angina pectoris* ou com infarto do miocárdio prévio.
e. Em diabéticos, todos os agentes anti-hipertensivos podem ser utilizados, entretanto há vantagens no uso dos bloqueadores do sistema renina-angiotensina-aldosterona (SRAA).

Comentário   Segundo as "VI diretrizes brasileiras de hipertensão", de 2010, pacientes diabéticos com PA $\geq$ 140 $\times$ 90 mmHg no momento do diagnóstico ou mesmo durante o acompanhamento devem receber medicação anti-hipertensiva em conjunto com mudança no estilo de vida. A meta a ser alcançada nesses pacientes diabéticos, com síndrome metabólica ou com lesão de órgão-alvo é pressão arterial de 130 $\times$ 80 mmHg, pois não parece haver benefício adicional com reduções mais rigorosas da pressão arterial.

Resposta correta   alternativa c

77 A hipertensão arterial representa uma complicação em 6 a 10% das gestações, e é a primeira causa de morte materna no Brasil. Sobre as diferentes formas de elevação da pressão arterial em gestantes, é correto afirmar que a:

a. Pré-eclâmpsia é a elevação da pressão arterial > 160 $\times$ 90 mmHg antes da 20ª semana de gestação.

b. Hipertensão crônica é a elevação da pressão arterial presente antes da gravidez ou antes da 30ª semana de gestação.

c. Hipertensão gestacional é a elevação da pressão arterial que surge após o parto e persiste por, pelo menos, 12 semanas.

d. Eclâmpsia é a ocorrência de convulsão antes ou após o parto em portadoras de hipertensão gestacional ou pré-eclâmpsia.

e. Pré-eclâmpsia superposta à hipertensão crônica é o surgimento de alterações neurológicas e proteinúria em hipertensas crônicas.

Comentário   A hipertensão arterial na gestação é considerada um problema de saúde pública em razão do elevado custo médico e social, e é a primeira causa de morte materna no brasil (37%). A eclâmpsia é definida como o surgimento de convulsões em gestantes com hipertensão gestacional ou pré--eclâmpsia. A grande maioria das convulsões ocorre antes do parto (67%) e, entre as que ocorrem após o parto, cerca de 79% ocorre depois das primeiras 48 horas (3 a 14 dias).

Resposta correta   alternativa d

78 A hipertensão de causa secundária é responsável por 5 a 10% dos casos de hipertensão arterial. Várias etiologias são reconhecidas, dentre elas o feocromocitoma. Sobre o feocromocitoma, é correto afirmar que:

a. São tumores de célula cromafins localizados no córtex adrenal.
b. O melhor exame para o diagnóstico é a dosagem de metanefrina plasmática livre.
c. O método de imagem de escolha para identificação e localização do tumor é a tomografia computadorizada.
d. Para abordagem terapêutica medicamentosa, alfabloqueadores devem ser prescritos após o início de betabloqueadores.
e. A tríade clássica (cefaleia, sudorese profusa e palpitações), associada à elevação da pressão arterial, tem baixa sensibilidade e alta especificidade para o diagnóstico.

Comentário   O feocromocitoma é um tumor de células argentafins que se localiza na medula adrenal ou em regiões extra-adrenais (paragangliomas). Esses, em geral, produzem catecolaminas e se associam a um quadro de hipertensão arterial paroxística em 30% dos casos ou sustentada com paroxismos em 50 a 60% deles. O diagnóstico laboratorial do tumor é baseado na dosagem das catecolaminas e seus metabólitos no sangue e na urina. O melhor teste bioquímico para o diagnóstico de feocromocitoma é a dosagem plasmática de metanefrinas livres, com sensibilidade de 99% e especificidade de 89%.

Resposta correta   alternativa b

79   Em relação à HAS secundária, é correto afirmar que:

a. O acometimento da artéria renal por displasia fibromuscular geralmente é unilateral.
b. Na hipertensão renovascular, as lesões ateroscleróticas são mais comuns em mulheres jovens.
c. No hiperaldosteronismo primário, a hipopotassemia está presente espontaneamente na maioria dos casos.
d. No tratamento de HAS relacionada ao hipotireoidismo, os betabloqueadores são os fármacos de primeira escolha.
e. O diagnóstico da síndrome de apneia/hipopneia obstrutiva do sono é feito se o índice de apneia/hipopneia for maior que cinco episódios/hora na polissonografia.

Comentário   A síndrome de apneia e hipopneia obstrutiva do sono é definida como a obstrução recorrente das vias aéreas superiores durante o sono, resultando em períodos de apneia, hipopneia, dessaturação de oxiemoglobina e despertares frequentes. Está relacionada a hipertensão arterial com uma prevalência de 30 a 56% e com a hipertensão refratária em 71 a 81% dos pacientes. O diagnóstico é confirmado pelo achado de cinco ou mais episódios de apneia/hipopneia por hora na polissonografia (índice de apneia-hipopneia).

Resposta correta   alternativa e

80 Com relação à medida da pressão em MMII, considere as seguintes afirmativas:
  I.   A pressão arterial sistólica na perna é de até 20 mmHg mais elevada do que nos braços, porém as pressões diastólicas, em geral, são iguais.
  II. O índice tornozelo-braço é fator preditivo de risco quando menor que 0,9.
  III. Quando a pressão sistólica na perna é superior a 20mmHg que a pressão no braço, insuficiência aórtica pode estar presente.
  Pode-se afirmar que é(são) verdadeira(s):

  a. I.
  b. II.
  c. III.
  d. I e II.
  e. I, II e III.

Comentário   A medida da pressão arterial nos membros inferiores pode ser realizada sempre que houver impossibilidade nos membros superiores ou em caso de suspeita de doença vascular. Em condições normais, a pressão arterial sistólica nos membros inferiores pode exceder em 20 mmHg a dos membros superiores, enquanto a pressão diastólica é semelhante. Grandes diferenças podem ser vistas em regurgitações aórticas graves e pacientes com doença arterial periférica com calcificação extensa das artérias dos membros inferiores. A medida de baixos valores do índice tornozelo-braquial (< 0,9) é um forte preditor de mortalidade cardiovascular.

Resposta correta   alternativa e

81 Paciente do sexo masculino, 51 anos, hipertenso há 5 anos, em uso de enalapril 40 mg/dia, hidroclorotiazida 25 mg/dia, atenolol 100 mg/dia e anlodipino 10 mg/dia. PA (média de duas medidas) 182 × 96 mmHg, FC = 88 bpm, IMC = 28,6 kg/m², circunferência abdominal 104 cm. No exame, apresentou: quarta bulha e edema de membros inferiores +/4+. Glicemia 108 mg/dL, colesterol total 240 mg/dL, HDL 40 mg/dL e triglicerídeos 164 mg/dL, creatinina 1,0 mg/dL e potássio 4,3 mEq/L. De acordo com o caso clínico, considere as seguintes afirmativas:

I. O diagnóstico de hipertensão arterial resistente verdadeira depende da avaliação da adesão ao tratamento não medicamentoso e medicamentoso.

II. Neste paciente, estaria indicada a pesquisa de causas secundárias de hipertensão arterial e a pesquisa de apneia do sono.

III. Está indicada a adição de outra classe de anti-hipertensivo, sendo preferencial associar um alfabloqueador.

Pode-se afirmar que é(são) verdadeira(s):

a. I.

b. I e II.

c. I e III.

d. II e III.

e. I, II e III.

Comentário A hipertensão arterial resistente é definida classicamente como a falência do tratamento em diminuir a pressão arterial diastólica abaixo de 90 mmHg, e deve-se excluir a não adesão ao tratamento farmacológico e não farmacológico. O paciente deve estar em uso de três ou mais drogas, incluindo diurético. Há também o problema da inércia médica, que é a falta de atitude do clínico para buscar o melhor controle da hipertensão. Condições associadas, como a apneia do sono e a sobrecarga de volume induzida pelo consumo excessivo de sal, podem contribuir com o controle inadequado da hipertensão arterial e merecem tratamento apropriado. A espironolactona tem sido recomendada como próxima droga utilizada nesses pacientes.

Resposta correta alternativa b

82 Paciente do sexo masculino, 25 anos, está sendo avaliado em função de um aneurisma da aorta torácica ascendente. Em função de o paciente ser alto e apresentar segmentos corpóreos longos, aracnodactilia, *pectus carinatum* e subluxação do cristalino, foi submetido a testagem genética, que confirmou a presença de mutação no gene FBN1 (produto: fibrilina-1). Não há histórico familiar de tal distúrbio do tecido conectivo, nem histórico pessoal de dissecção aórtica; além disso, não há evidências de que o aneurisma venha se expandindo rapidamente nos últimos meses. Diante desses dados, pode ser considerado que a intervenção cirúrgica estará indicada caso o seu aneurisma da aorta torácica ascendente inicial tiver, pelo menos, o seguinte tamanho, em cm:

a. 3,5.
b. 4,0.
c. 5,0.
d. 6,0.
e. 6,5.

Comentário A síndrome de Marfan é um dos distúrbios de aorta torácica influenciados pela herança genética. Outros exemplos são síndrome de Ehlers-Danlos, síndrome de Turner, síndrome de Loeys-Dietz, doença da valva bicúspide e outras cardiopatias congênitas com acometimento vascular aórtico. O paciente em questão apresenta um distúrbio autossômico dominante deflagrado pela mutação no gene FBN1, que resulta em conteúdo e função anormais de elastina na parede da aorta. A consequente dilatação envolve os seios de Valsalva e a aorta ascendente. Nas diferentes síndromes, existem diferentes diâmetros-limite para a indicação de correção cirúrgica do aneurisma de aorta torácica. Na síndrome de Marfan, o diâmetro máximo tolerado é de 5 cm, embora algumas correntes indiquem intervenção quando esse diâmetro máximo ultrapassa 4,5 cm. Essa indicação cai para diâmetros > 4 cm na síndrome de Loeys-Dietz. Na ausência de síndromes genéticas causadoras de patologias aórticas, toleram-se diâmetros máximos de aorta ascendente de até 5,5 cm.

Resposta correta alternativa c

83 Paciente do sexo feminino, 72 anos, hipertensa, PA = 168 × 82 mmHg, FC = 88 bpm. Queixa-se de dispneia aos grandes esforços habituais. ECG mostra ritmo sinusal e alterações inespecíficas da repolarização ventricular. Ecocardiograma mostra aumento discreto do átrio esquerdo, ventrículo esquerdo (VE) com diâmetros normais e espessuras do septo interventricular e parede posterior do VE aumentadas. Fração de ejeção 71%. Relaxamento diastólico anormal grau I. A estratégia terapêutica anti-hipertensiva preferencial para este caso deve ser:

a. BRA + IECA.
b. IECA + diurético tiazídico.
c. IECA + antagonista de aldosterona.
d. Diurético tiazídico + betabloqueador.
e. Betabloqueador + antagonista da aldosterona.

Comentário   Segundo a "Diretriz brasileira de hipertensão", a paciente é hipertensa com estágio 2 já com hipertrofia ventricular esquerda (lesão subclínica de órgão-alvo). Nesse caso, a diretriz mostra a necessidade de iniciar uma associação de medicamentos, sugerindo uso de inibidor da enzina conversora da angiotensina ou bloqueador do receptor da angiotensina, diurético tiazídico e bloqueador dos canais de cálcio.

Resposta correta   alternativa b

84 Paciente do sexo feminino, 55 anos, em classe funcional II, apresenta, ao exame físico, um ventrículo direito palpável, estando a segunda bulha com desdobramento fixo e com o componente pulmonar aumentado. Um sopro sistólico de intensidade 2/6+ é auscultado em foco pulmonar. Diante deste quadro clínico, o diagnóstico deve ser:

a. Persistência do canal arterial com hipertensão pulmonar.
b. Persistência do canal arterial sem hipertensão pulmonar.
c. Comunicação interatrial sem hipertensão pulmonar.
d. Comunicação interatrial com hipertensão pulmonar.
e. Hipertensão pulmonar primária.

Comentário   A comunicação interatrial (CIA) é a principal cardiopatia congênita em adultos do sexo feminino. As suas manifestações clínicas dependem, em geral, do tamanho do defeito septal e do grau de adaptação dos ventrículos a esse *shunt*. Os sintomas podem variar desde intolerância ao esforço até cianose central e periférica, quando existe *shunt* reverso e síndrome de Eisenmenger. O exame físico clássico do paciente com CIA é o achado de segunda bulha desdobrada e fixa, hiperfonese de segunda bulha e sopro ejetivo no segundo espaço intercostal esquerdo secundário ao hiperfluxo pulmonar. Esses achados estão presentes quando o paciente tem repercussão hemodinâmica pelo defeito, ou seja, hipertensão arterial pulmonar. O desdobramento fixo ocorre pelo retardo no fechamento da valva pulmonar, o que leva à somação dos componentes A2 e P2 da segunda bulha. O sopro da persistência do canal arterial é auscultado, em geral, como um sopro contínuo, também chamado sopro em maquinaria. É mais evidente em bordo esternal esquerdo alto e região infraclavicular esquerda. Quando se desenvolve hipertensão pulmonar, o mais comum é o achado de baqueteamento digital, sem grandes mudanças na ausculta cardíaca.

Resposta correta   alternativa d

85 A estenose supra-aórtica apresenta típicas manifestações clínicas. Assim, pode-se afirmar que:

a. Pode haver a ocorrência familiar e a transmissão se dá por herança autossômica dominante.
b. Na síndrome de Willians, geralmente não há comprometimento intelectual.
c. O componente aórtico da segunda bulha encontra-se diminuído.
d. A pressão arterial é maior no braço esquerdo.
e. O sopro irradia para a axila.

Comentário   A estenose supra valvar aórtica é caracterizada por uma constrição ou obstrução à passagem do fluxo aórtico após o plano valvar. Pode ser dos tipos ampulheta (o mais comum), membranoso (espécie de diafragma fibromuscular com abertura central) ou hipoplasia de aorta ascendente. A síndrome de Williams é uma doença autossômica dominante com consequente ocorrência familiar. Esses pacientes têm coexistência do defeito cardíaco (estenose supra-aórtica) e graus variados de distúrbio multissistêmico, que incluem estreitamento de artérias sistêmicas periféricas, problemas gastrointestinais, retardo do desenvolvimento, hiperacusia, retardo intelectual, estrabismo e anormalidades do desenvolvimento dentário. Em alguns casos, a síndrome não é característica, com os pacientes apresentando estenose subaórtica e estenose periférica de artéria pulmonar. Quando a síndrome de Williams não se manifesta, a estenose supravalvar aórtica pode ser confundida com estenose valvar aórtica. O sopro é evidente e tem irradiação para fúrcula e carótidas, o *ictus* é *tardus*, as pressões em membros superiores e inferiores são simétricas. Pode-se notar, entretanto, uma hiperfonese do componente aórtico da segunda bulha por conta do aumento nas pressões da aorta proximal.

Resposta correta   alternativa a

86 **A transposição dos grandes vasos (TGVB) é uma das mais letais cardiopatias congênitas, se não tratada adequadamente. Na presença desta cardiopatia, pode-se afirmar que a(o):**

a. Peso de nascimento geralmente é menor que o normal.

b. Uso de prostaglandina não afeta a saturação arterial no neonato.

c. Cirurgia de Rastelli é utilizada quando ocorrem comunicação interventricular (CIV) e estenose pulmonar associada.

d. Regurgitação aórtica ocorre apenas na fase inicial de pós-operatório de cirurgia de correção no plano arterial (cirurgia de Jatene).

e. Expectativa de longo prazo (20 a 30 anos) da cirurgia de correção no plano atrial é de baixa incidência de complicações graves.

Comentário   A transposição dos grandes vasos da base é uma doença comum e potencialmente letal. Consiste na origem da aorta no ventrículo morfologicamente direito e da artéria pulmonar no ventrículo morfologicamente esquerdo, levando a duas circulações em paralelo. O peso e o tamanho ao nascer são normais ou até maiores que o normal. Por conta do padrão de circulação fetal, não há prejuízo ao feto. Se não há *shunt* entre as circulações, a cianose ocorre de forma grave, devendo-se utilizar prostaglandina E para a manutenção da patência do canal arterial, melhorando a saturação de oxigênio periférica. A cirurgia de correção pode ser feita nos planos atriais e arteriais. Na cirurgia de correção no plano arterial (cirurgia de Jatene), os troncos arteriais são seccionados e reanastomosados na raiz contralateral além do reimplante das artérias coronárias. Uma das potenciais complicações de longo prazo é a insuficiência da valva aórtica. A cirurgia de correção no plano atrial (cirurgia de Mustard ou Senning) promove baixa expectativa de vida, pois pode ocorrer morte súbita relacionada especialmente à disfunção do ventrículo morfologicamente direito que continua como o ventrículo sistêmico. A cirurgia de Rastelli é realizada quando existe uma associação da transposição com estenose da via de saída do ventrículo direito e comunicação interventricular.

Resposta correta   alternativa c

87 A cirurgia de Fontan é indicada quando a correção biventricular não é possível de ser realizada. Dentre as complicações de longo prazo, pode-se afirmar que a:

a. Grande dilatação do átrio direito está associada à fibrilação e ao *flutter* atrial.

b. Enteropatia perdedora de proteína é causada pela ligadura acidental do ducto torácico.

c. Disfunção ventricular ocorre somente nos casos com ventrículos morfologicamente esquerdos.

d. Incidência de tromboembolismo é a mesma encontrada em outras cirurgias para cardiopatias congênitas.

e. Grande elevação das transaminases é comum e ocorre por congestão hepática, tendo importância clínica frequentemente.

Comentário   A cirurgia de Fontan constitui um procedimento paliativo que redireciona o retorno venoso sistêmico diretamente para as artérias pulmonares, sem passar pelo ventrículo subpulmonar. Ela é normalmente utilizada em patologias com atresia tricúspide, hipoplasia do ventrículo esquerdo, dupla via de entrada ventricular e isomerismo. Os pacientes submetidos ao procedimento podem ter complicações em longo prazo. Entre elas, as arritmias atriais como fibrilação e *flutter* são as mais frequentes, chegando a 15 a 20% em 5 anos. Elas são causadas por aumento do átrio direito, múltiplas linhas de suturas e aumento da pressão intra-atrial. A enteropatia perdedora de proteínas ocorre em 4 a 13% dos pacientes e está relacionada à elevação da pressão venosa sistêmica com linfangiectasia intestinal. Disfunção ventricular pode ocorrer, mas é mais comum em ventrículos morfologicamente direitos. A incidência de tromboembolismo é elevada e está relacionada à presença de arritmias supraventriculares, dilatação atrial e material prostético utilizado na cirurgia. A elevação discreta das transaminases é frequente, mas raramente tem importância clínica.

Resposta correta   alternativa a

168 PROVAS PARA OBTENÇÃO DO TÍTULO DE ESPECIALISTA EM CARDIOLOGIA | 2012-2014

88 Paciente do sexo feminino, 43 anos, com estenose mitral reumática e ritmo de fibrilação atrial crônica, evolui com quadro clínico caracterizado por início súbito de dor excruciante em ambos os membros inferiores (MMII), associada a fraqueza e parestesias locais. Ao exame físico, os MMII encontram-se frios e pálidos, com padrão de *livedo reticularis* e cianose distal. Os exames laboratoriais revelam hipercalemia, acidose metabólica, azotemia e mioglobinúria. Em razão de evolução com dor abdominal intensa, a paciente é submetida a uma aortografia, que confirma a presença de oclusão aórtica aguda por um "êmbolo em sela" na bifurcação aortoilíaca. A melhor opção terapêutica inicial para o caso desta paciente deve ser:

a. Aortotomia transabdominal direta.
b. Embolectomia com cateter Fogarty por acesso transfemoral.
c. Angioplastia transluminal percutânea com implante de *stent* local.
d. Trombólise imediata com TNK com tempo porta-agulha < 90 minutos.
e. Anticoagulação plena com heparina de baixo peso molecular subcutânea.

Comentário A paciente em questão tem uma cardiopatia emboligênica e apresentou um quadro de tromboembolismo agudo para membros inferiores na bifurcação aortoilíaca, grave, com sinais de isquemia, demonstrado por sintomas e alterações laboratoriais, necessitando de uma terapia de reperfusão. As opções incluem trombólise intra-arterial, embolectomia mecânica percutânea e cirurgia de trombectomia. O tratamento de escolha em pacientes que mantêm o membro viável é a embolectomia mecânica por meio do cateter de Fogarty, sendo que a trombólise química é indicada para quem tem alto risco na intervenção. A cirurgia não é mais uma opção inicial, podendo ser realizada em casos de falha das outras terapias.

Resposta correta alternativa b

89 Paciente do sexo masculino, 55 anos, com doença aterosclerótica generalizada, está sendo preparado para correção cirúrgica de aneurisma infectado da aorta abdominal, cuja etiologia foi suspeitada em razão de rápida progressão da dilatação aneurismática associada com febre e calafrios, além de leucocitose e aumento da VHS. As hemoculturas realizadas permitiram isolar uma bactéria que se associa às maiores velocidades de expansão de aneurismas infectados, gerando os maiores riscos de rotura local e morte. Diante deste quadro, pode-se afirmar tratar-se de:

a. *Salmonella* sp.
b. *Bacteroides fragilis.*
c. *Neisseria gonorrhoeae.*
d. *Staphylococcus aureus.*
e. *Streptococcus pneumoniae.*

Comentário   Aneurismas de aorta infectados são raros, compreendendo cerca de 1% dos aneurismas que vão para cirurgia. A infecção provoca aumento na incidência de ruptura e mortalidade que excede 50%. A causa mais comum de infecção é por disseminação direta de micro-organismos circulantes nas placas ateroscleróticas ou lesões na parede arterial, podendo ocorrer ainda focos de infecção contígua ou embolização séptica de endocardites. Os micro-organismos mais frequentemente encontrados são as *Salmonella* sp. e o *Staphylococcus aureus*, podendo ainda ser encontrados *Escherichia coli*, *Streptococcus* sp., *Neisseria* sp., outros bacilos Gram-negativos e fungos. As infecções por *Salmonella* sp., no entanto, têm uma maior tendência a expansão mais rápida, com ruptura precoce e morte.

Resposta correta   alternativa a

90 Após retornar da realização de angiotomografia de tórax, que confirmou a presença de dissecção aguda da aorta Stanford A com coleção líquida no pericárdio, um paciente previamente hipertenso encontra-se com níveis pressóricos reduzidos, havendo a presença da tríade de Beck e de pulso arterial paradoxal. Como o paciente se encontra relativamente estável do ponto de vista hemodinâmico, não existindo sinais de choque obstrutivo, a conduta imediata mais adequada para o caso em questão deve ser:

a. Solicitar eco transesofágico para confirmar dissecção.
b. Expansão volêmica com cristaloide e uso de dobutamina.
c. Confirmar o tamponamento cardíaco com ecocardiograma.
d. Proceder pericardiocentese para normalização dos níveis pressóricos.
e. Encaminhar o mais rápido possível para o centro cirúrgico para correção.

Comentário   A dissecção de aorta constitui uma emergência médica. Pode ser dividida pela classificação de Stanford em tipo A, que se origina na aorta ascendente, e em tipo B, no qual o início ocorre na aorta ascendente. Na dissecção tipo A, como no caso descrito, uma das complicações possíveis é o tamponamento cardíaco, que ocorre em 19% dos casos. Clinicamente, o tamponamento se demonstra com a tríade de Beck (hipofonese de bulhas, hipotensão arterial e turgência jugular) e o pulso paradoxal. Neste caso, a única alternativa para esse paciente é encaminhá-lo o mais rápido possível ao centro cirúrgico para alívio do tamponamento e correção da dissecção. A pericardiocentese é comumente considerada nesses casos, mas o aumento da pressão intra-aórtica que se segue à pericardiocentese pode levar à reabertura do local de ruptura da dissecção, levando a risco de novo sangramento importante com tamponamento fatal.

Resposta correta   alternativa e

91 Paciente do sexo masculino, 68 anos, com câncer de pulmão, em tratamento nos últimos 4 meses, evolui com dispneia intensa. Apesar de a semiologia apresentada ser mais sugestiva de quadro de pneumonia comunitária (diagnóstico mais provável no caso), o paciente é submetido a protocolo de investigação para tromboembolismo pulmonar (TEP). Não existem sinais ou sintomas atuais de trombose venosa profunda (TVP), nem há histórico pregresso de TVP, embolia pulmonar, imobilização ou cirurgia nas últimas 4 semanas. Ao exame físico, o paciente se encontra taquicárdico, febril 38ºC e com níveis pressóricos normais, apresentando ainda tosse com escarros hemoptoicos. A dosagem de D-dímero revelou um resultado normal. Diante desses dados, a conduta apropriada deve ser:

a.   Afastar a presença de TVP através da realização de Doppler de MMII.
b.   Iniciar tratamento de TEP com heparina de baixo peso molecular SC.
c.   Não prosseguir na investigação diagnóstica e no tratamento de TEP.
d.   Indicar o implante de filtro de veia cava inferior.
e.   Solicitar tomografia computadorizada de tórax.

Comentário   Não há indícios clínicos de trombose venosa profunda (TVP) ou tromboembolismo pulmonar (TEP); logo, não há lógica para o tratamento de TEP (alternativa a) ou para o implante de filtro de veia cava inferior (alternativa d). O quadro é sugestivo de pneumonia comunitária. O D-dímero, quando normal, possui elevado valor preditivo-negativo para exclusão tanto de TVP como para TEP.

Resposta correta   alternativa c

92 A avaliação diagnóstica de um paciente com quadro de dispneia e instabilidade hemodinâmica revelou, entre outras alterações, as seguintes anormalidades: eletrocardiograma – taquicardia sinusal, eixo QRS desviado para a direita e padrão S1Q3T3; radiografia de tórax – presença de oligoemia focal; níveis séricos de BNP e troponina I elevados. Esse conjunto de dados aponta no sentido do seguinte diagnóstico:

a. Embolia pulmonar.
b. Miocárdio não compactado.
c. Cardiomiopatia de estresse (takotsubo).
d. Hipertensão arterial pulmonar primária.
e. Infarto do miocárdio do ventrículo direito.

Comentário   O quadro clínico é clássico de tromboembolismo pulmonar. Níveis séricos elevados de peptídeo natriurético tipo B (BNP) e troponina I estão relacionados à gravidade e ao prognóstico nos casos de embolia pulmonar. Instabilidade hemodinâmica e dispneia, além de apresentar oligoemia focal à radiografia, sugerem fortemente a embolia pulmonar. Miocárdio não compactado pode apresentar quadro de insuficiência cardíaca progressiva, sendo que o diagnóstico é realizado por ecocardiograma e/ou ressonância magnética. Infarto do ventrículo direito está habitualmente associado a infarto de parede inferior. Além de o paciente não apresentar quadro de dor torácica, as alterações eletrocardiográficas esperadas seriam supradesnível do segmento ST nas derivações direitas (V3R, V4R). A miocardiopatia de estresse também está associada a quadro sugestivo de infarto agudo do miocárdio com alterações transitórias da contratilidade ventricular diagnosticadas por ecocardiograma. Hipertensão arterial pulmonar primária cursa com quadro progressivo de dispneia e aumento da onda R em V1.

Resposta correta   alternativa a

93 Paciente do sexo feminino, 32 anos, em acompanhamento pelo serviço de reumatologia de um hospital universitário em função de esclerodermia (variante CREST), foi encaminhado para o ambulatório de cardiologia com o objetivo de avaliar início de tratamento da hipertensão arterial pulmonar que apresenta. Após avaliação especializada, é indicado bloqueador de receptor de endotelina, devendo ser prescrito o seguinte fármaco:

a. Sildenafil.
b. Bosentan.
c. Beraprost.
d. Treprostinil.
e. Rivaroxaban.

Comentário A esclerodermia é caracterizada por ser uma doença oclusiva microvascular com vasoespasmo e proliferação da camada íntima associada a padrões variados de fibrose cutânea e parenquimatosa, podendo cursar com hipertensão arterial pulmonar (HAP). A HAP é a principal causa de óbito nesses pacientes. Entre os fármacos mencionados, o único bloqueador de receptor da endotelina é a bosentana. Beraprosta é um análogo sintético da prostaciclina, também utilizada em pacientes com HAP. Treprostinila é um análogo da prostacilina e sua utilização deve ser intravenosa ou por via subcutânea contínua, pois ainda não é adequada para utilização ambulatorial. Sildenafila não é bloqueador do receptor de endotelina, mas, sim, inibidor da enzima fosfodiesterase tipo V. Rivaroxabana é um antitrombótico, inibidor do fator Xa.

Resposta correta alternativa b

94 São considerados sinais maiores dos critérios de Jones para o diagnóstico de febre reumática:

a. Cardite, artrite e eritema *marginatum*.
b. Cardite, artrite e intervalo PR prolongado.
c. Artrite, febre e prolongamento do intervalo PR.
d. ASO elevada, artrite e intervalo PR prolongado.
e. Eritema *marginatum*, VHS e PCR elevados e cordite.

Comentário Febre, prolongamento do intervalo PR, velocidade de hemossedimentação e proteína C-reativa elevados são todos critérios menores. A única alternativa que reúne três critérios maiores é a a, isto é, cardite, artrite e eritema *marginatum*.

Resposta correta   alternativa a

95 Paciente do sexo feminino, 18 anos, com história de febre reumática e comprometimento cardíaco aos 10 anos. Não há evidência de novo surto até então. É assintomática e apresenta, no exame clínico, sopro sistólico no foco mitral ++/6. Realizou ecocardiograma, que mostrou leve espessamento dos folhetos da valva mitral e insuficiência mitral leve. Neste caso, a profilaxia secundária com penicilina benzatina deve ter duração:

a. Até 40 anos.
b. Por toda a vida, já que tem lesão cardíaca residual.
c. Até 18 anos ou 10 anos após o último surto, o que for maior.
d. Até 25 anos ou 10 anos após o último surto, o que for maior.
e. Até 21 anos ou 10 anos após o último surto, o que for maior.

Comentário   Em um paciente que teve cardite assintomática aos 10 anos, permanecendo com refluxo mitral discreto, a profilaxia deve durar até os 25 anos de idade ou 10 anos após o último surto. Se a lesão residual valvar fosse moderada ou grave, a profilaxia deveria ser até os 40 anos ou por toda a vida. Se tivesse sido submetida a cirurgia valvar, por toda a vida. A outra opção seria não ter tido cardite, dessa forma, a profilaxia seria até 21 anos ou 5 anos após o último surto.

Resposta correta   alternativa d

96 Paciente do sexo masculino, 60 anos, foi internado com quadro clínico sugestivo de endocardite infecciosa. O ecocardiograma realizado mostrou a presença de imagem de vegetação na valva mitral e insuficiência mitral de moderada a grave. Há relato de diagnóstico de neoplasia intestinal. Neste caso, o agente etiológico mais provável é:

a. *Candida albicans.*
b. *Streptococcus bovis.*
c. *Staphylococcus aureus.*
d. *Streptococcus pneumoniae.*
e. *Staphylococcus epidermidis.*

174 PROVAS PARA OBTENÇÃO DO TÍTULO DE ESPECIALISTA EM CARDIOLOGIA | 2012-2014

Comentário Apesar de o *Staphylococcus aureus* ser um dos principais agentes causadores da endocardite, o *Streptococcus bovis* (parte da flora normal do trato gastrointestinal), é responsável por 20 a 40% dos episódios de endocardite por *Streptococcus* em valvas nativas, estando frequentemente associado a neoplasias malignas ou pólipos no cólon, como o caso relatado na questão. *Staphylococcus epidermidis* estão relacionados à infecção em próteses valvares e são uma importante causa de endocardites nosocomiais. São responsáveis por 8 a 10% dos casos de infecção em valvas nativas, geralmente em pacientes com valvopatia preexistente. *Streptococcus pneumoniae* é responsável por somente 1 a 3% dos casos de endocardite em valvas nativas, acometendo frequentemente a valva aórtica. Endocardite por fungos (*Candida albicans*) habitualmente está relacionada a cirurgia valvar prévia, uso prolongado de antibióticos, pacientes viciados em drogas injetáveis, presença de cateteres intravasculares e pacientes imunodeprimidos.

Resposta correta alternativa b

97 Paciente do sexo feminino, 28 anos, no final do segundo trimestre gestacional, apresenta quadro de descompensação cardíaca de difícil controle em uso de diurético e betabloqueador cardiosseletivo, além das medidas não farmacológicas. Portadora de estenose mitral reumática com área valvar de 0,9 cm² ao ecocardiograma, com regurgitação valvar discreta. Diante desse contexto, a melhor conduta a ser considerada deve ser:

a. Associar inibidor da ECA, digital e espironolactona ao esquema.
b. Associar hidralazina e alfametildopa ao esquema.
c. Realizar valvoplastia mitral percutânea por balão.
d. Realizar plastia cirúrgica da valva mitral.
e. Realizar troca valvar mitral.

Comentário A paciente se encontra no sexto mês de gestação, já medicada com diurético e betabloqueador cardiosseletivo, com diagnóstico ecocardiográfico de estenose mitral grave e incompetência discreta. Apesar de não haver a descrição do escore ecocardiográfico, a valvoplastia percutânea é a melhor opção para aliviar os sintomas de maneira rápida, provavelmente permitindo que a gestação seja concluída. As vantagens da valvoplastia percutânea sobre a cirurgia é que dispensa drogas anestésicas, abrevia o tempo de recuperação e evita os possíveis efeitos adversos da toracotomia e da circulação extracorpórea, não acrescentando danos ao feto. Os inibidores da enzima conversora da angiotensina e a espironolactona são contraindicados em qualquer fase da gestação, por serem teratogênicos. A associação de hidralazina e alfametildopa não tem indicação, por não se tratar de hipertensão durante a gestação.

Resposta correta   alternativa c

---

98 Diante de uma hipótese diagnóstica de cardiomiopatia periparto iniciada há 15 dias em puérpera, objetivando comprovar a indicação de tratamento imunossupressor na paciente, o cardiologista deve indicar o seguinte procedimento diagnóstico:

a. Holter de 24 horas com análise espectral.
b. Ressonância magnética do miocárdio.
c. Cintilografia miocárdica com Tc^{99m}.
d. Angiotomografia cardíaca.
e. Biópsia endomiocárdica.

Comentário   A miocardiopatia periparto é uma forma de miocardiopatia dilatada, diagnosticada no último mês de gestação até as primeiras 5 semanas após o parto. A incidência de miocardite como fator causal é bastante variável, sendo que o tratamento com imunossupressores é indicado em pacientes com diagnóstico comprovado. Holter de 24 horas, cintilografia com tecnécio e angiotomografia não detectam miocardite. Apesar de a indicação da biópsia endomiocárdica ser controversa, ela é seguida em centros com experiência como melhor ferramenta para diagnóstico etiológico.

Resposta correta   alternativa e

---

99 Acerca do impacto da gestação sobre as cardiopatias estruturais, incluindo particularidades do tratamento, pode-se afirmar que:

a. Em paciente com prótese mecânica, existem muitas e sólidas evidências para manter a anticoagulação com enoxaparina durante toda a gestação.
b. O uso de varfarina se associa a possível ocorrência de malformações fetais, sendo maior o risco de tal ocorrência quando o fármaco é mantido no segundo trimestre de gestação.

c. O momento de maior risco de ocorrência de edema agudo de pulmão é o puerpério imediato, pois a autotransfusão de sangue continua a ocorrer até 24 a 72 horas pós-parto.

d. As doenças valvares estenóticas de cavidades esquerdas são melhor toleradas pela gestante do que as regurgitações valvares, dada a expansão volêmica encontrada na gestação.

e. O parto por via vaginal é a exceção na maioria das pacientes cardiopatas; o parto cesáreo representa uma melhor opção, em razão dos menores volumes de sangramento observados.

Comentário   No pós-parto, a descompressão da aorta e da veia cava promove aumento de 30 a 50% do volume sanguíneo na circulação materna, o que pode instabilizar hemodinamicamente a gestante cardiopata, levando a maior risco de edema agudo de pulmão. O planejamento do parto segue as regras obstétricas habituais e, desse modo, o parto vaginal é o mais apropriado em pacientes cardiopatas sem complicações. O uso de varfarina se associa à ocorrência de malformações fetais, sobretudo no primeiro trimestre de gestação. Apesar de não haver consenso, a recomendação é de que, quando necessária, a anticoagulação na gestação deve ser iniciada com heparina até a 14ª semana, para depois ser substituída pela varfarina oral até a 35ª semana. Dessa forma, quando houver planejamento do parto, essa deve ser substituída preferencialmente por heparina não fracionada, por conta do menor risco de hematoma durante a realização de procedimentos anestésicos peridurais ou raqui. As lesões regurgitantes são melhor toleradas que as lesões estenóticas durante a gestação.

Resposta correta   alternativa c

100 Paciente do sexo feminino, 20 anos, é admitida no pronto-socorro de um hospital geral de nível terciário devido a dispneia intensa, mesmo em repouso, acompanhada de tosse com secreção rosácea. Ela desconhece comorbidades prévias e está na 30ª semana de gestação. No exame físico do aparelho cardiovascular, observa-se PA = 140 × 90 mmHg, FC = 104 bpm e FR = 36 irpm, primeira bulha hiperfonética com presença de estalido de abertura, e sopro diastólico de baixa frequência, no foco mitral, com média intensidade. Diante deste caso clínico, o tratamento farmacológico de primeira escolha deve ser:

a. Nitroprussiato de sódio.
b. Hidralazina.
c. Metoprolol.
d. Metildopa.
e. Captopril.

Comentário   A questão trata de uma paciente gestante, com diagnóstico de estenose mitral pela semiologia apresentada, que se apresenta com quadro de descompensação cardiovascular, taquicárdica e hipertensa. O fármaco melhor indicado nessa situação é o metoprolol, para diminuição da frequência cardíaca e da pressão arterial, aumentando o tempo de enchimento diastólico e diminuindo os gradientes transvalvares, resultando em melhora significativa dos sintomas maternos sem efeitos consideráveis sobre o feto. O captopril é contraindicado na gestação. A hidralazina e o nitroprusseto de sódio, apesar de poderem ser utilizados na gestação, nessa situação, isoladamente, seriam deletérios por aumentarem ainda mais a frequência cardíaca da paciente. Não há indicação para metildopa nesse caso.

Resposta correta   alternativa c

101 Em um paciente com dissecção aguda da aorta, a melhor estratégia farmacológica para o controle da pressão arterial é:

a. Esmolol isoladamente.
b. Propranolol associado com captopril.
c. Nitroprussiato de sódio isoladamente.
d. Nitroglicerina associada com labetalol.
e. Esmolol associado com nitroprussiato de sódio.

Comentário   A preocupação no controle da pressão na dissecção aguda da aorta é sempre conseguir baixar a pressão e não causar um estímulo adrenérgico reflexo. Com o uso de betabloqueador, consegue-se diminuir a dp/dt com consequente diminuição da velocidade de crescimento do aneurisma. A associação de nitroprusseto com esmolol permite potência vasodilatadora combinada com benefício betabloqueador, com fármacos tituláveis, o que facilita o manuseio clínico. As outras opções não têm esse benefício combinado.

Resposta correta   alternativa e

102 Com base na "II diretriz brasileira de insuficiência cardíaca" e no sumário de atualização da "II diretriz brasileira de insuficiência cardíaca aguda", de 2009/2011, é correto afirmar que:

a. A síndrome cardiorrenal tipo I é definida pelo aumento da creatinina sérica ≥ 0,3 mg/dL ou por sua elevação 50% superior ao valor admissional.
b. A insuficiência cardíaca aguda é definida como início rápido ou mudança clínica dos sinais e sintomas, e ocorre sempre em pacientes com doença cardíaca prexistente.
c. Em um paciente com dispneia na sala de emergência, um valor de BNP (peptídeo natriurético cerebral) > 100 pg/mL torna o diagnóstico de insuficiência cardíaca aguda muito provável.
d. No ecocardiograma com Doppler do fluxo diastólico mitral, a presença de relação E/A (ondas E e A do fluxo mitral) < 1,5 e o tempo de desaceleração (TD) ≥ 150 milissegundos indicam padrão restritivo com pressões de enchimento elevados.
e. Pequenas elevações das troponinas T e I (0,01 a 0,1 mg/dL) são frequentes em pacientes cardiopatas e carecem de importância prognóstica; apenas níveis séricos das troponinas I e T > 0,1 mg/dL têm relação com pior prognóstico em longo prazo.

Comentário   A insuficiência cardíaca aguda pode acontecer também em pessoas sem cardiopatia preexistente. Peptídeo natriurético tipo B (BNP) > 100 pg/mL acontece em várias situações clínicas agudas e esse dado não é específico para diagnóstico de insuficiência cardíaca aguda. Os critérios ecocardiográficos citados não são compatíveis com padrão de enchimento ventricular restritivo, quando o tempo de desaceleração da onda E é < 150 ms e a relação E/A, > 2. Aumentos leves da troponina são de fato comuns nas miocardiopatias, mas mesmo pequenos aumentos têm importância prognóstica. Aumento > 0,3 mg/dL da creatinina ou creatinina > 50% do nível quando da admissão hospitalar caracteriza a síndrome cardiorenal.

Resposta correta   alternativa a

103 Paciente do sexo masculino, 70 anos, com insuficiência cardíaca e fração de ejeção reduzida, é internado com descompensação clínica aguda devido ao uso irregular das medicações. Queixa-se de dispneia intensa, mesmo em repouso, ortopneia, dispneia paroxística noturna e tosse seca. Ao tentar se levantar rápido, tem lipotimia. No exame físico, observa-se PA = 80 × 50 mmHg, FC = 110 bpm, FR = 25 irpm, terceira bulha, estertores crepitantes em ambas as bases pulmonares, edema de membros inferiores e extremidades frias e pálidas. Diante disso, é correto afirmar que:

a. Os betabloqueadores e os inibidores da ECA devem ser suspensos nesse paciente; deve-se considerar o uso de inotrópicos e/ou suporte mecânico.

b. Nos pacientes em ventilação espontânea, a redução da pressão venosa central em mais de 10 mmHg com a expiração profunda é um forte preditor de hipovolemia intravascular.

c. A nitroglicerina, isoladamente ou em associação com a hidralazina, pode ser utilizada nesse paciente para reduzir o retorno venoso e, consequentemente, a pré-carga do ventrículo direito.

d. A furosemida deve ser feita preferencialmente em infusão contínua, em doses de 20 mg/h, pois promove maior diurese e natriurese quando comparada com a administração em doses intermitentes "em *bolus*".

e. O nesiritide é um análogo do peptídeo natriurético tipo B e está indicado, pois estimula a diurese, promove vasodilatação e foi associado com menor risco de morte cardiovascular nos estudos com insuficiência cardíaca aguda.

Comentário   O paciente se encontra em baixo débito com descompensação aguda da insuficiência cardíaca. A queda da pressão venosa central na inspiração profunda não é critério de hipovolemia nessa situação. O uso de vasodilatadores potentes é contraindicado por conta da presença de hipotensão grave. A furosemida pode ser usada em infusão contínua de até 10 mg/h. Os estudos com neseritide não comprovaram diminuição da mortalidade nesse tipo de paciente. A suspensão de betabloqueadores e inibidores da enzima conversora de angiotensina se faz necessária até a estabilização do quadro clínico, assim como o pronto início de suporte inotrópico é indicado por conta da presença de choque cardiogênico.

Resposta correta   alternativa a

104 Paciente do sexo feminino, 48 anos, hipertensa e tabagista, procura a emergência de um hospital geral devido a angina típica, iniciada há cerca de 2 horas após discussão com o marido. Ela não tem sintomas associados nem outras comorbidades e faz uso regular de losartana 100 mg/dia. O exame físico é normal, a PA = 150 × 90 mmHg, FC = 88 bpm e FR = 14 irpm. O eletrocardiograma de admissão e a primeira dosagem de marcadores de necrose miocárdica são normais. Após a administração de nitrato e ácido acetilsalicílico (AAS), a paciente fica assintomática. A melhor conduta terapêutica, para esta paciente, deve ser:

a. Internar imediatamente em uma unidade coronariana, iniciar clopidogrel, tirofibana, enoxaparina e sinvastatina; betabloqueadores estão contraindicados devido ao tabagismo.

b. Administrar estreptoquinase ou alteplase, internar em unidade coronariana e, após 24 horas, administrar clopidogrel, enoxaparina, metoprolol e captopril.

c. Dar alta e encaminhá-la para seguimento ambulatorial; manter o AAS e o nitrato até a próxima consulta com seu cardiologista.

d. Realizar a estratégia invasiva precoce, com coronariografia e angioplastia das lesões culpadas em até 24 horas da admissão.

e. Manter em observação, realizar a curva enzimática e iniciar clopidogrel, enoxaparina, sinvastatina e metoprolol.

Comentário   Apesar de se caracterizar como síndrome coronariana aguda, não há critérios de alto risco. Como a dor aliviou rápido e o eletrocardiograma e a primeira dosagem dos marcadores foram normais, ainda não há necessidade de unidade coronariana de terapia intensiva. Utilização de trombolítico não é indicada, já que não se trata de infarto agudo do miocárdio com supradesnível do segmento ST. Dar alta sem uma segunda amostra de marcadores seria precipitado. A estratégia invasiva precoce, nesse caso, não tem indicação. A paciente deve ficar em observação e complementa-se o tratamento inicial com clopidogrel, estatina, heparina e metoprolol.

Resposta correta   alternativa e

105 Em um pequeno município da Amazônia, há um único hospital geral. A cidade mais próxima fica a 2 horas de helicóptero, considerado o meio de transporte mais rápido disponível. Paciente do sexo masculino, 50 anos, é atendido com infarto agudo do miocárdio com supradesnivelamento do segmento ST de parede inferior. O tempo entre o início da dor e a chegada ao hospital é de 30 minutos. O paciente está em Killip 1 e sem arritmias ventriculares malignas. Ele desconhece comorbidades e não faz uso de medicação regular. O hospital dispõe de unidade coronariana e tem capacidade de realizar trombólise em até 30 minutos. Todavia, não tem serviço de hemodinâmica. A melhor opção de tratamento, para o caso deste paciente, deve ser:

a. Administrar trombolítico e manter o paciente internado em observação na unidade coronariana.
b. Administrar trombolítico e encaminhar o paciente para um hospital a fim de realizar angioplastia de resgate.
c. Transportar imediatamente o paciente de helicóptero para um hospital capaz de realizar angioplastia primária.
d. Administrar prasugrel, enoxaparina, tirofiban, atorvastatina e metoprolol; se houver estabilização clínica, transferir para outro hospital a fim de realizar coronariografia.
e. Iniciar ácido acetilsalicílico e nitrato. Se houver melhora completa da dor, poderá receber alta e continuar o acompanhamento cardiológico ambulatorialmente.

Comentário   Na síndrome coronariana aguda com supradesnível do segmento ST, deve-se pensar em transporte para angioplastia percutânea primária apenas se o tempo entre o início dos sintomas e o procedimento não exceder 90 minutos. Depois desse tempo, o benefício não está comprovado. Logo, se o paciente está em local com condições de fazer trombólise intravenosa, essa é a alternativa mais correta para preservar o miocárdio e a função cardíaca. Se o paciente permanecer estável, a continuação do tratamento pode ser programada então.

Resposta correta   alternativa a

106 Afetar especialmente mulheres em fase pós-menopausa, de forma aguda, após estresse emocional, simulando uma síndrome coronariana aguda e que apresenta comprometimento da motilidade das porções apicais do ventrículo esquerdo são características da:

a. Cardiomiopatia arritmogênica ventricular.
b. Cardiomiopatia hipertrófica.

c. Síndrome de Takayassu.
d. Síndrome de Takotsubo.
e. Estenose aórtica.

Comentário   As características citadas no caso são bastante específicas para a síndrome de Takotsubo, que afeta mais as mulheres pós-menopausa, desencadeada por estresse com características de infarto, com discreta alteração dos marcadores de necrose. Acredita-se que sua fisiopatologia se deva ou por espasmo de microcirculação ou por lesão direta mediada por catecolaminas. As artérias coronárias são normais e o ventrículo esquerdo apresenta uma deformação em aspecto de moringa ou halter. Depois de 2 semanas, há uma recuperação completa da função ventricular. As alternativas têm quadro clínico bastante diverso desse.

Resposta correta   alternativa d

107 Dentre as manifestações clínicas que podem ocorrer na história natural dos pacientes com miocárdio não compactado, pode-se citar:

a. Angina do peito; fenômenos tromboembólicos; fibrilação atrial.
b. Prolapso da valva mitral; fibrilação atrial; fenômenos tromboembólicos.
c. Angina do peito; fibrilação atrial; insuficiência cardíaca por disfunção sistólica e/ou diastólica.
d. Insuficiência cardíaca por disfunção sistólica e/ou diastólica; prolapso da valva mitral; angina do peito.
e. Insuficiência cardíaca por disfunção sistólica e/ou diastólica; arritmias cardíacas; fenômenos tromboembólicos.

Comentário   A síndrome do coração não compactado se caracteriza por aumento das trabeculações intracavitárias e dos espaços intratrabeculares do ventrículo esquerdo. É uma doença genética autossômica dominante, cujo quadro clínico é de insuficiência cardíaca sistólica e diastólica, fenômenos tromboembólicos e arritmias. Prolapso da valva mitral e quadro de angina do peito não fazem parte dos achados do miocárdio não compactado.

Resposta correta   alternativa e

108 Paciente do sexo masculino, 55 anos, com cardiomiopatia dilatada, é admitido na emergência com quadro de palpitações. Faz uso de carvedilol 12,5 mg 12/12 h, enalapril 10 mg 12/12 h e espironolactona 25 mg 1×/dia. Ao exame físico, observa-se que o paciente se encontra taquicárdico, taquipneico PA = 90 × 60 mmHg. Ritmo cardíaco regular. Ausculta pulmonar com crepitações bibasais. ECG revela taquicardia ventricular sustentada. Realizada cardioversão elétrica com sucesso para reversão ao ritmo sinusal. Diante deste quadro clínico, a melhor conduta a ser tomada deve ser o(a):

a. Início de ivabradina.
b. Aumento do enalapril.
c. Implante de desfibrilador.
d. Indicação de propafenona.
e. Troca do carvedilol pelo sotalol.

Comentário   O uso de ivabradina tem como objetivo baixar a frequência cardíaca, o que nesse paciente não traria benefício. O aumento da dose de enalapril não preveniria a arritmia. A propafenona é um antiarrítmico que não deve ser usado em caso de disfunção sistólica do ventrículo esquerdo. Trocar carvedilol por sotalol também não é indicado. No paciente portador de miocardiopatia com taquicardia ventricular sustentada, o melhor tratamento é o implante de cardiodesfibrilador.

Resposta correta   alternativa c

109 O desempenho cardíaco alterado na insuficiência cardíaca determina respostas fisiológicas do organismo que produzem efeitos adaptativos progressivos. Com relação a essas respostas fisiológicas e seus respectivos efeitos, é correto afirmar que:

a. Os aumentos da fração de ejeção ventricular e da frequência cardíaca mediados pela estimulação simpática são efeitos que aparecem em longo prazo.
b. A vasoconstrição mantém uma pressão arterial suficiente para a perfusão dos órgãos vitais.
c. A densidade dos receptores beta-1-adrenérgicos do miocárdio está aumentada.
d. O aumento de colágeno não promove aumento do enrijecimento miocárdico.
e. A retenção de sal e água causa somente congestão pulmonar.

Comentário A estimulação simpática excessiva em longo prazo induz à piora da função ventricular e ocorre uma progressiva diminuição dos receptores beta-1-adrenérgicos. O colágeno colabora com o enrijecimento miocárdico. A retenção de sódio promove congestão pulmonar e de outros órgãos, além de edema periférico. A vasoconstrição é responsável pela manutenção da perfusão dos órgãos e tecidos.

Resposta correta   alternativa b

110 Em relação à doença de Chagas, pode-se afirmar que:

a. Na fase crônica, as alterações cardíacas incluem formação de aneurisma apical, dilatação das quatro câmaras e baixo índice de formação de trombo intracavitário.
b. Na fase crônica, a manifestação da falência ventricular direita é predominante, com sintomas de edema pulmonar, fadiga e ascite.
c. Alterações contráteis regionais sugerem outras etiologias e não são vistas na cardiomiopatia chagásica.
d. A morte súbita é a principal causa de morte nestes pacientes.
e. O bloqueio de ramo esquerdo é o achado mais característico.

Comentário   Na fase crônica, além das manifestações de insuficiência cardíaca, observa-se um alto índice de formação de trombo intracavitário. Edema pulmonar não é manifestação de insuficiência cardíaca direita. Alterações da contratilidade regional, como aneurisma apical em dedo de luva e predomínio da hipocinesia em parede inferior, são achados comuns. O bloqueio de ramo esquerdo, apesar de frequente, não difere daquele achado em outras miocardiopatias. A morte súbita é a complicação mais temida e a causa mais comum de óbito nesses pacientes.

Resposta correta   alternativa d

111 Em relação aos achados cardíacos e sistêmicos na avaliação de um paciente com insuficiência cardíaca (IC), pode-se afirmar que:

a. A presença de arritmias ventriculares no Holter é incomum.
b. A cardiomegalia é um achado específico e muito frequente em pacientes com IC.

c. A IC grave, de longa duração, pode levar à anorexia como consequência da congestão intestinal e da hipoperfusão mesentérica.
d. A respiração de Cheyne-Stokes está tipicamente associada a sintomas avançados, sendo observada em até 50% dos pacientes com IC.
e. A regurgitação funcional da valva mitral ou tricúspide, secundária à dilatação ventricular e do anel valvar, pode comumente levar a sopros diastólicos.

Comentário   Anorexia, perda de peso e desnutrição proteica são achados comuns na insuficiência cardíaca avançada, relacionadas às alterações neuro-hormonais e à liberação de citocinas inflamatórias. Edema intestinal, ascite e congestão hepática podem contribuir para a saciedade precoce em pacientes com insuficiência ventricular direita (IVD). Redução da sobrecarga hídrica, tratamento da apneia do sono, quando presente, entre outras medidas podem reduzir a pressão arterial pulmonar e reverter parte da inapetência. Os beta-bloqueadores e os inibidores da enzima de conversão da angiotensina ajudam no combate da caquexia cardíaca por reduzirem as alterações neuro-hormonais características da IC. Aproximadamente metade dos pacientes com IC morrerá subitamente, a maioria por arritmias ventriculares. A monitorização por Holter frequentemente identifica tais arritmias, classificando-as quanto às suas frequência e complexidade e associando sua presença a eventuais sintomas descritos. Em pacientes com IC e fração de ejeção reduzida, a cardiomegalia frequentemente está presente; entretanto, um número substancial dos pacientes desenvolve a IC com fração de ejeção preservada. Uma dica para identificar esse subgrupo de pacientes é a presença de sinais e sintomas de IC na ausência de cardiomegalia. A cardiomegalia pode estar presente em inúmeras cardiopatias, mesmo na ausência de IC e, portanto, não é um achado específico. Pacientes com fração de ejeção < 40% comumente apresentam distúrbios respiratórios associados ao sono. Aproximadamente 40% deles possuem apneia do sono central, comumente definida como respiração de Cheyne-Stokes. A regurgitação funcional da valva mitral ou tricúspide acontece com frequência nos pacientes com dilatações ventriculares associadas às miocardiopatias, em especial em seus estados mais avançados. Os sopros decorrentes dessas alterações estruturais, por serem relacionados à regurgitação valvar, são primariamente sistólicos e não diastólicos.

Resposta correta   alternativa c

112 Em pacientes com insuficiência cardíaca, a melhor alternativa ao uso de inibidores da enzima conversora de angiotensina é a combinação de:

a. Nitrato e hidralazina.
b. Digoxina e hidralazina.
c. Nitrato e diurético tiazídico.
d. Digoxina e espironolactona.
e. Digoxina e diurético tiazídico.

Comentário No tratamento da insuficiência cardíaca (IC), os nitratos reduzem a hipertensão pulmonar e os sintomas congestivos. Os efeitos da terapia vasodilatadora no tratamento da IC foram mostrados no estudo V-HeFT I, quando a associação de nitratos com hidralazina (N-H) reduziu a mortalidade em 34% em comparação com alfabloqueador ou placebo. Contudo, o estudo V-HeFT II mostrou a superioridade do enalapril (redução de 28% da mortalidade) comparada com a associação N-H. O estudo A-HefT, por sua vez, demonstrou que a associação padrão N-H em afro-americanos resultou na redução de desfechos clínicos maiores. Em pacientes intolerantes ou com contraindicações aos inibidores da enzima conversora da angiotensina (IECA) e bloqueadores dos receptores da angiotensina (BRA), a associação de N-H torna-se atrativa no controle de sintomas e na redução de eventos cardiovasculares. A digoxina aumenta a contratilidade cardíaca, elevando também o tônus vagal, o que contrabalança a hiperatividade adrenérgica peculiar da IC. É empregada no tratamento da IC, em especial em pacientes que permaneçam sintomáticos a despeito de doses adequadas de diuréticos, betabloqueadores e IECA ou BRA. O estudo DIG (6.880 pacientes, fração de ejeção < 45% e classes funcionais II a IV da New York Heart Association) mostrou redução de hospitalizações, porém não foi observada redução da mortalidade no grupo tratado. Sua associação com hidralazina isoladamente não foi adequadamente testada. No tratamento da IC, os nitratos reduzem a hipertensão pulmonar e os sintomas congestivos. As evidências sobre os reais benefícios de seu uso isolado são fracas. Os tiazídicos podem ser utilizados em pacientes com retenção hídrica persistente em associação com diuréticos de alça, com base no princípio de bloqueio sequencial do nefro (o sódio reabsorvido em determinada porção do nefro é novamente eliminado pela ação de um segundo diurético com mecanismo de ação diferente, em outro sítio tubular). Embora seja possível associar os dois medicamentos no tratamento da IC, isso não é feito especificamente como alternativa ao uso de IECA. Na

IC, mesmo diante do uso de IECA, os níveis de aldosterona permanecem elevados. A espironolactona, um inibidor da sua produção, tem se mostrado fundamental no tratamento de pacientes com IC de classes funcionais III a IV e frações de ejeção (FE) reduzidas (< 35%), reduzindo a morbimortalidade, o que foi demonstrado para esse subgrupo no estudo Rales. O recente estudo Topcat estudou seu uso em pacientes com IC e FE preservada, tendo demonstrado apenas redução no índice de hospitalizações por IC.

Resposta correta   alternativa a

113 Sobre o diagnóstico de insuficiência cardíaca (IC), é correto afirmar que:

a. Os distúrbios do ritmo, como fibrilação atrial, são incomuns.
b. Um BNP > 100 pg/mL define a dispneia como de etiologia cardíaca.
c. Dispneia, edema pulmonar, fadiga e caquexia são sintomas considerados menores para o diagnóstico de IC.
d. Eletrocardiograma normal tem alto valor preditivo-negativo, uma vez que é achado incomum em pacientes com disfunção sistólica.
e. Em pacientes com IC crônica, os sinais de congestão venosa sempre estão presentes na radiografia de tórax, mesmo com pressões de enchimento baixas.

Comentário   O eletrocardiograma pode fornecer informações úteis para diagnóstico, etiologia, prognóstico e tratamento da insuficiência cardíaca (IC). Um eletrocardiograma normal tem um valor preditivo-negativo superior a 90% para excluir disfunção sistólica e torna o diagnóstico de IC improvável. Fibrilação atrial e sobrecarga atrial e/ou ventricular esquerdas são achados eletrocardiográficos comuns em pacientes com IC. Bloqueio de ramo esquerdo e zona inativa em parede anterior, por outro lado, são bons preditores de disfunção sistólica. O eletrocardiograma é ainda fundamental para o diagnóstico de bradiarritmias e taquiarritmias (principalmente fibrilação ou *flutter* atrial), que podem ser causa ou fator precipitante de IC. Etiologia isquêmica pode ser suspeitada pela presença de zonas inativas, enquanto bloqueio de ramo direito, isolado ou associado a bloqueio divisional anterossuperior esquerdo, sugere fortemente o diagnóstico de cardiopatia chagásica em pacientes com epidemiologia positiva. A largura do QRS é um importante fator prognóstico independente e ajuda a identificar candidatos à terapêutica de ressincronização. Arritmia ventricular complexa e dispersão de QT aumentada podem estar associadas a maior risco de morte súbita, embora seu valor prognóstico independente seja considerado controverso.

Arritmias ventriculares e supraventriculares são comuns em pacientes com IC, independentemente da etiologia. O risco relativo de ter fibrilação atrial (FA) aumenta seis vezes diante de disfunção ventricular. No Framingham Heart Study, 2.326 homens e 2.866 mulheres foram acompanhados por 24 anos. Em pacientes com IC, o risco de apresentar fibrilação atrial crônica em 2 anos foi de 8,5% para homens, 13,7% para mulheres e os valores para episódios paroxísticos foram 8,2 e 20,4%, respectivamente.

O peptídeo natriurético tipo B (BNP) está elevado em pacientes com IC, exercendo papel vasodilatador ao natriurético, e reduzindo os efeitos deletérios da ativação neuro-hormonal dessa síndrome. Um estudo avaliando pacientes com dispneia aguda na sala de emergência demonstrou que níveis > 100 pg/mL são 90% sensíveis e 76% específicos para identificar uma etiologia cardíaca. Um nível > 400 pg/mL, entretanto, definiu a causa cardíaca como provável.

Para o diagnóstico de IC pelos critérios de Framingham, a presença simultânea de pelo menos dois critérios maiores, ou um critério maior em conjunto com dois critérios menores, é necessária. Dispneia paroxística noturna, turgência jugular, crepitações pulmonares, cardiomegalia (à radiografia de tórax), edema agudo de pulmão, terceira bulha (galope), aumento da pressão venosa central (> 16 cmH$_2$O no átrio direito), refluxo hepatojugular e perda de peso > 4,5 kg em 5 dias em resposta ao tratamento são critérios maiores. Enquanto edema de tornozelos bilateral, tosse noturna, dispneia a esforços ordinários, hepatomegalia, derrame pleural, diminuição da capacidade funcional em um terço da máxima registrada previamente e taquicardia (frequência cardíaca > 120 bpm) são critérios menores.

Cardiomegalia (índice cardiotorácico > 0,5) e sinais de congestão pulmonar (redistribuição vascular para os ápices, edema intersticial e/ou alveolar e derrame pleural) são marcadores úteis de disfunção ventricular e/ou elevação das pressões de enchimentos; no entanto, IC pode ocorrer sem cardiomegalia, principalmente em pacientes com IC aguda ou com função sistólica preservada. A relação entre as alterações radiológicas e os dados hemodinâmicos depende não só da gravidade da disfunção cardíaca, mas também da sua duração. Em pacientes com IC crônica, os sinais de congestão venosa podem estar ausentes, mesmo na presença de pressões de enchimento elevadas. Por outro lado, os sinais radiológicos de congestão podem persistir mesmo quando as alterações hemodinâmicas já foram otimizadas com o tratamento. A etiologia da IC pode ser sugerida pela análise da forma da silhueta cardíaca ou pela presença de calcificação em topografia valvar ou de pericárdio. Radiografia de tórax pode ainda identificar a presença de doença pulmonar, responsável pelos sintomas.

Resposta correta   alternativa d

114 **Paciente do sexo masculino, 72 anos, negro, cursando com dispneia aos pequenos esforços e tosse. Ao exame físico, apresenta estertores crepitantes nas bases, B4; PA = 180 $\times$ 110 mmHg; FC = 112 bpm. Eletrocardiograma apresenta taquicardia sinusal e sinais de hipertrofia ventricular esquerda. Radiografia de tórax tem índice cardiotorácico no limite superior da normalidade e aumento dos hilos pulmonares. Ecocardiograma: presença de aumento atrial esquerdo, hipertrofia ventricular esquerda concêntrica e fração de ejeção = 72%. Com base neste quadro clínico, pode-se afirmar que, inicialmente:**

a. Os achados sugerem insuficiência cardíaca com disfunção sistólica.
b. Betabloqueadores e diuréticos de alça são os fármacos preferenciais.
c. A combinação de nitrato e digoxina é a prescrição de escolha.
d. Deve-se tratar com espironolactona e diurético tiazídico.
e. A prescrição deve incluir digoxina e amiodarona.

Comentário   Nenhum tratamento tem se mostrado comprovadamente eficaz na redução da morbimortalidade da insuficiência cardíaca (IC) com fração de ejeção (FE) preservada. O manuseio clínico desses pacientes tem sido especialmente baseado na recomendação de especialistas e apresenta três componentes principais:

- controle da congestão pulmonar e sistêmica pode ser alcançado com restrição de sódio e limitação da ingestão hídrica, utilizando diuréticos e nitratos; e pela modulação neuro-hormonal de forma cautelosa;
- rigoroso controle das comorbidades, como hipertensão, diabete, disfunção renal e arritmias;
- evitar taquicardia e bradicardia excessivas, manter ou restaurar o ritmo sinusal sempre que possível e controlar a resposta ventricular das arritmias supraventriculares.

Embora a fração de ejeção ventricular seja considerada uma medida insensível da função sistólica, ela tem sido amplamente utilizada como parâmetro para análise da função cardíaca na prática clínica. O ecocardiograma tridimensional e a ressonância magnética têm sido considerados padrão-ouro na análise da função ventricular. Caracteristicamente, pacientes com insuficiência cardíaca e disfunção sistólica têm FE do ventrículo esquerdo < 50%. A divisão clássica da IC (com FE preservada ou com FE reduzida) tem sido questionada por diversos autores, que argumentam que se trata de uma mesma doença com diferentes fenótipos de apresentação. E, entretanto, existem muitos argumentos demográficos, epidemiológicos, estruturais, cardíacos e baseados no tipo de resposta terapêutica que corroboram a hipótese de que são duas entidades distintas. O diagnóstico continua a ser feito na presença de sinais e sintomas de IC, FE do ventrículo esquerdo ≥ 50%, ventrículo esquerdo não dilatado (volume telediastólico < 97 mL/m²) e evidência de pressões de enchimento do ventrículo esquerdo elevadas. O uso de tiazídicos pode ter papel coadjuvante no controle da hipertensão e em pacientes com sintomas congestivos discretos. O uso de nitratos nesses pacientes pode ajudar a controlar os sintomas congestivos e a isquemia miocárdica, se presente. O uso de digoxina em pacientes com FE preservada e ritmo sinusal não encontra respaldo científico, entretanto, se taquiarritmias supraventriculares estiverem presentes e, em especial, houver necessidade de controle da resposta ventricular em pacientes com fibrilação atrial, ela pode se tornar uma opção atrativa, principalmente na falha de resposta ao uso de betabloqueadores.

O bloqueio da aldosterona já demonstrou benefícios no tratamento da IC com disfunção sistólica e pós-infarto agudo do miocárdio. O recente estudo Topcat analisou seu uso em pacientes com IC e FE preservada. Tratou-se de um estudo multicêntrico internacional que randomizou pacientes para espironolactona (15, 30 ou 45 mg/dia) e placebo. Foram considerados para inclusão pacientes com idade > 50 anos, portadores de IC sintomática (estratificados por internação no último ano ou peptídeo natriurético tipo B (BNP) > 100 pg/mL ou pró-BNP > 360 pg/mL) e FE > 45%, tendo demonstrado apenas redução no índice de hospitalizações por IC. O uso de amiodarona dever ser reservado para pacientes portadores de arritmias supraventriculares ou ventriculares, ou quando há dificuldades para controle da resposta ventricular em pacientes com fibrilação atrial já utilizando betabloqueadores e digitálicos.

Resposta correta   alternativa b

115 Paciente do sexo masculino, 75 anos, com cardiopatia isquêmica, procurou uma sala de emergência por dispneia intensa. Ao exame físico, apresentava cianose labial e de extremidades, turgência jugular, taquipneia com sibilos e crepitações difusas em ambos os pulmões, taquicardia com ritmo cardíaco regular, B3, sem sopros e *ictus* cardíaco palpável e desviado para a esquerda. PA = 160 × 94 mmHg e FC = 114 bpm. Diante deste quadro, é correto afirmar que:

a. Está indicado o uso de diuréticos por via oral.
b. Dobutamina intravenosa deve ser iniciada precocemente.
c. Vasodilatadores intravenosos devem ser inicialmente administrados.
d. O uso de betabloqueadores por via intravenosa é a escolha ideal devido à taquicardia.
e. Ventilação não invasiva com pressão positiva intermitente diminui a mortalidade e a necessidade de intubação traqueal.

Comentário Em pacientes hospitalizados por exacerbação de insuficiência cardíaca (IC), recomenda-se a continuidade do tratamento estabelecido previamente, desde que baseado nas recomendações das diretrizes, exceto frente a contraindicações. Diante de sobrecarga volêmica e congestão pulmonar significativa, o uso de diuréticos de alça intravenosos deve ser priorizado com a intenção de redução de sintomas, visando redução de morbidade. Em pacientes que já venham recebendo diuréticos previamente, a dose intravenosa inicial deve ser igual ou superior à previamente estabelecida, podendo ser aplicada em *bolus* intermitentes ou de forma contínua, sem diferenças expressivas entra ambas as estratégias. As doses devem ser ajustadas de acordo com a resposta clínica e a diurese efetiva, a fim de controlar a sobrecarga hídrica sem propiciar hipotensão excessiva ou disfunção renal. Se a resposta diurética for inadequada, deve-se aumentar as doses ou associar outro diurético ao esquema inicial. Doses baixas de dobutamina podem ser associadas, com o intuito de melhorar a perfusão renal e a diurese, em casos selecionados. Diante de disfunção sistólica e instabilidade hemodinâmica, desde que não haja hipotensão acentuada, a dobutamina pode auxiliar na compensação clínica, embora a segurança da estratégia não tenha sido comprovada nos estudos clínicos. O início dos betabloqueadores deve ser feito após compensação clínica inicial, controle da sobrecarga hídrica e, preferencialmente, após a descontinuação de inotrópicos e conversão das doses venosas de diuréticos para uso oral. Inicialmente, as doses de betabloqueadores devem ser baixas com incremento progressivo e com cuidados especiais em pacientes que tenham feito uso de terapia inotrópica durante a hospitalização. Os pacientes com IC aguda de início recente se encontram euvolêmicos e, a partir da ativação neuro-hormonal, há redistribuição de fluxo para território venocapilar pulmonar. A hipertensão venosa pulmonar leva ao extravasamento de fluido, o que promove diminuição do volume arterial efetivo e vasoconstrição acentuada, gerando um ciclo vicioso com hipertensão arterial e hipoperfusão esplâncnica, diferente dos pacientes com IC crônica agudizada, em que se tem hipervolemia pulmonar e sistêmica. Portanto, a condição clínico-hemodinâmica quente e congesta dos pacientes com IC aguda, de início recente, não exige tanto estímulo diurético, mas mais vasodilatadores do que os com IC crônica agudizada, em que a prioridade, além dos vasodilatadores, é o uso em larga escala de diuréticos. Isso proporcionará redução da dispneia e melhora imediata da capacidade funcional, limitando o dano cardíaco e renal. Os diuréticos e vasodilatadores são baseados no tratamento desse grupo de pacientes. Quanto à estabilização ventilatória, pode ser necessário desde o uso de máscaras de oxigênio, passando por ventilação não invasiva, até intubação orotraqueal. A hipóxia tecidual promove um aumento adicional da demanda por oxigênio em virtude do maior trabalho da musculatura respiratória na tentativa de compensação. Assim, a utilização de oxigênio suplementar, aliada ao tratamento da condição de base, torna-se primordial para impedir essa evolução e a ventilação não invasiva melhora a morbidade, acelerando a compensação sem demonstrar, entretanto, redução da mortalidade.

Resposta correta   alternativa c

116 Em relação ao uso de betabloqueadores na insuficiência cardíaca aguda, pode-se afirmar que:

a. Betabloqueadores devem ser indicados somente após a alta hospitalar para evitar baixo débito e piora clínica.

b. Os betabloqueadores ideais para esses pacientes são atenolol, carvedilol, bisoprolol e tartarato de metroprolol.

c. Em todos os pacientes com insuficiência cardíaca aguda, é contraindicado o uso de betabloquedores.

d. Em pacientes em uso crônico de betabloqueador que não apresentam sinais de baixo débito, seu uso deve ser mantido.

e. Em pacientes que não fazem uso de betabloqueador e ainda apresentam sinais de congestão, apesar de o tratamento clássico já ter sido instituído com diuréticos e vasodilatadores, o fármaco deve ser tentado.

Comentário   Os betabloqueadores aumentam a sobrevida e reduzem os riscos de progressão da doença nos pacientes portadores de insuficiência cardíaca (IC) crônica. De maneira geral, pode-se dividir os pacientes com IC aguda em duas populações: aqueles que não fazem uso dessa medicação e aqueles que já estão em uso de betabloqueadores. No primeiro grupo, passada a fase aguda da descompensação – normalmente, após 4 dias –, com estabilização clínica e resolução da congestão pulmonar e sistêmica (euvolemia), deve-se reiniciar o uso de inibidor da enzima da angiotensina/bloqueador do receptor da angiotensina e de diurético por via oral. Esses medicamentos devem ser iniciados em pequenas doses com incremento progressivo e com resultados bastante promissores. Nesse caso, o betabloqueador pode ser iniciado 2 a 3 dias antes da alta hospitalar e a progressão da dose é feita em nível ambulatorial, com retorno em curto período de tempo (5 a 7 dias) para uma nova revisão clínica e incremento da dose. Para os pacientes com IC aguda e que, apesar do tratamento iniciado, ainda persistam sintomáticos e congestos, o início de betabloqueadores deve ser postergado. No segundo grupo, já em uso de betabloqueadores e admitidos com descompensação, o cenário é mais complexo e extremamente controverso também. Nesse caso, a classificação do perfil hemodinâmico do paciente será muito importante. Sabe-se que o "perfil quente e congesto" é a forma mais comum de apresentação em até 67% dos casos. Nesses, a conduta deve ser a manutenção da dose habitual do betabloqueador sempre, enquanto as demais medidas de controle da congestão devem ser iniciadas. No subgrupo com sinais de baixo débito ("frio"), os pacientes apresentam uma contraindicação relacionada à retirada do betabloqueador, mas a conduta deve ser individualizada, podendo ser considerada uma redução a 50% da dose já em uso pré-hospitalização. Nos casos mais graves, em que a utilização de inotrópicos se torna mandatória, a retirada completa e provisória desses fármacos deve ser considerada. É importante lembrar que, nesses casos, sempre que possível, isto é, após estabilização, deve-se reiniciar o betabloqueador e aumentar a dose, segundo tolerabilidade do paciente e considerando-se a dose que usava previamente.

Resposta correta   alternativa d

117 O envolvimento cardiovascular pela amiloidose apresenta quatro formas de manifestações clínicas principais. A alternativa que contém uma destas formas é:

a. Hipertensão pulmonar.
b. Hipertensão arterial sistêmica.
c. Estenose aórtica não reumática.
d. Envolvimento da parede livre do ventrículo direito.
e. Insuficiência cardíaca congestiva relacionada a disfunção diastólica.

Comentário   A amiloidose sistêmica envolve um conjunto de desordens patológicas que são resultantes da deposição extracelular de substância amiloide (proteínas fibrilares insolúveis) em órgão e tecidos. A forma mais comum de apresentação é a amiloidose primária (AL), uma vez que está associada à discrasia de células plasmocitárias na presença ou ausência de mieloma múltiplo. O envolvimento cardíaco ocorre em 50% dos casos de amiloidose AL e está mais comumente associado à miocardiopatia restritiva com disfunção diastólica. Nesses casos, os sinais e sintomas de insuficiência ventricular direita predominam. Nas fases finais da doença, excepcionalmente, pode haver evolução para quadros de insuficiência cardíaca com disfunção sistólica associada e dilatação ventricular. Pode haver hipotensão ortostática de grau variável em 10% dos pacientes, em função da disautonomia comum nessa doença. Um subgrupo de pacientes poderá apresentar distúrbios de condução, de graus variáveis, e arritmias supraventriculares, especialmente fibrilação atrial. Os achados ecocardiográficos podem incluir aumento de paredes, mimetizando hipertrofia associada à hiperefringência granular (salpicado brilhante), representativa da infiltração amiloide tecidual. A despeito do espessamento das paredes, o eletrocardiograma tende a apresentar baixa voltagem, distúrbios de condução e padrões de pseudoinfarto. A estenose valvar aórtica, a hipertensão arterial sistêmica e o comprometimento da parede livre do ventrículo direito não são achados comuns nessa entidade quando isolada. A hipertensão pulmonar é uma complicação rara da amiloidose e, dessa forma, é um sinal de doença avançada e com uma baixa taxa de sobrevida. Esse diagnóstico deve ser considerado nos pacientes que apresentam dispneia sem causa identificada ou sobrecarga de volume com função ventricular esquerda normal.

Resposta correta   alternativa e

118 O lúpus eritematoso sistêmico (LES) é uma doença autoimune e, em sua fase de atividade, pode-se afirmar que:

QUESTÕES COMENTADAS | PROVA DE 2013   195

a.   O acometimento valvar ocorre em mais de 50% dos casos.
b.   A taquicardia sinusal pode indicar pericardite.
c.   A miocardite é manifestação muito frequente.
d.   A vegetação frequentemente emboliza.
e.   A valva pulmonar é a mais acometida.

Comentário   O envolvimento endocárdico no lúpus eritematoso sistêmico (LES) é comum, especialmente em pacientes com anticorpos antifosfolipídios positivos, e é usualmente subclínico. O acometimento valvar é frequente, podendo gerar valvopatias sintomáticas em decorrência de valvulite frequente. Pode haver fusão comissural mitral com estenose, mas o espessamento generalizado dos folhetos (30 a 70%) com regurgitação mitral (30 a 50%) é mais frequente. As vegetações de Libman-Sacks têm, geralmente, menos de 10 mm de diâmetro, além de serem sésseis e arredondadas, apresentando ecogenicidade variável, e são observadas na face atrial da valva mitral mais frequentemente. A embolização das vegetações de Libman-Sacks não é comum, mas pode ocorrer. As valvas direitas são raramente acometidas. O envolvimento miocárdico (miocardiopatia/miocardite) clinicamente aparente é raro (< 10%), mas a prevalência em autópsias é mais elevada. A sua apresentação clínica varia desde situações assintomáticas e autolimitadas, até insuficiência cardíaca fulminante que pode levar à morte. O tratamento é, na maioria dos casos, apenas de suporte. A presença de um quadro de instalação rápida de insuficiência cardíaca grave, em um contexto de doença autoimune em fase ativa (diminuição do complemento sérico e título elevado de anticorpo anti-dsDNA), pode fazer com que se considere o diagnóstico de miocardite lúpica, no qual a taquicardia sinusal é manifestação esperada.

Resposta correta   alternativa a

119 Paciente do sexo feminino, 32 anos, apresentou quadro de acidente vascular encefálico há 1 mês. A tomografia computadorizada de crânio mostrou etiologia embólica. Na investigação clínica que se seguiu, foi descartada a presença de forame oval patente e evidenciadas vegetações em ambos os folhetos mitrais, além de exames laboratoriais indicarem a presença de síndrome de anticorpo antifosfolipídico. O tratamento da lesão mitral, para este caso, deve ser:

a.   Aspirina, 300 mg/dia.
b.   Troca valvar mitral imediata.

c. Cumarínico associado a corticoide 1 mg/kg/dia.
d. Aspirina 100 mg/dia associada a corticoide 2 mg/kg/dia.
e. Anticoagulação, inicialmente com heparina, seguida de cumarínico.

Comentário   A endocardite não bacteriana trombótica é uma doença incomum que consiste na presença de vegetações estéreis nos aparelhos valvares e que, geralmente, ocorre no contexto de malignidades ou doenças autoimunes, podendo ser sua apresentação inicial. A doença maligna, particularmente os adenocarcinomas, é a causa mais frequente nos estudos *post-mortem*. Os estudos "*ante-mortem*", contudo, apontam para uma preponderância das doenças autoimunes (46%), especialmente a síndrome antifosfolipídica, apresentando-se como endocardite de Libman-Sacks. A embolização das vegetações de Libman-Sacks não é comum, mas pode ocorrer. O objetivo do tratamento diante de embolização é prevenir sua recorrência, enquanto se estabelece paralelamente o tratamento da doença de base. Diante de síndrome de anticorpo antifosfolipídico (SAF) e sinais de embolia, a anticoagulação inicial com heparina, seguida de cumarinização, está aconselhada como estratégia de rotina, porém todos os portadores de SAF devem ser anticoagulados independentemente da presença ou não de acometimento valvar, em decorrência do estado de hipercoagulabilidade característico dessa patologia. Embora não haja recomendações específicas quanto a indicações e momento ideais para a abordagem cirúrgica, a existência de disfunção valvar grave ou a recorrência embólica são os critérios aceitos atualmente.

Resposta correta   alternativa e

120 Paciente do sexo masculino, 50 anos, procura atendimento de emergência por dor torácica associada a palpitações, tremores e sudorese. Referia episódios prévios semelhantes. No exame, apresentou FC = 122 bpm e a pressão arterial aferida em ambos os membros superiores, de 220 × 120 mmHg. O ECG mostrava apenas sinais de sobrecarga ventricular esquerda e a dosagem de troponina foi normal. O diagnóstico mais provável para este caso deve ser:

a. Dissecção aguda de aorta.
b. Coarctação da aorta.
c. Doença de Addison.
d. Feocromocitoma.
e. Hipotireoidismo.

Comentário Os feocromocitomas, como causa de hipertensão secundária, representam 0,1% dos casos. A maioria tem localização adrenal, 10% são bilaterais e 10%, malignos. Em 15% dos casos, a localização pode ser extra-adrenal, quando são denominados paragangliomas. Deve-se suspeitar da presença de feocromocitomas em pacientes com hipertensão paroxística, sudorese, taquicardia e histórico de perda de peso. A dor torácica aguda pode estar presente nos paroxismos hipertensivos, considerando que essa etiologia deve entrar no diagnóstico diferencial. Em 50% dos casos, sua apresentação pode ocorrer na forma de hipertensão arterial sistêmica persistente. A dosagem de metanefrinas urinárias pode confirmar o diagnóstico, embora possa ser influenciada por uso concomitante de simpatomiméticos ou dopaminérgicos. Em contrapartida, a dosagem de metanefrinas séricas é muito sensível, por mais que seja menos específica e, dessa forma, pode levar a resultados falso-positivos. O quadro de dissecção de aorta cursa com dor torácica, hipertensão e alteração de pulsos; entretanto, não está frequentemente associado com palpitações, tremores e sudorese. A coarctação da aorta (CoAo) é responsável por cerca de 5 a 8% das cardiopatias em geral, com incidência de 6 a 8% dos nascidos vivos. É conceituada como um estreitamento ou constrição, normalmente na região ístmica da aorta, entre a artéria subclávia esquerda e o ducto arterioso. Quando não tratada, pode evoluir com complicações precoces, como insuficiência cardíaca no período neonatal, ou tardias, como aneurismas, dissecções, coronariopatia e hemorragia intracraniana. Tais complicações são consequentes à hipertensão arterial, todavia, não estão associadas com palpitações, tremores e sudorese, que são elementos clássicos da apresentação do frocromocitoma. Os membros superiores apresentam pulsos simétricos e amplos, enquanto os pulsos nos membros inferiores não se encontram palpáveis ou apresentam amplitude muito reduzida. A insuficiência da glândula suprarrenal (doença de Addison) é um distúrbio raro, além de ser associado a alta taxa de morbidade e mortalidade se seu diagnóstico não é realizado e o tratamento não é iniciado rapidamente. Os sintomas de insuficiência aguda da suprarrenal incluem astenia, fraqueza muscular, náuseas, vômitos, emagrecimento, hipotensão arterial ou choque, hiperpigmentação e perturbações psiquiátricas. Um elevado índice de suspeição deve existir se o paciente apresentar hiperpigmentação, hiponatremia e/ou hipercalemia. O hipotireoidismo agudo, geralmente, decorre de tireoidectomia total, levando a redução do débito cardíaco e aumento da resistência vascular periférica, sem alterações expressivas nas pressões capilares e de enchimento ventriculares.

Resposta correta alternativa d

QUESTÕES COMENTADAS

PROVA DE
2014

1 Paciente masculino, 42 anos, com dislipidemia, apresenta dor torácica aguda com infradesnível do segmento ST em parede lateral e elevação de troponina. Submetido à cineangiocoronariografia, não havia obstruções coronárias e a ecocardiografia não apresentava alterações. Submeteu-se à ressonância magnética cardíaca para investigação da lesão miocárdica, que mostrou função sistólica biventricular preservada, com edema e realce tardio mesocárdico em segmento inferolateral basal do ventrículo esquerdo. Em relação ao caso clínico descrito, assinale a alternativa CORRETA:

a. O padrão de realce tardio é compatível com infarto, devendo-se considerar no diagnóstico diferencial trombofilias, embolia coronariana e vasoespasmo, e manter o paciente com uso de ácido acetilsalicílico, anticoagulantes e vasodilatadores.

b. O padrão de realce tardio é compatível com infarto, devendo-se considerar no diagnóstico diferencial com trombofilias, embolia coronária e vasoespasmo, e manter o paciente com uso de ácido acetilsalicílico e vasodilatadores.

c. O padrão de realce tardio é compatível com miocardite aguda, sendo a presença de realce tardio associada a pior prognóstico.

d. O padrão de realce tardio é compatível com miocardite aguda, e a presença de realce tardio não possui valor prognóstico nessa patologia.

e. O padrão de realce tardio é compatível com cardiomiopatia catecolaminérgica, sendo a presença de realce tardio associada a pior prognóstico.

Comentário As três principais técnicas de ressonância magnética cardíaca utilizadas na caracterização da lesão miocárdica em pacientes com miocardite são as sequências que caracterizam o edema miocárdico (sequências ponderadas em T2), o realce miocárdico global precoce e o realce tardio. As imagens ponderadas em T2 identificam o edema secundário como processo inflamatório pelo aumento da intensidade de sinal. Dessa forma, podem dar informações valiosas para o diagnóstico das miocardites na fase aguda. Além do edema, a atividade inflamatória também pode causar hiperemia e extravasamento no tecido miocárdico. Essas alterações podem ser identificadas nas imagens adquiridas pela técnica do realce global precoce (intensidade de sinal medida antes e após a injeção de contraste à base de gadolínio comparada com a variação da intensidade de sinal do músculo esquelético). Relações maiores que 4 entre miocárdio e músculo esquelético, em um contexto clínico apropriado, indicam alterações decorrentes de inflamação. Por fim, a técnica do realce tardio permite identificar as regiões de necrose/fibrose com um padrão de distribuição multifocal característico da miocardite sem correlação com o território coronariano, acometendo o epicárdio e/ou o mesocárdio e preservando, em geral, o subendocárdio. A precisão da ressonância magnética cardíaca para o diagnóstico de miocardite foi de 84%. A presença de fibrose miocárdica, demonstrada pela técnica do realce tardio, foi o principal preditor independente de morte (razão de risco, HR = 8,4) e de morte cardíaca (HR = 12,8), superando a fração de ejeção do ventrículo esquerdo e a classe funcional da insuficiência cardíaca pela New York Heart Association (NYHA).

Resposta correta   alternativa c

2 Em pacientes portadores de doença arterial coronariana (DAC) estável, é ERRADO afirmar que:

a. Os principais alvos da terapia com intervenção coronariana percutânea (ICP) são a redução da isquemia, o alívio da angina e a melhora da qualidade de vida.

b. Pacientes diabéticos com DAC estável constituem um grupo especial de risco, com taxa de mortalidade em 5 anos duas vezes superior àquela de pacientes não diabéticos.

c. A extensão da DAC é um dos principais preditores de prognóstico adverso em pacientes estáveis.

d. A indicação de ICP é questionável em pacientes assintomáticos e/ou com baixa carga isquêmica em provas funcionais não invasivas.

e. No estudo Syntax, em pacientes com DAC estável e comprometimento multiarterial, a cirurgia de revascularização miocárdica mostrou-se superior à ICP em reduzir mortalidade, independentemente da complexidade angiográfica avaliada pelo escore Syntax.

Comentário O estudo Syntax, no qual 1.800 pacientes com doença triarterial e tronco de coronária esquerda foram randomizados para implante de *stent taxus* ou cirurgia, foi um estudo de não inferioridade, em que o desfecho primário (morte por todas as causas, acidente vascular encefálico, infarto agudo do miocárdio e nova revascularização) foi maior no grupo de intervenção percutânea, não atingindo os critérios de não inferioridade. Nesse estudo, a cirurgia de revascularização miocárdica (CRM) foi superior à intervenção coronária percutânea (ICP) em pacientes com anatomia coronariana complexa e com escore Syntax intermediário ou elevado. Todavia, a ICP trouxe resultados semelhantes aos da CRM em pacientes com lesões de baixa complexidade.

Resposta correta alternativa e

3 Paciente masculino, 58 anos, admitido na emergência com palpitação de início súbito. Apresentava-se lúcido, normocorado, eupneico, taquicárdico e com pressão arterial de 110 × 60 mmHg. O ECG de admissão é apresentado na Figura 1. Referia história de infarto do miocárdio prévio com revascularização percutânea há 4 anos. Classe funcional II (NYHA). Após a reversão da arritmia, realizou ecocardiograma, que demonstrou fração de ejeção do ventrículo esquerdo por Simpson de 29%, com átrio esquerdo de 42 mm, e extensa área discinética anterior. A cineangiocoronariografia demonstrou *stent* pérvio em terço proximal da artéria descendente anterior sem outras lesões obstrutivas. Rotina laboratorial normal. O ECG após a reversão é apresentado na Figura 2. Quais são o diagnóstico eletrocardiográfico da arritmia e a proposta terapêutica nesse momento?

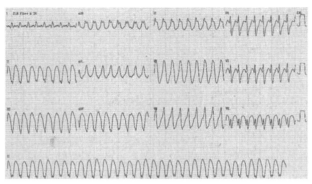

Figura 1 ECG da admissão.

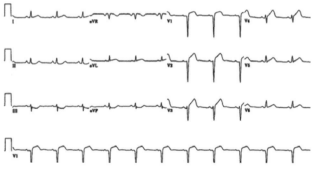

Figura 2 ECG em ritmo sinusal após reversão.

a. Taquicardia ventricular monomórfica sustentada. Indicar implante de cardioversor-desfibrilador ressincronizador.
b. Taquicardia supraventricular com aberrância. Iniciar amiodarona e, após impregnação, acompanhamento ambulatorial com Holter de 24 horas seriado.
c. Taquicardia ventricular monomórfica sustentada. Indicar aneurismectomia cirúrgica para resolução do quadro.
d. Taquicardia supraventricular com aberrância. Não iniciar droga antiarrítmica e indicar estudo eletrofisiológico para elucidação diagnóstica.
e. Taquicardia ventricular monomórfica sustentada. Indicar implante de cardioversor-desfibrilador dupla-câmara.

Comentário O primeiro eletrocardiograma apresenta uma taquicardia regular de QRS largo. Utilizando-se os critérios de Brugada e Vereckei, tem-se:

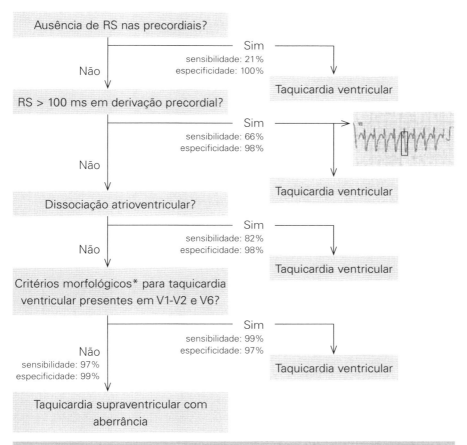

*Critérios morfológicos de Brugada		
	TV	TSV
Taquicardia com morfologia de bloqueio de ramo direito		
■ V1	R monofásico, complexos QR ou RS	QRS trifásico
■ V6	R monofásico, complexos QS ou QR, relação R/S < 1	QRS trifásico, relação R/S > 1
Taquicardia com morfologia de bloqueio de ramo esquerdo		
■ V1 ou V2	Onda R com duração > 30 ms, > 60 ms ao nadir do S ou "entalhe" a onda S	Padrão rS em V1-V2, similar ao padrão do bloqueio de ramo esquerdo
■ V6	Qr ou QS, R monofásico	Padrão R-R', similar ao bloqueio de ramo esquerdo

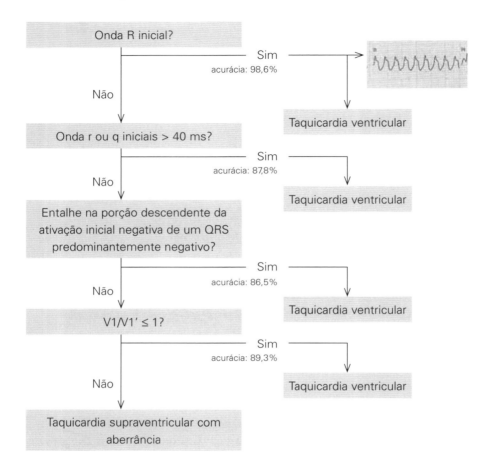

Fecha-se o diagnóstico de taquicardia ventricular no segundo critério de Brugada e no primeiro critério de Vereckei. Outra informação que corrobora o diagnóstico é o histórico de infarto prévio com sequela (área discinética e fração de ejeção reduzida em ritmo sinusal), tratando-se de um indivíduo com miocardiopatia isquêmica e, portanto, com área de fibrose, além de que serve como foco para arritmia reentrante, como é o caso da taquicardia ventricular monomórfica. Sabe-se que a arritmia é monomórfica em decorrência dos complexos QRS que apresentam a mesma morfologia em uma mesma derivação. Além disso, a Figura 2 é um eletrocardiograma (ECG) em ritmo sinusal, com eixo cardíaco normal (próximo a +30°), e oposto ao eixo da taquicardia, com zona inativa anterior e supradesnivelamento convexo do segmento ST anterior, contando com o infradesnivelamento do segmento ST na parede inferior compatível com a área de cicatriz e aneurisma pós-infarto agudo do miocárdio (IAM), a qual foi descrita no ecocardiograma como "extensa área discinética anterior". Eliminam-se, assim, as alternativas b e d.

Em relação à prevenção de morte súbita por arritmias complexas, a "Diretriz brasileira de dispositivos cardíacos eletrônicos implantáveis" recomenda cardiodesfibrilador implantável aos indivíduos com miocardiopatia isquêmica crônica (ou após pelo menos 40 dias do IAM), sem isquemia passível de tratamento intervencionista e que, mesmo sob tratamento ótimo, apresente fração de ejeção do ventrículo esquerdo (FEVE) $\leq$ 35% e classe funcional (CF) II ou III, ou ainda FEVE $\leq$ 30% e CF I, II ou III. Esse tratamento tem classe I de recomendação e nível de evidência A. Nos casos com FEVE $\leq$ 40% com taquicardia ventricular não sustentada espontânea ou indutível ao estudo eletrofisiológico, tem grau de recomendação I e nível de evidência B. O paciente em questão teve taquicardia ventricular sustentada sem repercussão hemodinâmica (lúcido, eupneico, pressão arterial 110 $\times$ 60 mmHg, com queixa apenas de palpitação), FEVE após reversão da arritmia de 29% e cineangiocoronariografia com *stent* pérvio e sem outras lesões.

Em relação à prevenção secundária, considera-se taquicardia ventricular sustentada com comprometimento hemodinâmico ou síncope de causa não reversível e FEVE $\leq$ 35% (classe I, nível de evidência A).

Nesse momento, não se indica terapia de ressincronização por se tratar de um paciente com CF II, ECG apresentando QRS estreito e, em princípio, sem necessidade de estimulação ventricular.

Aneurismectomia tem maior taxa de mortalidade cirúrgica (6 a 23%), especialmente em pacientes com FEVE reduzida e taxas de sucesso variáveis. Com relação ao implante de cardiodesfibrilador implantável sem toracotomia, a taxa de mortalidade cirúrgica é < 1%, assim como a taxa de mortalidade anual por morte súbita cardíaca. Dessa forma, aneurismectomia para controle de taquicardia ventricular não é indicada nesse caso.

Resposta correta   alternativa e

4 Primigesta, 22 anos, em curso da 20ª semana de gestação, deu entrada no pronto-socorro com edema agudo de pulmão. A pressão arterial era de 90 $\times$ 60 mmHg; a frequência cardíaca, de 116 batimentos/min, regular. Na ausculta cardíaca, primeira bulha hiperfonética, segunda bulha hiperfonética seguida de estalido protodiastólico. Qual é o diagnóstico mais provável?

a. Pré-eclâmpsia.
b. Cardiomiopatia periparto.
c. Estenose valvar mitral.
d. Pericardite constritiva.
e. Insuficiência aórtica aguda.

Comentário   A estenose mitral (EM) reumática é a valvopatia mais comum na gravidez, evoluindo com piora da classe funcional nos casos com EM moderada ou grave, podendo, inclusive, evoluir para edema agudo de pulmão (EAP). Algum grau de insuficiência mitral quase sempre está associado, porém a repercussão hemodinâmica se deve, predominantemente, à obstrução do fluxo. Além da repercussão hemodinâmica, há aumento da incidência de prematuridade, retardo do crescimento fetal e recém-nascidos de baixo peso corporal. Os achados auscultatórios típicos da EM incluem hiperfonese da primeira bulha (B1), hiperfonese da segunda bulha (B2), sopro diastólico em ruflar e estalido de abertura protodiastólico.

Com relação à alternativa a, ela está incorreta porque a pré-eclâmpsia é uma síndrome específica da gravidez que geralmente ocorre após a 20ª semana de gestação. Essa sríndrome é definida pela presença de hipertensão arterial sistêmica (pressão arterial sistólica $\geq$ 140 mmHg ou pressão arterial diastólica $\geq$ 90 mmHg) acompanhada por proteinúria (não é obrigatório) de início recente (proteinúria em 24 horas $\geq$ 300 mg). Em gestantes hipertensas e sem proteinúria, a pré-eclâmpsia pode ser identificada pela presença de sintomas (cefaleia, visão turva, dor abdominal e edema pulmonar). A gestante em questão se apresenta com EAP, porém com ausculta típica de EM.

A altenativa b, por sua vez, está incorreta pois miocardiopatia periparto é uma forma de miocardiopatia dilatada com disfunção sistólica do ventrículo esquerdo e que pode resultar em sinais e sintomas de insuficiência cardíaca. A síndrome é definida pela presença de insuficiência cardíaca no último mês de gestação ou nos 5 primeiros meses após o parto, ausência de uma causa definida para a insuficiência cardíaca e de doença cardíaca reconhecida antes do último mês de gestação, além da presença de disfunção sistólica do ventrículo esquerdo, demonstrada pelo ecocardiograma. Pode ocorrer em qualquer idade, porém é mais comum em mulheres com mais de

30 anos. Com relação à questão, pode-se descartar a possibilidade de miocardiopatia periparto, uma vez que a gestante tem < 30 anos de idade, a insuficiência cardíaca (EAP) se manifestou mais precocemente no curso da gestação (22ª semana), além de ausculta típica de estenose mitral.

A pericardite constritiva, apresentada na alternativa d, representa o estágio final de um processo inflamatório envolvendo o pericárdio e as principais etiologias se relacionam a processos infecciosos, trauma pós-cirúrgico ou radiação. A tuberculose é a causa mais comum em países em desenvolvimento. A função sistólica do ventrículo esquerdo normalmente é preservada. Considerando-se que os sinais e sintomas predominantes são os de insuficiência cardíaca do lado direito do coração, por isso a alternativa está incorreta.

Por fim, a alternativa e está incorreta pois a insuficiência aórtica durante a gestação pode ocorrer por conta de valva aórtica bicúspide, doença reumática, endocardite infecciosa prévia ou dilatação do anel aórtico. Em mulheres com síndrome de Marfan, as complicações cardiovasculares incluem dilatação da aorta ascendente, que podem gerar insuficiência aórtica e insuficiência cardíaca, além de dissecções proximal e distal da aorta e artérias coronárias. A gestante apresentada na questão não apresenta ausculta de insuficiência aórtica, mas de EM.

Resposta correta   alternativa c

5 Aponte a alternativa CORRETA:

a. À medida que indivíduos mais velhos e obesos prevalecem na população, a incidência de hipertensão arterial aumenta nos países em desenvolvimento, mas não nos países desenvolvidos.

b. A falta de controle na pressão arterial é observada nas diferentes comunidades, mas não nos estudos que são cuidadosamente monitorados, fato que mostra bem que a falta de controle está associada a melhor atenção médica.

c. Embora a doença hipertensiva seja multifatorial, não é difícil a identificação clínica do principal mecanismo gerador da hipertensão. Medidas como redução de peso e diminuição no consumo de sal na dieta podem controlar ou mesmo prevenir o desenvolvimento desse importante fator de risco cardiovascular.

d. Quando o diagnóstico da hipertensão arterial é feito de forma correta, o tratamento deve passar por adaptações psicológicas e socioeconômicas dos pacientes e implicará comprometimento destes para as mudanças adequadas do estilo de vida por toda sua vida.

e. Todas as alternativas estão corretas.

Comentário A prevalência de hipertensão cresce linearmente com o aumento da idade e é superior a 60% na faixa etária acima de 65 anos. O excesso de peso também se associa à maior prevalência de hipertensão, mesmo em indivíduos mais jovens. Esta relação independe de fatores socioeconômicos – inclusive, segundo a "VI diretriz brasileira de hipertensão", é difícil estabelecer a influência do nível socioeconômico na ocorrência de hipertensão – por isso a alternativa a está incorreta.

Com relação à alternativa b, a falta de controle da pressão arterial na comunidade está associada à atenção médica ruim, por isso ela está incorreta. A alternativa c, por sua vez, também está incorreta, uma vez que, justamente por ser multifatorial, é difícil definir o mecanismo deflagrador da hipertensão. Além disso, existem fatores que não são modificáveis (como gênero, etnia e idade) e, mesmo ao adotar mudanças no estilo de vida, pode ser necessário associar tratamento farmacológico.

Por fim, a alternativa d está correta porque fatores psicossociais, econômicos, educacionais e estresse emocional podem gerar barreiras para a adesão a mudanças no estilo de vida, além de serem desencadeantes e perpetuadores de hipertensão. Portanto, devem ser abordados e fazer parte do tratamento adequado.

Resposta correta alternativa d

6 No teste ergométrico, são considerados parâmetros de prognóstico adverso na doença coronariana multivascular, EXCETO:

a. Interrupção do exame por angina com menos de 5 MET.
b. Queda sustentada da pressão arterial sistólica $\geq$ 10 mmHg ou abaixo dos níveis de repouso.
c. Depressão do segmento ST $\geq$ 2 mm, observada com carga < 5 MET.
d. Taquicardia ventricular sustentada.
e. Supradesnivelamento do segmento ST em aVR.

Comentário A alternativa e está correta pois, em teste ergométrico, os parâmetros associados a prognóstico adverso em doença arterial coronariana e doença coronariana multiarterial incluem angina de peito à baixa carga de trabalho de exercício ou duração do exercício sintoma-limitado < 5 MET e incapacidade de aumentar a pressão arterial sistólica ≥ 120 mmHg, ou queda sustentada ≥ 10 mmHg, ou abaixo dos níveis de repouso, durante o exercício progressivo. Além disso, depressão (descendente) do segmento ST ≥ 2 mm com < 5 MET, envolvendo cinco ou mais derivações, persistindo ≥ 5 minutos na fase de recuperação, taquicardia ventricular sustentada (> 30 s) ou sintomática reprodutível e elevação do segmento ST induzida por esforço (excluindo aVR) também são observadas.

Resposta correta   alternativa e

7 Em relação à terapêutica farmacológica da insuficiência cardíaca, assinale a alternativa ERRADA:

a. Os inibidores da enzima conversora da angiotensina melhoram a sobrevida dos pacientes com insuficiência cardíaca com resultados superiores aos da combinação de hidralazina e nitratos.

b. A espironolactona é eficaz na redução da mortalidade em pacientes com insuficiência cardíaca em classe funcional III-IV e fração de ejeção de ventrículo esquerdo (FEVE) < 35%.

c. A ivabradina associada à terapêutica otimizada reduz o risco combinado de morte cardiovascular e internação por insuficiência cardíaca com FEVE < 35%, ritmo sinusal e FC > 70 bpm.

d. Os bloqueadores dos receptores da angiotensina II apresentam benefícios comparáveis aos inibidores da enzima de conversão da angiotensina nos pacientes com insuficiência cardíaca crônica com FEVE reduzida.

e. A redução da mortalidade global e cardiovascular por carvedilol e tartarato de metoprolol foi semelhante.

Comentário   A comparação feita pelo estudo Comet a respeito do uso de carvedilol, 25 mg, e tartarato de metoprolol (curta duração), 50 mg, duas vezes ao dia, como doses-alvo, demonstrou maior benefício na redução de mortalidade com carvedilol.

Resposta correta   alternativa e

8 Paciente de 50 anos com diagnóstico de esclerodermia há 10 anos apresenta-se, atualmente, com disfunção importante do ventrículo direito. Qual é a causa mais provável dessa alteração?

a. Displasia arritmogênica do ventrículo direito.
b. Arterite difusa da coronária direita.
c. Endomiocardiofibrose.
d. Hipertensão pulmonar.
e. Pericardite constritiva.

Comentário   Entre as doenças do tecido conjuntivo, a esclerodermia é a causa mais comum de hipertensão pulmonar (HP). Quase um terço dos pacientes com esclerodermia apresenta HP, fator que deve ser pesquisado ativamente com ecocardiograma transtorácico. A HP pode ocorrer por obstrução da microvasculatura pulmonar, inflamação e fibrose intersticial, entretanto alguns não apresentam doença pulmonar intersticial, somente características histológicas da vasculatura pulmonar semelhantes a portadores de HP primária. O sintoma inicial mais comum é a dispneia. Síncope, pré-síncope ou edema periférico representam HP avançada e insuficiência cardíaca direita. Os achados físicos em casos avançados incluem turgência jugular, segunda bulha hiperfonética, quarta bulha de ventrículo direito, sopro sistólico de insuficiência tricúspide e hipoxemia. A doença pulmonar intersticial coexistente pode não ser identificável por meio de tomografia computadorizada de tórax, nem por função pulmonar; porém a capacidade de difusão de monóxido de carbono reduzida representa a presença de doença vascular pulmonar nesses casos. O prognóstico dos pacientes que desenvolvem HP é ruim. A terapia com digital, diuréticos, anticoagulação e oxigênio para os hipoxêmicos parece fornecer benefício semelhante aos pacientes com HP primária na sobrevida.

Resposta correta   alternativa d

9 São características auscultatórias da estenose mitral:

a. Fibrilação atrial, sopro sistólico em ruflar e hiperfonese de primeira bulha.
b. Hiperfonese de primeira bulha com estalido de abertura mitral, sopro diastólico em ruflar com reforço pré-sistólico e segunda bulha hiperfonética (componente pulmonar).
c. Sopro diastólico aspirativo, reforço pré-diastólico e hiperfonese de primeira bulha (componente mitral).
d. Sopro sistodiastólico com desdobramento fixo da segunda bulha e hipofonese de bulhas.

QUESTÕES COMENTADAS | PROVA DE 2014   211

e. Sopro sistólico ejetivo irradiado para a axila com hiperfonese de segunda bulha.

Comentário   A hiperfonese da primeira bulha (B1) se deve ao componente
mitral (M1) e ocorre quando as cúspides da valva mitral (VM) ainda são flexí-
veis, além de ser causada, em parte, pela velocidade com que a pressão ventricular esquerda aumenta após o fechamento da VM, assim como pela magnitude da excursão de fechamento de suas cúspides. A redução da amplitude de B1
é observada em estágios mais avançados da estenose mitral (EM), com extensa
calcificação ou espessamento das cúspides da VM, considerando-se que ocorre
em função da redução de sua mobilidade. O estalido de abertura (EA) da VM é
causado pela súbita tensão das cúspides após completar sua excursão de abertura e ocorre quando o movimento de "domo" dentro do ventrículo esquerdo é
subitamente interrompido. O EA é mais audível na região apical do precórdio,
geralmente acompanhado de hiperfonese acentuada de B1, e está associado
com VM menos rígida. O intervalo entre EA e componente pulmonar (P2)
(normal = 0,04 a 0,12 s) é inversamente proporcional à pressão atrial esquerda
e, portanto, um reduzido intervalo EA-B2 é um importante indicador de EM. A
hiperfonese de P2 da segunda bulha (B2) ocorre à medida que a pressão na artéria pulmonar aumenta (AP) e pode ser facilmente audível nas áreas mitral e
aórtica. À medida que a doença progride, com aumento da pressão em AP e redução da complacência na vasculatura pulmonar, o desdobramento de B2 encurta e, finalmente, pode se tornar único e acentuado. O sopro diastólico da EM
é de baixa frequência e "em ruflar", mais audível na região apical e, com o paciente em decúbito lateral esquerdo, inicia-se logo após o estalido de abertura.
Se o sopro é mais intenso, pode ser irradiado para a região axilar. A gravidade
da EM está mais relacionada com a duração do sopro do que com a intensidade. Nos casos leves, o sopro é curto e pode ser apenas pré-sistólico em pacientes
com ritmo sinusal. Já nos casos graves, o sopro é holossistólico e com acentuação pré-sistólica enquanto mantiver o ritmo sinusal.

A fibrilação atrial não se refere à ausculta cardíaca e, sim, ao ritmo cardíaco, porém pode ser fortemente sugerida pela ausculta cardíaca. Na alternativa a, apenas a hiperfonese da primeira bulha (componente M1) está correta, assim como na alternativa c, já que o sopro é diastólico "em ruflar" com reforço
pré-sistólico.

Com relação aos erros que a alternativa d apresenta, o sopro é apenas
diastólico na EM pura e hiperfonese de B1 (componente M1) e B2 (componente P2) é observada conforme a gravidade do estreitamento do orifício mitral e a

presença de hipertensão arterial pulmonar. Na EM, pode ocorrer desdobramento fixo de B2.

Como o sopro sistólico ejetivo irradiado para a axila é característico de insuficiência mitral e não estenose mitral, a alternativa e está correta: hiperfonese de B2 (componente P2) que ocorre se houver hipertensão arterial pulmonar.

Resposta correta   alternativa b

10 Paciente do sexo masculino, 60 anos, portador de estenose valvar aórtica (EAo) e hipertensão arterial sistêmica. Assintomático do ponto de vista cardiovascular. Ao exame físico, pressão arterial de 145 × 90 mmHg, ausculta cardíaca com bulhas rítmicas e sopro sistólico ejetivo aórtico melhor audível em áreas aórtica e aórtica acessória, com frêmito palpável, 4+/6+, com irradiação para carótidas. Sua avaliação ecocardiográfica mostrou calcificação significativa da valva aórtica, gradiente transvalvar máximo de 70 mmHg, gradiente médio de 42 mmHg, área valvar aórtica de 0,8 cm², fração de ejeção do ventrículo esquerdo de 43%. Em relação à indicação de tratamento mais adequado, assinale a alternativa CORRETA:

a. Paciente com EAo anatomicamente importante, devendo manter acompanhamento clínico-ecocardiográfico com reavaliações a cada 12 meses.

b. Paciente com EAo anatomicamente importante se mantém assintomático, tendo indicação de teste de esforço para avaliar a classe funcional do paciente.

c. Paciente com EAo anatomicamente importante, com indicação de estatina visando à redução dos níveis de calcificação valvar.

d. Trata-se de paciente com EAo anatomicamente importante, tratamento clínico com inibidor da ECA ou BRA, pois a presença de disfunção ventricular é decorrente da hipertensão arterial sistêmica não adequadamente controlada.

e. Trata-se de paciente com EAo anatomicamente importante, assintomático, porém com disfunção ventricular à avaliação ecocardiográfica, apresentando indicação de cirurgia da valva aórtica.

Comentário   A indicação cirúrgica da EAo é baseada, fundamentalmente, na presença de sintomas (classe I, nível de evidência B) e fatores associados considerados de pior prognóstico, assim como disfunção ventricular esquerda (fração de ejeção < 50%, classe I, nível de evidência C), teste de esforço anormal (sempre realizado no paciente considerado assintomático, classe IIa, nível de evidência C), EAo crítica assintomática (área valvar ≤ 0,7 cm² ou gradiente sistólico ventrículo esquerdo-aorta (VE-Ao) ≥ 60 mmHg, classe IIa, nível de evidência C), além de pacientes assintomáticos e de alto risco para progressão rápida da EAo (idoso, calcificação valvar acentuada e doença da artéria coronária – classe IIb, nível de evidência C).

Na avaliação da indicação cirúrgica da EAo, a definição da gravidade da lesão anatômica valvar (indicada no texto sobre estenose aórtica anatomicamente importante na "Diretriz brasileira de valvopatias") é importante, pois a cirurgia em lesão estenótica considerada discreta a moderada é indicada somente em situações específicas. O paciente tem indicação cirúrgica (classe I, nível de evidência C) por apresentar EAo calcificada anatomicamente importante (ecocardiograma evidenciando área valvar ≤ 0,8 cm² e gradiente sistólico VE-Ao ≥ 60 mmHg) e condição associada de pior prognóstico (disfunção sistólica do VE, fração de ejeção < 50%), mesmo sem relatos de sintomas. A presença de hipertensão arterial sistêmica é uma situação agravante por somar outra condição de sobrecarga pressórica ao VE.

A alternativa a está incorreta porque esse paciente não deve manter acompanhamento clínico, já que a situação é de indicação cirúrgica. Trata-se de paciente considerado de alto risco para morte súbita e de progressão para sintomas em curto período. Em relação à alternativa b, somente será indicado o teste de esforço (teste ergométrico ou teste cardiopulmonar de exercício) em pacientes com EAo assintomática anatomicamente importante e que não sejam considerados, inicialmente, para procedimento cirúrgico; dessa forma, ela também está incorreta.

Os estudos realizados em pacientes com EAo discreta a moderada não revelaram evidências de que as estatinas possam alterar de forma benéfica a história natural da EAo e retardar sua evolução, portanto, elas não são recomendadas. O paciente em questão apresenta EAo anatomicamente importante, reduzindo mais ainda um possível benefício das estatinas (já que os estudos com estatina foram realizados em pacientes com doença aórtica inicial), além da indicação cirúrgica estabelecida para esse paciente. Assim, a alternativa c também está incorreta.

A alternativa d se configura como incorreta pois a presença de disfunção sistólica do VE é um marcador de pior prognóstico na EAo, mesmo naqueles pacientes que ainda apresentam um gradiente sistólico VE-Ao ≥ 40 mmHg (sugerindo a presença de reserva contrátil). Nesse caso, o tratamento da HAS deve ser feito com cautela enquanto aguarda o tratamento cirúrgico. Além disso, é muito difícil estabelecer qual é o papel da hipertensão arterial sistêmica na disfunção sistólica do ventrículo esquerdo em paciente com EAo importante, que já se apresenta com hipertrofia inadequada do ventrículo esquerdo (*afterload mismatch*). Novamente, o paciente tem indicação cirúrgica e não acompanhamento clínico.

Resposta correta   alternativa e

11 Sobre o acometimento cardiovascular pelo lúpus eritematoso sistêmico (LES), qual é a alternativa CORRETA?

a. A causa mais comum de acometimento das coronárias é a trombose secundária à síndrome do anticorpo antifosfolipídeo.
b. A pericardite é o problema cardíaco mais comum no LES.
c. A miocardite em pacientes com LES costuma ter causa viral e é mais frequente naqueles em uso de corticoides.
d. Os pacientes com LES dificilmente têm doença aterosclerótica, isso se deve à proteção garantida pelo sistema imunológico ativado.
e. A endocardite não bacteriana (Libman-Sacks) é a forma mais comum de doença cardíaca relacionada ao LES.

Comentário   A síndrome coronariana aguda (SCA) pode ocorrer em portadores de lúpus eritematoso sistêmico (LES), tanto por conta da síndrome do anticorpo antifosfolípide por trombose como também pela endocardite não bacteriana (Libman-Sacks) por embolia. Aterosclerose, entretanto, é a causa mais comum de doença isquêmica cardíaca no LES e também a mais comum de morte em pacientes com doença crônica. Mulheres de meia-idade com LES têm probabilidade cerca de cinquenta vezes maior de infarto do miocárdio.

Os fatores de risco para aterosclerose acelerada incluem duração da doença, período de tratamento com corticosteroide, condição pós-menopausa, hipercolesterolemia, formas pró-ateroscleróticas de HDL em pacientes com LES e fatores independentes associados ao lúpus que ainda não foram completamente definidos.

A pericardite é o acometimento cardíaco mais comum no LES, sendo que é clinicamente significativa em quase 30% dos pacientes. Pode ser manifestação inicial do LES e ocorrer em qualquer momento do curso da doença ou como complicação de doença renal crônica.

A miocardite no LES não é frequente. Ela ocorre por meio de doença inflamatória e pacientes com miosite esquelética periférica têm maior risco de a desenvolver, enquanto a disfunção miocárdica é multifatorial, podendo ocorrer não somente pela lesão imunológica, mas também por isquemia, doença valvar ou problemas coexistentes, como hipertensão. Terapêutica com corticosteroide justifica a falência ventricular esquerda aguda e inexplicável em paciente com LES ativo.

Resposta correta   alternativa b

12 Marque a alternativa cujos fármacos possam ser usados com segurança na gravidez com relação ao feto.

- a.   Atenolol e inibidores da enzima de conversão da angiotensina.
- b.   Digoxina e hidralazina.
- c.   Amiodarona e varfarina.
- d.   Inibidores da enzima de conversão da angiotensina e furosemida.
- e.   Propafenona e lidocaína.

Comentário   Durante a gravidez, deve-se levar em consideração os medicamentos de ação cardiovascular que atravessam a barreira placentária elevando o risco de teratogênese fetal, principalmente no período de embriogênese (primeiras 8 semanas após a concepção), e efeitos no desenvolvimento e no crescimento do feto (demais fases da gestação até o nascimento). As doses devem ser as menores possíveis visando aumentar a segurança materno-fetal. O Food and Drug Administration (FDA) classifica os fármacos nas categorias A, B, C, D e X: A – estudos controlados em mulheres não demonstram risco para o feto no primeiro trimestre e, assim, não há evidência de risco nos demais; B – estudos em animais não demonstraram risco fetal e não existem estudos controlados em mulheres no primeiro trimestre e, desse modo, também não há evidência de risco nos demais; C – estudos em animais não revelaram risco fetal, mas não há estudos controlados em mulheres nem em animais, além disso, o agente deve ser administrado quando o risco potencial justifica o benefício; ou D – há evidência de risco fetal em humanos, mas os benefícios são aceitáveis, apesar dos riscos; X – estudos em animais e humanos demonstraram anormalidades fetais, o que o torna contraindicado.

Observando-se esta classificação, os fármacos indicados durante a gestação seriam aqueles das categorias A, B e C. Os fármacos da categoria D somente seriam indicados em situações especiais e os da categoria X são contraindicados.

A digoxina pode ser usada na dose de 0,25 a 0,50 mg e indicada para o tratamento de insuficiência cardíaca ou para o controle da frequência ventricular em gestantes com fibrilação atrial (categoria B). A hidralazina (categoria C) não tem efeito teratogênico e não tem contraindicação nas doses habituais de 75 a 100 mg/dia. Os betabloqueadores são indicados durante a gestação para tratamento da congestão pulmonar e controle da frequência cardíaca. Os indicados são os que não apresentam atividade simpaticomimética intrínseca, como o propranolol (até 80 mg/dia – categoria C) e o metoprolol (até 50 mg/dia – categoria C). O atenolol (até 50 ou 75 mg/dia), apesar do efeito hemodinâmico semelhante, está associado a maior grau de restrição de crescimento intrauterino (categoria D). Os inibidores da enzima conversora da angiotensina (categoria X) são contraindicados na gestação, independentemente da idade gestacional, por estarem relacionados a malformações dos sistemas cardiovascular, nervoso central, renal e ósseo, além de poderem causar morte neonatal por hipoplasia pulmonar e insuficiência renal. Dessa forma, a alternativa a está incorreta.

A alternativa c não está correta porque a amiodarona (categoria D) deve ser evitada em uso prolongado, já que tem efeitos colaterais pulmonares, tireoidianos, neuromusculares, gastrointestinais e oculares na dose média diária materna de 325 mg/dia. Ela deve ser indicada com cautela durante a gestação e, como é excretada pelo leite em níveis maiores que os do plasma materno, não é recomendada durante a amamentação. Os anticoagulantes orais (categoria D) atravessam a barreira placentária, apresentando efeitos teratogênicos nas primeiras 8 a 12 semanas de gestação (embriopatia varfarínica) e até perda fetal por abortamento espontâneo. As heparinas não atravessam a barreira placentária e a heparina de baixo peso molecular (categoria B), em doses plenas, oferece níveis adequados de anticoagulação, sendo que é indicada em substituição à varfarina da 5ª a 12ª semana de gestação em situações de alto risco tromboembólico, como em gestantes portadoras de prótese mecânica.

O que faz a alternativa d incorreta, por sua vez, é que, como já comentado, os inibidores da enzima de conversão da angiotensina não são indicados durante a gestação (categoria X) e a furosemida (até 40 a 60 mg/dia – categoria C) é o diurético mais utilizado, devendo-se ter cautela para evitar hipovolemia materna, que poderia resultar em redução do fluxo placentário.

QUESTÕES COMENTADAS | PROVA DE 2014   217

Por fim, as incorreções da alternativa e se configuram a partir do fato de que a propafenona pode ser indicada durante a gestação para o tratamento de arritmias maternas e fetais, porém os dados são limitados (categoria C). Com relação à lidocaína (categoria C), não há evidência de efeitos fetais desfavoráveis, contudo, altos níveis séricos podem causar depressão do sistema nervoso central para o concepto. A lidocaína é indicada para anestesia local ou tratamento de arritmias maternas. Tanto a propafenona como a lidocaína são compatíveis com a amamentação.

Resposta correta   alternativa b

13 Os pacientes portadores de cardiopatia congênita de hiperfluxo pulmonar podem evoluir com hipertensão e hiper-resistência vascular pulmonar, levando à inversão de *shunt* (*shunt* D-E), o que caracteriza a síndrome de Eisenmenger. Em relação à síndrome de Eisenmenger, assinale a alternativa ERRADA:

a. Pelo fato de serem cianóticos, estão predispostos a policitemia, alterações da coagulação, acidente vascular encefálico, hiperuricemia, osteoartrose e hemoptise.

b. Hipertrofia da camada média e lesões plexiformes são achados de biópsia encontrados nos pacientes portadores da síndrome.

c. Nas pacientes do sexo feminino portadoras de Eisenmenger, deve-se recomendar a contracepção, pela gestação ser de alto risco.

d. É recomendada a imunização para influenza e pneumococo.

e. Os vasodilatadores pulmonares específicos disponíveis no mercado melhoram a qualidade de vida dos pacientes portadores de Eisenmenger e podem reverter as alterações histopatológicas da árvore pulmonar, levando à cura do paciente.

Comentário   A síndrome de Eisenmenger resulta da obstrução vascular pulmonar que se desenvolve a partir de um grande *shunt* esquerda-direita preexistente, isso proporciona a aproximação das pressões arteriais pulmonares aos níveis sistêmicos e a direção do fluxo se torna bidirecional ou da direita para a esquerda. Comunicação interatrial (CIA), comunicação interventricular (CIV), persistência do canal arterial (PCA), defeito septal atrioventricular (AV), *truncus arteriosus*, janela aortopulmonar e coração univentricular podem resultar em síndrome de Eisenmenger.

Entre as manifestações clínicas estão estado cianótico com predisposição à policitemia, alterações de coagulação, acidente vascular cerebral, hiperuricemia, osteoartrose, taquiarritmias (fibrilação atrial/*flutter* atrial e taquicardia ventricular), hemoptise (por sangramento de vasos brônquicos ou infarto pulmonar), tromboembolia pulmonar, angina, síncope, assim como endocardite e insuficiência cardíaca congestiva.

As alterações histopatológicas encontradas são quebras na lâmina elástica interna das artérias musculares e migração das células musculares da média para a lâmina subendotelial. Interação entre o epitélio danificado, plaquetas circulantes e média muscular estimulada resultam na proliferação celular e fibrosa da íntima das artérias. Arterite aguda nos vasos musculares extranumerários resultam na oclusão desses vasos por espessamento mural e trombose plaquetária e, em seguida, há evolução da lesão plexiforme.

A gravidez é contraindicada em pacientes com síndrome de Eisenmenger em decorrência das altas morbidade e mortalidade materna e fetal – representa cerca de 50% de morte materna por hipovolemia, tromboembolismo, eclâmpsia por parto cesárea e mortalidade fetal relacionada à prematuridade fetal. Em relação ao tratamento, a suplementação de oxigênio é controversa, sem impacto na sobrevida. Em estudos, a sildenafila obteve melhora em teste de caminhada de 6 minutos, classe funcional, débito cardíaco e, modestamente, pressão da artéria pulmonar. Não há nenhuma evidência de reversão das alterações histopatológicas, tampouco de cura. A prevenção com vacinação contra influenza e pneumococo faz parte do tratamento.

Resposta correta   alternativa e

14 **Sobre os vasos coronarianos, marque a alternativa ERRADA:**

a. A artéria coronária direita dominante e seus ramos fornecem vascularização para o átrio direito, o ventrículo direito, o septo interventricular posterior e parte do ventrículo esquerdo, incluindo o músculo papilar posteromedial.

b. O termo "dominância" é usado para se referir à origem do ramo interventricular posterior, sendo direita na maioria dos casos.

c. O seio coronário é a principal veia cardíaca e recebe a veia cardíaca magna na sua extremidade esquerda e as veias cardíacas parva e média na sua extremidade direita.

d. Os ramos diagonais irrigam a porção anterior do septo interventricular.

QUESTÕES COMENTADAS | PROVA DE 2014   219

e. As veias cardíacas mínimas (veias de Tebésio) e veias cardíacas anteriores drenam diretamente as câmaras cardíacas, principalmente no ventrículo direito, sendo responsáveis por pequena parte da drenagem venosa do coração.

Comentário   Os ramos diagonais irrigam a parede lateral do ventrículo esquerdo.

Resposta correta   alternativa d

15 **Em relação à angina de peito comprovadamente relacionada a vasoespasmo coronariano, assinale a resposta ERRADA:**

a. Episódios de angina de repouso são mais frequentes nas últimas horas do dia e primeiras horas da noite.
b. A resposta terapêutica com betabloqueadores é variável e os sintomas podem piorar.
c. Ácido acetilsalicílico pode piorar os sintomas, pois pode inibir a biossíntese de prostaciclina.
d. Pode estar relacionada ao uso de cocaína ou tabaco.
e. Bloqueadores de cálcio e nitratos costumam ter bons resultados terapêuticos.

Comentário   Episódios de angina variante geralmente ocorrem entre as 0h00 e as 8h00 da manhã, considerando que, em algumas ocorrências, há repetição de dois ou três eventos dentro de 30 a 60 minutos. Apesar de a capacidade física geralmente ser preservada, alguns pacientes podem apresentar dor típica e elevação do segmento ST, não apenas ao repouso, mas também durante e após exercício.

Resposta correta   alternativa a

16 **Homem, 66 anos, admitido no pronto-socorro com quadro de taquipneia, dor torácica pleurítica, refere cirurgia recente ortopédica de joelho. Assinale a alternativa CORRETA:**

a. Estão indicados apenas ultrassonografia de panturrilha imediata para diagnóstico de trombose venosa profunda (TVP) e anticoagulante oral, se necessário.
b. Está indicada ultrassonografia de panturrilha imediata e, se presença de TVP, implantar filtro de veia cava inferior.
c. Disfunção de ventrículo direito é sempre encontrada em embolia pulmonar.
d. Na presença de disfunção grave do ventrículo direito e da pressão arterial sistólica < 90 mmHg, está indicada a trombólise, na ausência de contraindicação.
e. A prevenção de TVP na cirurgia ortopédica de joelho deve ser realizada apenas com pacientes de risco elevado.

Comentário Na presença de tromboembolismo pulmonar (TEP) grave, caracterizado por pressão arterial < 90 mmHg ou má perfusão tecidual associada a trombo na artéria pulmonar, trombólise ou embolectmia são indicadas. Quando a TEP for moderada ou leve, a trombólise não é indicada. Em relação às alternativas a e b, a pesquisa de trombose venosa profunda é um adjunto ao diagnóstico e não é necessária na fase aguda. A disfunção do ventrículo direito ocorre nos TEP moderados e graves, mas não no TEP leve. A prevenção do TEP após cirurgias de joelho é sempre necessária.

Resposta correta alternativa d

17 **Segundo as "Diretrizes brasileiras para o diagnóstico, o tratamento e a prevenção da febre reumática", para o diagnóstico do primeiro surto, recorrência e cardiopatia reumática crônica são utilizados os critérios da Organização Mundial da Saúde, que por sua vez são baseados nos critérios de Jones modificados. Para o diagnóstico de recorrência de febre reumática em pacientes com doença cardíaca reumática estabelecida, são necessários:**

a. Dois critérios menores e a evidência de infecção estreptocócica.
b. Um critério menor e a evidência de infecção estreptocócica.
c. Apenas a evidência de infecção estreptocócica.
d. Não há necessidade de critérios adicionais.
e. Um maior e três critérios menores sem necessidade de infecção estreptocócica anterior.

Comentário O diagnóstico da febre reumática (FR) é clínico, dessa forma, não há sinais, sintomas ou exames complementares patognomônicos da doença. Os critérios de Jones foram estabelecidos em 1944, tiveram a sua última modificação em 1992 e continuam a ser considerados padrão-ouro para o diagnóstico do primeiro surto da FR. Os maiores critérios de Jones modificados são cardite, artrite, coreia de Sydenham, eritema marginado e nódulos subcutâneos, enquanto os critérios menores são febre, artralgia, elevação dos reagentes de fase aguda (velocidade de hemossedimentação, proteína C-reativa) e intervalo PR prolongado no eletrocardiograma. Há probabilidade alta para FR quando há evidência de infecção estreptocócica anterior (cultura de orofaringe, teste rápido para estrepcococos beta-hemolíticos do grupo A e elevação dos títulos da antiestreptolisina O – ASLO). Para o diagnóstico do primeiro surto, recorrência e cardiopatia reumática crônica, os critérios de Jones revistos pela Organização Mundial da Saúde e publicados em 2004 são utilizados. Para o diagnóstico do primeiro surto de FR, são necessários dois critérios maiores ou um maior e dois menores com evidência de infecção estreptocócica anterior, enquanto, para o diagnóstico de recorrência em pacientes com doença cardíaca reumática estabelecida, apenas um critério maior ou vários critérios menores são necessários, ou ainda simplesmente dois critérios menores com evidência de infecção estreptocócica anterior.

Resposta correta alternativa a

18 Mulher, 46 anos com antecedentes de hipertensão arterial, deu entrada no pronto-socorro com queixa de cansaço, tontura e lipotimia há 1 mês. História familiar de doença de Chagas. Durante a realização do ECG a seguir, apresentou pré-síncope. Quanto à abordagem terapêutica, qual é a alternativa CORRETA?

a. Indicação de implante de marca-passo definitivo (MPD) ventricular por síndrome de QT longo.

b. Diagnóstico de bloqueio atrioventricular tipo II (Mobitz II) e indicação de MPD.

c. Complementar avaliação com Holter antes de indicar o implante de MPD.

d. Indicação de marca-passo provisório até o implante de MPD por bloqueio atrioventricular avançado.

e. Indicação de MPD pelo diagnóstico de doença do nó sinusal.

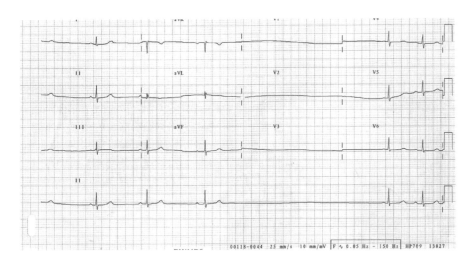

Comentário   Trata-se de eletrocardiograma (ECG) com bradicardia sinusal, frequência cardíaca de 50 bpm e parada sinusal de 4,68 s sintomática. O ECG foi realizado no momento do sintoma e caracterizou-se como doença do nó sinusal (DNS) sintomática.

A DNS incide de forma mais frequente em mulheres com maior morbidade a partir dos 60 anos. A forma primária mais comum é idiopática, tem predisposição hereditária e, desse modo, pode ocorrer em pessoas com menos de 40 anos de idade. No Brasil, a forma secundária mais frequente é por cardiopatia chagásica e, nos Estados Unidos, é por isquemia. Doenças degenerativas (amiloide, hemocromatose, miocardite e doença reumática), doenças neuromusculares e endócrinas também podem se associar a DNS.

O tratamento com implante de marca-passo tem classe de recomendação I e nível de evidência C nos casos de DNS espontânea irreversível ou induzida por drogas necessárias e insubstituíveis em pacientes com sintomas (síncope, pré-síncope, tontura e evolução com insuficiência cardíaca não atribuível a outra causa), documentados com alterações eletrocardiográficas características da DNS.

Resposta correta   alternativa e

19 Qual dos marcadores a seguir NÃO pode ser considerado como preditor de mau prognóstico na insuficiência cardíaca crônica?

 a.   Sódio plasmático < 130 mEq/L.
 b.   Níveis elevados de BNP.

QUESTÕES COMENTADAS | PROVA DE 2014   223

c. Anemia (Hb < 11,0 g/dL).
d. Creatinina > 2,5 mg/dL.
e. QRS de 120 ms.

Comentário   Entre os preditores de mau prognóstico em insuficiência cardíaca estão sódio plasmático < 130 mEq/L, níveis elevados de BNP, níveis elevados de citocinas, hemoglobina < 11 g/dL, creatinina > 2,5 mg/dL, entre outros.

A associação entre QRS > 120 ms e pressão de pulso estreita (< 40 mmHg) identificou maior risco de mortalidade em pacientes não chagásicos ambulatoriais (risco de 70% de mortalidade em 5 anos) e correlação com função ventricular reduzida.

Resposta correta   alternativa e

20 **Em relação à amiloidose cardíaca, assinale a alternativa ERRADA:**

a. O ecocardiograma pode mostrar aumento da espessura parietal ventricular, com câmaras ventriculares pequenas e átrios grandes.
b. O uso de digoxina e antagonistas de cálcio deve ser evitado, pois essas drogas se ligam à substância amiloide, causando toxicidade.
c. As principais alterações eletrocardiográficas são complexos QRS de grande amplitude.
d. A forma senil apresenta curso mais benigno em relação à amiloidose primária.
e. As principais apresentações clínicas são cardiomiopatia restritiva, insuficiência cardíaca por disfunção sistólica, hipotensão ortostática e distúrbios da condução.

Comentário   O eletrocardiograma é frequentemente anormal. Os complexos de baixa amplitude difusamente são o quadro mais característico. Também são comuns o bloqueio de ramo e desvios anormais do eixo, embora alguns pacientes apresentem doença significativa no sistema de condução, apesar de um eletrocardiograma com complexo QRS normal. O infarto do miocárdio é frequentemente simulado em função da pequena ou ausente onda R em precordiais direitas ou, de modo menos frequente, por ondas Q em derivações inferiores. As arritmias, particularmente a fibrilação atrial, são comuns e podem estar relacionadas à infiltração amiloide dos átrios. Arritmias ventriculares complexas são frequentemente encontradas em pacientes com amiloidose cardíaca e podem ser um prenúncio de morte súbita. Várias formas de defeitos da condução atrioventricular são vistas frequentemente e podem estar associadas com mortalidade aumentada, embora bloqueios infra-hisianos significativos possam ser evidentes somente no estudo eletrofisiológico.

A alternativa a está incorreta, pois, em casos avançados, observa-se aumento da espessura parietal dos ventrículos, pequenas cavidades ventriculares, átrios dilatados e espessamento do septo interatrial. A disfunção ventricular pode ser observada especialmente nos casos avançados, mas a função sistólica é frequentemente normal. Embora as valvas cardíacas possam ser espessadas, sua mobilidade usualmente é normal. O derrame pericárdico é comum, porém raramente resulta em tamponamento.

Com relação à alternativa b, os glicosídeos digitálicos devem ser usados com cautela pois pacientes com amiloidose cardíaca parecem ser sensíveis às preparações digitálicas. Não obstante, os digitálicos têm sido usados com sucesso para o controle da frequência cardíaca na fibrilação atrial. Os antagonistas de cálcio são também problemáticos na amiloidose cardíaca e podem causar exacerbação dos sintomas de insuficiência cardíaca em função de seu efeito inotrópico negativo. Portanto, essa alternativa também está incorreta.

Por fim, os erros da alternativa d se configuram à medida que, na amiloidose secundária, o envolvimento cardíaco é incomum, os depósitos miocárdicos são tipicamente pequenos e perivasculares, além de que, usualmente, não resultam em disfunção miocárdica significativa. A amiloidose familiar, por sua vez, está associada com evidente envolvimento cardíaco em aproximadamente 25% dos pacientes acometidos, usualmente tardio no curso da doença, e frequentemente apresentando doença no sistema de condução.

Resposta correta   alternativa c

21 Paciente feminina, 78 anos, portadora de estenose aórtica há 3 anos. Há 3 meses relata síncope aos esforços e dor tipo anginosa mesmo em repouso. Comorbidades importantes: dislipidemia e doença pulmonar obstrutiva crônica em tratamento com uso frequente de oxigênio domiciliar. A ecocardiografia mostra calcificação moderada da valva aórtica, Gmax = 90 mmHg, Gmed = 45 mmHg, área valvar aórtica = 0,8 cm², FEVE = 60%, septo = 12 mm, parede posterior = 12 mm, pressão sistólica de artéria pulmonar estimada em 45 mmHg, sem

outras alterações significativas. Cineangiocoronariografia normal.
Qual é o melhor tratamento disponível atualmente?

a. Tratamento cirúrgico da valva aórtica com indicação de comissurotomia aórtica.

b. A melhor alternativa ao tratamento cirúrgico atualmente disponível para essa paciente é a valvoplastia por cateter-balão da valva aórtica.

c. Essa paciente é candidata ao tratamento valvar aórtico por implante percutâneo de bioprótese por cateter, após avaliação da equipe médica.

d. Tratamento clínico com avaliações clínicas quadrimestrais e em uso de estatina em altas doses para evitar agravamento da calcificação valvar aórtica.

e. O único tratamento possível é a cirurgia com implante de bioprótese.

Comentário   O tratamento padrão para a estenose aórtica (EAo) grave é a cirurgia de intervenção em valva aórtica (comissurotomia ou troca valvar). Sabe-se, atualmente, que um número expressivo de pacientes com indicação de troca valvar aórtica é recusado para a cirurgia em função de idade avançada ou presença de múltiplas comorbidades. A valvoplastia aórtica por cateter-balão (VACB) é um procedimento aceito em casos selecionados em decorrência da alta incidência de reestenose em curto período (6 meses) e é indicada como ponte para a cirurgia ou apenas como medida paliativa. Nesses pacientes com contraindicação ou considerados de alto risco cirúrgico, dispõe-se, atualmente, do implante transcateter de bioprótese valvar aórtica, que pode ser feito por via percutânea, transaórtica ou transapical. Desde o primeiro implante, em 2002, tem-se observado um aumento crescente na sua indicação. A experiência acumulada tem demonstrado que é um procedimento seguro e efetivo. Entre as principais indicações para o implante transcateter de prótese valvar aórtica em pacientes com EAo sintomática e anatomicamente significativa estão: idade > 80 anos; presença de comorbidade, que eleva significativamente o risco da cirurgia cardíaca tradicional (cirrose hepática, doença pulmonar grave com volume expiratório forçado no primeiro segundo < 1 L ou uso de oxigenoterapia domiciliar, múltiplas cirurgias cardíacas prévias – especialmente com enxerto de artéria mamária –, aorta em porcelana, hipertensão arterial pulmonar acentuada com pressão sistólica em artéria pulmonar > 60 mmHg, radioterapia torácica prévia e fragilidade orgânica acentuada); além da presença de condição anatômica e morfológica favorável para o procedimento por cateter. A paciente em questão apresenta EAo calcificada, anatomicamente significativa (área valvar de

0,8 cm² e gradiente sistólico médio de 45 mmHg), hipertensão arterial pulmonar moderada e sintomas relacionados a EAo (síncope e dor torácica), considerando que há indicação classe de recomendação I com nível de evidência B para o tratamento cirúrgico de alívio da obstrução da via de saída do ventrículo esquerdo. Idade avançada e presença de doença pulmonar obstrutiva crônica grave, no entanto, aumentam significativamente o risco cirúrgico. Nesse caso, deve-se avaliar a possibilidade do implante transcateter de bioprótese aórtica (classe de recomendação IIa, nível de evidência B). A comissurotomia aórtica por cirurgia é uma alternativa para a troca valvar aórtica, pois, dessa forma, evitam-se complicações pós-operatórias relacionadas à prótese valvar, como complicações tromboembólicas, refluxo ("*leak*") paraprotético, hemorragia relacionada à anticoagulação para próteses mecânicas e calcificação, além de fratura de folheto para as bioproteses. A descalcificação, com consequente melhora da flexibilidade das cúspides aórticas e aumento da área valvar, tem demonstrado ser um procedimento cirúrgico com bons resultados em curto e longo prazos em casos selecionados. A alternativa a está incorreta por se tratar de paciente com contraindicação para tratamento cirúrgico. Conforme já comentado, a valvoplastia aórtica por cateter-balão é um procedimento que apresenta alta taxa de reestenose, com aumentos modestos da área valvar aórtica e redução discreta a moderada do gradiente sistólico aórtico. Essa pequena redução da área valvar, no entanto, pode trazer alívio dos sintomas e melhorar o débito cardíaco em pacientes instáveis. Entre as recomendações para essa conduta estão pacientes hemodinamicamente instáveis com elevado risco cirúrgico e impossibilidade de implante de bioprótese aórtica por cateter (classe de recomendação IIa, nível de evidência C), além de tratamento paliativo em pacientes sintomáticos com contraindicações para cirurgia ou implante de bioprótese aórtica por cateter (classe de recomendação IIb, nível de evidência C). Por isso, a alternativa b não está correta, já que a paciente apresenta a avaliação para o implante de bioprótese aórtica por cateter como melhor alternativa para o tratamento cirúrgico. Com relação à alternativa d, a paciente tem indicação de intervenção em valva aórtica (EAo sintomática) e as estatinas se mostraram ineficazes em retardar a calcificação de valvas aórticas estenóticas, por isso ela está incorreta. Por fim, como comentado anteriormente, nesse caso é possível avaliar a possibilidade de implante de bioprótese aórtica por cateter, o que faz a alternativa e incorreta também.

Resposta correta   alternativa c

QUESTÕES COMENTADAS | PROVA DE 2014   227

22 Associações de drogas hipolipemiantes podem ser recomendadas, EXCETO:

a. Estatina com ezetimiba.
b. Estatina com resina.
c. Estatina com genfibrozila.
d. Estatina com ácido nicotínico.
e. Ezetimiba com fibrato.

Comentário   Deve-se evitar a sinvastatina para associação e não é indicado utilizar genfibrozila em associação com estatinas por conta do aumento acentuado no risco de rabdomiólise.

Resposta correta   alternativa c

23 Segundo a "V diretriz brasileira de dislipidemias e prevenção da aterosclerose", as dislipidemias podem ser classificadas em:

a. Hipercolesterolemia isolada (aumento isolado de colesterol; LDL-colesterol $\geq$ 160 mg/dL).
b. Hipertrigliceridemia isolada (aumento isolado de triglicérides; triglicérides $\geq$ 250 mg/dL).
c. Hiperlipidemia mista (aumento de colesterol; LDL-colesterol $\geq$ 160 mg/dL e triglicérides $\geq$ 250 mg/dL).
d. HDL-colesterol baixo (HDL-colesterol < 40 mg/dL em homens ou mulheres).
e. Todas as alternativas estão corretas.

Comentário   Conforme essa diretriz, as dislipidemias são classificadas em hipercolesterolemia isolada, hipertrigliceridemia isolada, hiperlipidemia mista e HDL-C baixo. A hipercolesterolemia isolada é determinada pela elevação isolada do LDL-C ($\geq$ 160 mg/dL). Com relação à hipertrigliceridemia isolada, considera-se a elevação isolada dos triglicérides ($\geq$ 150 mg/dL), que reflete o aumento do número e/ou do volume de partículas ricas em triglicérides, como VLDL, IDL e quilomícrons. Como observado, a estimativa do volume das lipoproteínas aterogênicas pelo LDL-C se torna menos precisa à medida que aumentam os níveis plasmáticos de lipoproteínas ricas em triglicérides. Portanto, nessas situações, o valor do colesterol não HDL pode ser usado como indicador de diagnóstico e meta terapêutica. No caso da hiperlipidemia mista, apontam-se os valores aumentados de LDL-C ($\geq$ 160 mg/dL) e triglicérides (≥ 150 mg/dL). Nessa situação, o colesterol não HDL também poderá ser usado como indicador e meta terapêutica. Nos casos em que triglicérides ≥ 400 mg/dL, o cálculo do LDL-C pela fórmula de Friedewald é inadequado, devendo-se, portanto, considerar a hiperlipidemia mista quando colesterol total ≥ 200 mg/dL. O HDL-C baixo é a redução, isolada ou em associação ao aumento de LDL-C ou de triglicérides, do HDL-C (homens < 40 mg/dL e mulheres < 50 mg/dL).

Resposta correta   alternativa a

24 De acordo com a "Diretriz brasileira de valvopatias", em qual das situações a seguir NÃO está indicada a profilaxia da endocardite infecciosa antes de procedimento dentário que envolva a manipulação de tecido gengival:

a. Prótese mecânica mitral.
b. Portador de marca-passo com CDI.
c. Prótese biológica aórtica.
d. Tetralogia de Fallot.
e. Prolapso da valva mitral com insuficiência mitral moderada.

Comentário   A endocardite infecciosa (EI) é uma doença considerada grave e com alta letalidade. Apesar de controversa, a profilaxia para EI é indicada em situações com alta probabilidade de bacteriemia significativa (procedimentos que envolvem a manipulação de tecido gengival, região periodontal ou perfuração da mucosa oral). Entre as situações ou pacientes com risco para EI grave, estão prótese cardíaca valvar, valvopatia corrigida com material protético, antecedente de EI, valvopatia adquirida em paciente transplantado cardíaco, cardiopatia congênita cianogênica corrigida – que evolui com lesão residual – e cardiopatia congênita corrigida com material protético.

De acordo com a "Diretriz brasileira de valvopatias", a profilaxia da EI não é indicada antes de procedimento dentário que envolva a manipulação de tecido gengival (classe de recomendação III) nos casos de pacientes com comunicação interatrial isolada, comunicação interventricular ou persistência do canal arterial corrigidas e sem fluxo residual; prolapso de valva mitral sem regurgitação, após cirurgia de revascularização miocárdica ou após colocação de *stents*; sopros cardíacos inocentes; portadores de marca-passo ou cardiodesfibrilador implantável; doença de Kawasaki ou febre reumática sem disfunção valvar; e aqueles que serão submetidos a procedimentos odontológicos, do trato respiratório, geniturinário ou gastrointestinal.

A alternativa a está incorreta pois a prótese mecânica mitral é uma situação de risco elevado para EI e com classe de recomendação I e nível de evidência C – pacientes com risco elevado para EI grave, os quais serão submetidos a procedimentos odontológicos de alta probabilidade de bacteriemia significativa). A alternativa c se configura como incorreta pois a prótese biológica aórtica é uma situação de risco elevado para EI e com classe de recomendação I e nível de evidência C. A tetralogia de Fallot é situação de risco elevado para EI e com classe de recomendação I e nível de evidência C e, dessa forma, a alternativa d também está incorreta.

Por fim, prolapso da valva mitral com insuficiência mitral moderada não é considerado de alto risco para EI, porém a classe de recomendação é IIa e o nível de evidência é C – pacientes com valvopatia ou cardiopatia congênita sem risco elevado de EI grave, os quais serão submetidos a procedimentos odontológicos de alta probabilidade de bacteriemia significativa). Portanto, a alternativa e está errada.

Resposta correta   alternativa b

25 **Em relação ao escore de cálcio, assinale a alternativa ERRADA:**

a. O escore de cálcio tem maior benefício na reclassificação de risco em pacientes assintomáticos com risco intermediário de eventos cardiovasculares.

b. Pacientes assintomáticos com escore de cálcio zero possuem baixo risco de eventos cardiovasculares em prazo intermediário.

c. O cálcio na artéria coronariana está tipicamente presente em proporção direta à carga aterosclerótica total.

d. O escore de cálcio zero exclui estenose coronariana significativa em pacientes sintomáticos com suspeita de dor torácica de etiologia isquêmica.

e. Escore de cálcio > 100 ou percentil > 75 para idade e sexo é um fator agravante de risco, segundo a "Diretriz brasileira de dislipidemias e prevenção de aterosclerose".

Comentário   A quantificação da calcificação coronariana não é capaz de distinguir pacientes com e sem síndrome coronariana aguda, sendo que um significativo percentual dos pacientes com evento coronariano agudo apresenta escore de cálcio (EC) baixo ou igual a zero. Estudos mostram que, nesse tipo de paciente, o EC geralmente subestima a carga total de aterosclerose e não se constitui como ferramenta confiável para excluir ou confirmar estenose coronariana significativa. Portanto, a determinação isolada do EC é bastante limitada e não recomendada rotineiramente para avaliação de pacientes com suspeita de síndrome coronariana aguda na unidade de emergência.

Resposta correta   alternativa d

26 Paciente do sexo feminino, 35 anos, com sintomas de dispneia em repouso, ortopneia e tosse seca. Apresenta sopro diastólico +++/6, 2º espaço intercostal à esquerda, aspecto aspirativo e sopro diastólico em ruflar +++/6, B1 hiperfonética e P2 hiperfonética +++. Pulsos periféricos simétricos, amplitude e ascenso normais. Assinale a alternativa que contempla a hipótese diagnóstica CORRETA:

a.   Insuficiência pulmonar e estenose mitral.
b.   Insuficiência aórtica e insuficiência mitral.
c.   Dupla lesão mitral importante e estenose pulmonar.
d.   Insuficiência tricúspide e estenose mitral.
e.   Insuficiência aórtica e insuficiência pulmonar.

Comentário   Essa paciente apresenta exame físico compatível com estenose mitral (sopro diastólico em ruflar, hiperfonese de primeira bulha e componente P2 da segunda bulha), enquanto a ausculta de sopro diastólico no segundo espaço intercostal à esquerda de aspecto aspirativo sugere insuficiência pulmonar (IP). A causa mais comum de IP é a dilatação do anel valvar secundária à hipertensão pulmonar (de qualquer etiologia) ou à dilatação da artéria pulmonar (idiopática ou em função da doença do tecido conjuntivo, como a síndrome de Marfan). A segunda causa mais comum de IP é a endocardite infecciosa. De modo menos frequente, a IP pode ser iatrogênica (relacionada a cirurgia de correção da IP congênita ou de tetralogia de Fallot) e também pode ocorrer por lesões que afetam diretamente a valva pulmonar (malformações congênitas). Outras causas menos comuns incluem trauma, síndrome carcinoide, envolvimento reumático, sífilis e lesão em valva pulmonar relacionada ao fluxo direcionado por cateter. Em pacientes com ausência congênita da valva pulmonar, o componente P2 da segunda bulha é inaudível; entretanto, esse som é acentuado em pacientes com IP secundária à hipertensão pulmonar. Pode haver desdobramento acentuado da segunda bulha em decorrência do prolongamento da ejeção e aumento do volume sistólico ventricular direito. Um clique de ejeção sistólico por conta da súbita expansão da artéria pulmonar pelo aumento do volume sistólico ventricular direito frequentemente inicia um sopro de ejeção mesossistólico, mais proeminente no segundo espaço intercostal à esquerda. A presença de terceira ou quarta bulhas originárias do ventrículo direito frequentemente é audível, principalmente no quarto espaço intercostal esquerdo. Na ausência de hipertensão pulmonar, o sopro diastólico da IP é de baixa frequência e, usualmente, melhor audível no terceiro e no quarto espaços intercostais esquerdos adjacentes ao esterno. Quando a pressão sistólica arterial pulmonar excede aproximadamente 55 mmHg, a dilatação do anel pulmonar resulta em um jato regurgitante de alta velocidade que é responsável pelo sopro de Graham Steell (sopro agudo, decrescendo e iniciando imediatamente após P2 e mais proeminente do segundo ao quarto espaço intercostal paraesternal esquerdo.

A alternativa a está incorreta porque o sopro diastólico da insuficiência aórtica causado por doença valvar primária é melhor audível no terceiro e no quarto espaços intercostais à esquerda da borda esternal e, quando relacionado à dilatação da aorta ascendente, o sopro é, frequentemente, melhor audível ao longo da borda esternal direita. Na insuficiência mitral, o sopro é predominantemente sistólico e melhor audível em área mitral.

Na estenose pulmonar em adultos, o sopro é sistólico ejetivo e melhor audível no segundo espaço intercostal à esquerda, por isso não pode haver dupla lesão mitral grave e estenose pulmonar e a alternativa c se configura como incorreta.

A ausculta de pacientes com insuficiência tricúspide (IT) revela, usualmente, uma terceira bulha de origem ventricular direita, que é acentuada pela inspiração. A presença de hiperfonese em P2 sugere hipertensão arterial pulmonar (HAP). Quando a IT ocorre na presença de HAP, o sopro é, usualmente, agudo, pansistólico e melhor audível no quarto espaço intercostal na região paraesternal e, ocasionalmente, na área subxifoide. Quando a IT ocorre na ausência de HAP, geralmente o sopro é de baixa intensidade e limitado à primeira metade da sístole. Dessa forma, quando o ventrículo direito está muito dilatado e ocupa a superfície anterior do coração, o sopro pode ser proeminente no ápice e de difícil distinção em relação ao produzido na insuficiência mitral. Na IT, o sopro é caracteristicamente aumentado durante a inspiração (sinal de Carvallo). Assim, a alternativa d está incorreta e, considerando todos os apontamentos anteriores, a alternativa e também.

Resposta correta   alternativa a

27 São características na forma de apresentação da hipertensão arterial renovascular, EXCETO:

a. Hipertensão em estágios II ou III, acelerada ou maligna.
b. Hipertensão refratária à múltipla terapia.
c. Edema agudo de pulmão sem causa aparente em paciente hipertenso.
d. Azotemia induzida por inibidor da enzima de conversão da angiotensina.
e. Presença de hipertrofia ventricular esquerda em afrodescendente de 40 anos.

Comentário   A hipertensão renovascular é definida como hipertensão decorrente de isquemia renal, geralmente causada por lesão obstrutiva parcial ou completa de uma ou ambas as artérias renais. Tem prevalência de 5% nos hipertensos e pode ser causada por aterosclerose (causa mais comum) ou displasia fibromuscular (mais comum em mulheres jovens brancas). Entre as características sugestivas de hipertensão renovascular, estão início abrupto (antes dos 30 anos de idade ou após os 50 anos), hipertensão em estágios II ou III – acelerada ou maligna, na presença de aterosclerose difusa ou com insuficiência renal inexplicada –, hipertensão refratária a terapia múltipla, presença de sopro epigástrico sistólico ou diastólico, azotemia significativa induzida por inibidor da enzima conversora da angiotensina ou por bloqueador do receptor de angiotensina, assimetria do tamanho renal e edema pulmonar sem causa aparente em paciente com hipertensão.

Resposta correta   alternativa e

28 Qual ação é um componente das compressões torácicas de alta qualidade, conforme a "Diretriz de ressuscitação cardiopulmonar e cuidados cardiovasculares de emergência" da Sociedade Brasileira de Cardiologia?

a. Realizar compressões torácicas sem ventilação.
b. Realizar compressões torácicas com uma frequência de 80-100 compressões por minuto, minimizando as interrupções nas compressões torácicas.
c. Realizar compressões torácicas com uma frequência menor que 100 compressões por minuto, com profundidade de 5 centímetros.

QUESTÕES COMENTADAS | PROVA DE 2014   233

d. Realizar compressões torácicas com uma frequência mínima de 100 compressões por minuto, permitindo o retorno completo do tórax após cada compressão.

e. Realizar compressões torácicas com uma frequência abaixo de 100 compressões por minuto, permitindo o retorno completo do tórax após cada compressão.

Comentário   As recomendações para as compressões torácicas são posicionamento ao lado da vítima (mantendo joelhos afastados para estabilidade), deixando tórax exposto, região hipotenar de uma mão sobre o esterno da vítima e a outra mão sobre a primeira, de forma que que se entrelacem. Dessa forma, deve-se estender os braços, posicionando-os a 90° acima da vítima e comprimir na frequência de no mínimo 100 compressões/min – a profundidade da compressão deve ser de, no mínimo, 5 cm. Deve-se permitir retorno completo do tórax, sem retirar as mãos, e minimizar interrupções das compressões. Revezamento com outro socorrista a cada 2 minutos é indicado.

Resposta correta   alternativa d

29 No tratamento dos hipertensos diabéticos, é CORRETO afirmar:

a. Na vigência de microalbuminúria ou proteinúria, o bloqueio do sistema renina-angiotensina-aldosterona é comprovadamente a medida mais eficiente para deter a progressão da doença renal.

b. É contraindicado o uso dos betabloqueadores.

c. Os diuréticos tiazídicos não devem ser usados com taxa de filtração glomerular < 50 mL/min/1,73 m².

d. A associação de IECA, BRAII e diuréticos tiazídicos é a que oferece melhores resultados no bom controle da pressão arterial.

e. A fludrocortisona e a domperidona causam hipotensão matutina e consequente hipertensão vespertina e noturna.

Comentário   Tanto os inibidores da enzima conversora da angiotensina (IECA) como os bloqueadores dos receptores da angiotensina (BRA) têm comprovada eficácia, ultrapassando os benefícios gerados pela redução da pressão arterial *per se* em muitas ocorrências. Sua eficácia na nefroproteção é maior em pacientes com perda proteica. Em relação à alternativa b, todos os agentes anti--hipertensivos podem ser utilizados, sendo que, na maioria das ocorrências, dois ou mais deles precisam ser associados para que os objetivos do tratamento sejam atingidos. Com relação à alternativa c, normalmente os diuréticos tiazídicos são mais eficazes em pacientes nos estágios 1, 2 e 3 da doença renal crônica, enquanto os diuréticos de alça são preconizados para os estágios 4 e 5. Comprovadamente, os diuréticos reduzem a morbidade e a mortalidade cardiovascular, portanto não são contraindicados. A respeito da alternativa d, uma publicação colocou o bloqueio vigoroso do sistema renina-angiotensina-aldosterona, por meio da combinação IECA e BRA, "sob suspeita", já que, apesar do bloqueio duplo comparado com a monoterapia ter resultado em maior redução da pressão arterial, a diminuição esperada de eventos cardiovasculares não ocorreu. Em adição, a associação provocou maior queda da função renal, apesar de maior redução da microalbuminúria e, ainda, número superior de eventos adversos em comparação com monoterapia. Em vista da alternativa e, elevação da cabeceira da cama e uso de agentes que aumentem o volume plasmático, como a fludrocortisona e a domperidona, constituem opções para evitar hipotensão matutina e consequente hipertensão vespertina e noturna.

Resposta correta   alternativa a

30 Criança de 8 meses de vida, portadora de tetralogia de Fallot, foi levada ao pronto-socorro em função de irritabilidade, choro inconsolável, piora progressiva e importante da cianose, perda da consciência por 1 minuto, seguida de sonolência. A mãe informa que tais episódios vêm-se tornando frequentes. Qual dos medicamentos a seguir deve ser utilizado para estabilização clínica enquanto a criança aguarda a cirurgia para correção da cardiopatia?

a. Digoxina.
b. Captopril.
c. Sildenafila.
d. Propranolol.
e. Amiodarona.

Comentário   O uso de betabloqueadores adrenérgicos (propranolol) na crise age diretamente como inotrópico negativo, além do relaxamento questionável, do espasmo infundibular. Seu uso crônico na profilaxia das crises levaria ainda a uma estabilidade no leito vascular periférico, prevenindo quedas súbitas da resistência vascular periférica.

Resposta correta   alternativa d

QUESTÕES COMENTADAS | PROVA DE 2014 235

31 Qual é o método preferencial de acesso para a administração de epinefrina durante parada cardíaca na maioria dos pacientes adultos?

a. Intraósseo.
b. Endotraqueal.
c. Intravenoso central.
d. Intravenoso periférico.
e. Intracardíaco.

Comentário Embora de grande importância, o tratamento farmacológico não deve ser a prioridade no atendimento de uma parada cardiorrespiratória. Há mais evidências de benefícios por meio de compressões torácicas de qualidade e desfibrilação precoce, por isso, o acesso preferencial a ser obtido em um paciente que recebe ressuscitação cardiopulmonar é antecubital (e não central), de modo que as tentativas de punção não podem interromper as compressões.

Alternativamente, as veias jugulares externas e o acesso intraósseo podem ser tentados. Como última opção, mas sem interromper as compressões, pode-se obter acesso central (de preferência femoral) ou por via endotraqueal, neste último caso, multiplicando-se a dose por três a cinco vezes. A circulação artificialmente conseguida por meio das compressões torácicas é lenta, por melhores que sejam efetuadas. Dessa maneira, em todas as administrações de medicação, deve-se seguir imediatamente um *flush* de 20 mL de solução salina e manter o braço elevado por alguns segundos. A epinefrina deverá ser administrada em 1 mg diluído em 10 mL de solução salina como primeira droga em todos os pacientes sem circulação espontânea, sob a justificativa teórica de promover uma perfusão preferencial de órgãos nobres, como coração, cérebro e rins, ao causar vasoconstrição mais acentuada nos demais leitos vasculares. Deve ser repetida em 3 a 5 minutos.

Resposta correta alternativa d

32 Após realização de três ciclos de ressuscitação cardiopulmonar, um membro da equipe insere uma cânula endotraqueal enquanto outro membro aplica compressões torácicas contínuas. Durante as ventilações subsequentes, você observa a presença de um nível de $PETCO_2$ de 8 mmHg na monitorização da capnografia quantitativa com forma de onda. Qual é o significado desse achado?

a. As compressões torácicas não estão sendo eficazes.

b. O tubo endotraqueal não está mais na traqueia.

c. O paciente atende aos critérios para encerramento dos esforços.

d. A equipe está ventilando o paciente com frequência muito elevada (hiperventilação).

e. A intubação está seletiva.

Comentário Durante a ressuscitação cardiopulmonar (RCP), após o primeiro choque ser realizado, algumas intervenções podem ser realizadas paralelamente contanto que não interfiram em sua qualidade de administração, como acesso venoso periférico calibroso, administração de drogas, obtenção de via aérea avançada e monitorização da qualidade da RCP por capnógrafo. A medida do CO_2, ao final da expiração (*end tidal* CO_2 – $ETCO_2$), permite a monitorização contínua e não invasiva do gás alveolar, indiretamente refletindo seus níveis circulantes. O $ETCO_2$ estima, com alguma precisão, a $PaCO_2$, já que o CO_2 nos alvéolos e nos capilares pulmonares está em equilíbrio. A medida do CO_2 expirado traz informações sobre a perfusão pulmonar (quanto menor o fluxo pulmonar, menos CO_2 é expirado), permitindo inferir, dessa forma, o *status* circulatório sistêmico. Assim, algumas funções podem ser interpretadas por esse dispositivos, como a qualidade das compressões torácicas (efetivas quando apresentam um $ETCO_2 > 10$ mmHg e sugerindo retorno da circulação espontânea quando > 35 mmHg), além do posicionamento adequado do tubo orotraqueal na via aérea. Uma possível intubação esofágica apresentaria uma curva tendendo a $ETCO_2 = 0$ mmHg. Hiperventilação causaria uma redução do $ETCO_2$ à medida que expeliria mais CO_2. Considerando-se a hipoventilação ou uma intubação seletiva, o $ETCO_2$ aumentaria. No contexto do caso em questão, se o paciente estiver em parada cardiorrespiratória com o $ETCO_2 < 10$ mmHg, as compressões torácicas não estão sendo eficazes.

Resposta correta   alternativa a

33 Qual das afirmações a seguir é VERDADEIRA em relação ao período de contração isovolumétrica?

a. Tanto as valvas atrioventriculares quanto as valvas semilunares estão fechadas.

b. As valvas atrioventriculares estão abertas e as semilunares, fechadas.

c. As valvas atrioventriculares estão fechadas e as semilunares, abertas.

d. Ocorre aumento de volume sem aumento de pressão.

e. Ocorre imediatamente após o período de relaxamento isovolumétrico.

Comentário O período de contração isovolumétrica compreende o início da sístole ventricular no ciclo cardíaco. Com o início da contração miocitária, o ventrículo repleto de sangue recebido durante a diástole começa a contrair e promover aumento progressivo da pressão intracavitária. As valvas semilunares e atrioventriculares estão fechadas e, dessa forma, não há variação de volume intracavitário. A valva aórtica se abre somente quando a pressão intraventricular ultrapassa a pressão da aorta, permitindo o período subsequente da sístole no ciclo cardíaco, isto é, a ejeção ventricular.

Resposta correta alternativa a

34 Qual é a alternativa ERRADA sobre o uso de antiagregantes plaquetários no infarto agudo do miocárdio com elevação do segmento ST, segundo as "Diretrizes brasileiras de antiagregantes plaquetários e anticoagulantes em cardiologia"?

a. Clopidogrel 600 mg em adição ao ácido acetilsalicílico, em pacientes submetidos à intervenção coronariana percutânea primária.

b. Ticagrelor 180 mg dose de ataque em adição ao ácido acetilsalicílico, em pacientes submetidos à angioplastia primária.

c. Clopidogrel 75 mg/dia em pacientes com mais de 75 anos submetidos à terapia trombolítica.

d. Inibidores da glicoproteína IIb/IIIa em pacientes sob uso de dupla antiagregação plaquetária submetidos à intervenção coronariana percutânea primária com alta carga de trombo, *slow/no reflow* e outras complicações trombóticas.

e. Uso rotineiro dos inibidores da glicoproteína IIb/IIIa em pacientes sob dupla antiagregação plaquetária.

Comentário Estudos com inibidores da glicoproteína IIb/IIIa realizados previamente aos modernos esquemas de dupla antiagregação plaquetária mostravam significativa redução na incidência de reinfarto, tanto no cenário da intervenção coronária percutânea (ICP) primária, como com o uso de trombolíticos. No primeiro cenário, não há incremento em complicações hemorrágicas, porém ocorre aumento significativo de sangramento no contexto da trombólise. Com o uso rotineiro do clopidogrel e o advento da ICP com *stent*, várias dúvidas surgiram sobre o emprego dos inibidores da glicoproteína IIb/IIIa no infarto agudo do miocárdio com supradesnivelamento do segmento ST. Desse modo, o momento do seu uso, o emprego rotineiro ou seletivo, assim como a melhor via de administração (intracoronariana ou endovenosa) são questionados.

O estudo Finesse randomizou pacientes para três grupos: ICP primária, ICP facilitada com abciximabe e ICP facilitada com dose reduzida de reteplase e abciximabe. Não houve redução dos desfechos isquêmicos e ocorreu aumento de eventos hemorrágicos com uso do inibidor da glicoproteína IIb/IIIa. O estudo Brave-3 randomizou pacientes com infarto agudo do miocárdio com supradesnivelamento do segmento ST que receberam dose de ataque de clopidogrel com 600 mg para uso rotineiro de abciximabe ou placebo e não mostrou redução no tamanho da área de infarto com essa estratégia.

Desse modo, o emprego rotineiro dos inibidores da glicoproteína IIb/IIIa no infarto agudo do miocárdio com supradesnivelamento do segmento ST não se mostra benéfico e pode acarretar maiores taxas de sangramentos. O uso individualizado dessa classe de medicações durante a ICP primária (alta carga de trombos, *no reflow* e outras complicações trombóticas) pode ser considerado a despeito da ausência de evidências robustas. O uso rotineiro de inibidores da glicoproteína IIb/IIIa tem classe de recomendação III ou classe de recomendação IIa quando submetidos a ICP primária com alta carga de trombo, *slow/no reflow* e outras complicações trombóticas. As outras alternativas da questão apresentam classe de recomendação I.

Resposta correta   alternativa e

35 Com relação ao manejo da fibrilação atrial (FA), é CORRETO afirmar que:

a. A anticoagulação oral está indicada para todos os pacientes com cardiomiopatia hipertrófica e FA que persiste por mais de 48 horas, por conta do alto risco de acidente vascular encefálico isquêmico ou tromboembolismo sistêmico.

b. Na presença de FA e síndrome de Wolff-Parkinson-White, a ablação por cateter da via anômala está indicada em pacientes com frequência cardíaca rápida, síncope e período refratário efetivo longo da via acessória.

c. O pré-tratamento com digital ou verapamil é capaz de prevenir a FA pós-operatória.

d. A FA gerando terapias inapropriadas do cardioversor-desfibrilador implantável é indicação de ablação da FA quando outros métodos terapêuticos não obtiverem sucesso.

e. A ablação da FA para manutenção do ritmo sinusal, quando indicada corretamente, apresenta eficácia comprovada no longo prazo.

Comentário   Estudos retrospectivos demonstram incidência de 20 a 40% de acidente vascular encefálico (AVE) isquêmico ou tromboembolismo sistêmico nos pacientes com miocardiopatia hipertrófica (CMH) e fibrilação atrial (FA) e com média de 2,4 a 7,1%/ano. Esses estudos relacionam a presença do tromboembolismo a idade avançada, presença de FA, aumento atrial e calcificação anular mitral; todavia, na análise multivariada, apenas a idade avançada e a presença de FA se mostraram preditoras independentes. Embora não existam estudos randomizados de anticoagulação na CMH associada à FA, a elevada incidência de fenômenos tromboembólicos sugere a necessidade do seu uso nos pacientes com FA, persistindo por mais de 48 horas nos casos recorrentes. A anticoagulação oral para todos os pacientes com CMH e FA tem classe de recomendação I (nível de evidência B). A FA paroxística é uma arritmia comum nos pacientes com síndrome de Wolff-Parkinson-White e pode ser observada em 30 a 40% deles. Na vigência da FA, os impulsos atriais são conduzidos de forma rápida pela via anômala, podendo induzir fibrilação ventricular (FV) e morte súbita, cuja ocorrência, entretanto, é baixa (0,6%/ano). Os pacientes com esta síndrome considerados de risco para tais complicações são os que apresentam período refratário curto da via anômala, intervalo R-R curto durante a FA com complexos QRS pré-excitados ou múltiplas vias.

É importante destacar que o tratamento ablativo da síndrome de Wolff-Parkinson-White reduz sensivelmente a recorrência de FA no longo prazo, sugerindo participação significativa da via anômala na gênese dessa arritmia. Por isso, a ablação por cateter é considerada alternativa terapêutica primária para esses pacientes, sobretudo na presença de síncope ou FA. A ablação por cateter da via anômala em pacientes com frequência cardíaca elevada e síncopes ou período refratário efetivo da via acessória curto (< 270 ms) tem classe de recomendação I (nível de evidência B).

Metanálise sobre o tratamento antiarrítmico profilático, envolvendo pacientes submetidos à cirurgia de revascularização miocárdica e que objetiva o tempo de permanência hospitalar, concluiu que, embora houvesse redução da incidência de FA pós-operatória, os efeitos na redução dos dias de internação hospitalar foram menos evidentes. Os betabloqueadores apresentaram a maior magnitude do efeito de prevenção. Pacientes utilizando altas doses de amiodarona por via oral e por curto período obtiveram redução significativa da ocorrência de FA pós-operatória. O pré-tratamento com digital ou verapamil não foi capaz de prevenir a FA pós-operatória. Os resultados com procainamida também não são consistentes. A "Diretriz brasileira de fibrilação atrial" recomenda ablação da junção atrioventricular com implante de marca-passo quando a FA estiver gerando terapias inapropriadas do cardiodesfibrilador implantável, em que outros métodos terapêuticos foram incapazes ou não puderam ser usados para restauração/manutenção do ritmo sinusal ou controle da frequência ventricular (classe de recomendação I e nível de evidência A).

Apesar da ablação da FA para manutenção do ritmo sinusal ser extremamente promissora, sua eficácia ainda não foi definida em longo prazo, pois os ensaios disponíveis até o momento têm várias limitações, já que relatam a experiência individual dos centros, com número limitado de pacientes acompanhados por tempo relativamente curto e ausência de grupos de controle adequados.

Resposta correta   alternativa a

36 Na terapêutica da angina estável em octogenários, conforme a "II diretriz brasileira em cardiogeriatria, assinale a alternativa" ERRADA:

a. Pacientes devem ser orientados no controle rigoroso de fatores de risco.
b. Ácido acetilsalicílico para todos os pacientes, sem contraindicações, na dose de 75 a 162 mg por dia.
c. Clopidogrel ou ticlopidina em pacientes intolerantes ou alérgicos ao ácido acetilsalicílico.
d. Os betabloqueadores estão contraindicados.
e. Estatina em pacientes com angina estável para atingir meta de LDL-c < 100 mg/dL em idoso de alto risco ou ≤ 70 mg/dL em idoso de muito alto risco.

Comentário   De acordo com a "II diretriz brasileira em cardiogeriatria, o tratamento farmacológico da angina estável aponta como recomendações classe I orientações sobre controle rigoroso de fatores de risco:

- ácido acetilsalicílico para todos os pacientes (sem contraindicações com dose de 75 a 162 mg/dia);
- clopidogrel ou ticlopidina para pacientes intolerantes ou alérgicos ao ácido acetilsalicílico;
- betabloqueadores como terapia inicial, na ausência de contraindicações, em portadores de infarto agudo do miocárdio (IAM) prévio ou sem antecedentes de IAM;
- inibidores da enzima de conversão da angiotensina (IECA) para pacientes com fração de ejeção $\leq 40\%$, hipertensão arterial ou diabete melito;
- bloqueador de receptor de angiotensina II para pacientes intolerantes a IECA, fração de ejeção $\leq 40\%$, hipertensão arterial ou diabete melito;
- estatina para pacientes com doença arterial coronariana para atingir meta de LCL-C ≤ 100 mg/dL em idoso de alto risco (identificado pela presença de múltiplos fatores de risco) ou LDL-C ≤ 70 mg/dL em idoso de risco muito alto (identificado pela presença de um ou mais fatores de risco de difícil correção, como diabete melito ou tabagismo, ou com síndrome coronariana aguda).

Resposta correta   alternativa d

37 Sobre o uso da ressonância magnética cardíaca na avaliação das cardiomiopatias, indique a afirmativa ERRADA:

a. A ressonância magnética cardíaca possui maior acurácia diagnóstica do que a ecocardiografia.

b. A ressonância magnética cardíaca é mais sensível para o diagnóstico de cardiomiopatia hipertrófica apical, além de contribuir no diagnóstico diferencial com a endomiocardiofibrose.

c. A ressonância magnética cardíaca avalia melhor a hipertrofia ventricular esquerda por sua melhor resolução espacial, com medidas mais precisas da espessura parietal máxima, a qual pode ser subestimada pela ecocardiografia.

d. A presença de fibrose miocárdica pela técnica de realce tardio está associada a pior prognóstico nos pacientes portadores de cardiomiopatia hipertrófica.

e. A ressonância magnética cardíaca não é útil na avaliação dos portadores da doença de Fabry e da síndrome de Noonan.

Comentário A ecocardiografia ainda é o primeiro exame complementar para avaliação das miocardiopatias em virtude de sua facilidade e disponibilidade para uso. Entretanto, a ressonância magnética cardíaca (RMC) é considerada o melhor exame não invasivo para essa finalidade, em razão de sua maior resolução espacial e da ampla capacidade de estudo miocárdico com avaliação de viabilidade, isquemia, fibrose e informações sobre os diversos padrões de miocardiopatias. A RMC também é bastante utilizada para a diferenciação das massas ventriculares, permitindo a diferenciação entre diversos tipos de neoplasias e, especialmente, com a detecção de trombos ventriculares. O gadolínio é o principal marcador utilizado. Padrões de realce tardio miocárdico auxiliam a definição etiológica das miocardiopatias. Algumas patologias apresentam padrão de acometimento epicárdico, como sarcoidose, miocardite, doença de Chagas e doença de Anderson-Fabry. A doença de Anderson-Fabry é considerada uma doença de depósito lisossômico. Trata-se de erro inato do metabolismo dos glicoesfingolipídios, produzido por mutações do gene que codifica a enzima lisossômica alfa-galactosidase A (alfa-GAL).

A redução ou a ausência de atividade dessa enzima levam ao acúmulo progressivo de glicoesfingolipídios neutros com resíduos terminais alfa-galactosil (sobretudo sob a forma de globotriasilceramida ou GL-3) no plasma e nos lisossomos das células endoteliais de variados órgãos, principalmente pele, rins, coração, olhos e cérebro, com o resultante aparecimento da doença. A síndrome de Noonan é uma doença gênica de herança autossômica dominante caracterizada por baixa estatura, dismorfismos craniofaciais, pescoço alado, anomalias cardíacas, criptorquia nos pacientes do sexo masculino, anomalias esqueléticas e diátese hemorrágica. A anomalia cardíaca mais frequente na síndrome de Noonan é a estenose pulmonar valvar, presente em aproximadamente metade dos afetados, seguida da miocardiopatia hipertrófica em 25% desses pacientes. Em virtude da associação com miocardiopatia hipertrófica, além do acometimento de outras estruturas cardíacas nessas duas síndromes, a RMC é indicada para avaliação pormenorizada de acometimento miocárdico e valvar.

Resposta correta alternativa e

38 Em que situação a seguir você NÃO indicaria um cardiodesfibrilador implantável em um paciente com cardiomiopatia hipertrófica?

QUESTÕES COMENTADAS | PROVA DE 2014   243

a. Síncope inexplicada.
b. Espessamento septal > 30 mm.
c. Taquicardia ventricular sustentada.
d. Extrassístoles ventriculares frequentes no Holter.
e. História de morte súbita na família.

Comentário   A miocardiopatia hipertrófica (CMH) é uma doença determinada geneticamente caracterizada pela presença, em graus variáveis, de hipertrofia ventricular esquerda assimétrica, podendo causar insuficiência cardíaca diastólica, obstrução da via de saída do ventrículo esquerdo, arritmias atriais e ventriculares, além de morte súbita cardíaca (MSC). A maioria dos pacientes é assintomática e a MSC, não raramente, é a primeira manifestação da doença. Um registro multicêntrico, publicado em 2007, com 506 pacientes com CMH submetidos a implante de cardiodesfibrilador implantável (CDI), avaliou a importância dos seguintes fatores de risco para a determinação de terapias apropriadas em casos de parada cardíaca prévia em TV/FV (prevenção secundária): história de MSC prematura em um ou mais parentes de primeiro grau ou com idade > 50 anos, hipertrofia ventricular expressiva (espessura de parede máxima > 30 mm), pelo menos um episódio de TV não sustentada com frequência cardíaca > 120 bpm ao Holter de 24 horas e síncope inexplicável, afastada a hipótese de origem neurocardiogênica.

A classe de recomendação para o implante de CDI em pacientes com CMH é I para pacientes com CMH que tenham apresentado TV/FV sustentada de causa não reversível e expectativa de vida de pelo menos 1 ano (nível de evidência B); e IIa para pacientes com CMH que apresentem um ou mais fatores de risco maiores para MSC, apontados anteriormente, e expectativa de vida de pelo menos 1 ano (nível de evidência C).

Resposta correta   alternativa d

39 Na sarcoidose cardíaca, assinale a alternativa ERRADA:

a. É uma condição inflamatória sistêmica, caracterizada por granulomas não caseosos.
b. Caracteriza-se por fibrose endocárdica da via de entrada do ventrículo direito ou esquerdo (ou ambos), com acometimento das valvas atrioventriculares.

c. As principais manifestações clínicas resultam do acometimento do sistema de condução e do miocárdio, resultando em bloqueios atrioventriculares, arritmias malignas e insuficiência cardíaca.
d. A dispneia pode ser resultante do acometimento direto do miocárdio ou decorrente de extensa fibrose pulmonar.
e. É tratada, em geral, com imunossupressão.

Comentário A sarcoidose é uma doença inflamatória sistêmica infiltrativa caracterizada pela formação de granulomas não caseosos, acometendo mais comumente os pulmões, o sistema reticuloendotelial e a pele. O acometimento cardíaco foi identificado em 20 a 30% das autópsias dos pacientes afetados. O acometimento cardíaco pode surgir secundariamente à hipertensão pulmonar instalada em função da fibrose pulmonar, podendo causar insuficiência cardíaca direita. As principais manifestações cardíacas da sarcoidose resultam da infiltração do sistema de condução e do miocárdio, produzindo bloqueios, arritmias malignas, insuficiência cardíaca e morte súbita. Pacientes com sarcoidose cardíaca também podem desenvolver miocardiopatia restritiva causada pela infiltração miocárdica. Os granulomas são observados de forma mais frequente no septo interventricular e na parede livre do ventrículo esquerdo.

Resposta correta alternativa a

40 Em um paciente portador de aneurisma de aorta torácica descendente, qual dos seguintes fatores de risco está relacionado com maior chance de ruptura do aneurisma?

a. Sexo masculino.
b. 45 anos.
c. Diâmetro do aneurisma de 4,5 cm.
d. Crescimento do aneurisma de 0,1 cm/ano.
e. Hipertensão arterial sistêmica.

Comentário O aneurisma de aorta abdominal (AAA) é definido pelo aumento do tamanho da aorta abdominal em mais de 3 cm de diâmetro. Ocorre em 3 a 9% dos homens com idade > 50 anos, além de ser a apresentação mais comum dos aneurismas de aorta, considerando que a maioria é infrarrenal. Os AAA estão fortemente associados ao tabagismo e, dessa forma, o risco de desenvolvê-los aumenta em cinco vezes com relação aos não fumantes. Entre os riscos adicionais para seu desenvolvimento estão hipertensão arterial, história familiar, enfisema e dislipidemia. Em geral, cursam com crescimento gradual, insidioso ao longo de anos e rompem eventualmente. O risco de ruptura é estreitamente ligado ao tamanho do aneurisma, sendo que o risco de ruptura em 5 anos é de, aproximadamente, 5% para AAA de 3 a 4 cm de diâmetro, 10 a 20% em AAA de 4 a 5,5 cm de diâmetro e 30 a 40% para aquelas com 5,5 a 6 cm de diâmetro. O risco de ruptura pode chegar a 80% para AAA com mais de 7 cm de diâmetro. Segundo as "Diretrizes para a cirurgia das doenças da aorta" dos *Arquivos Brasileiros de Cardiologia*, há evidências inequívocas de que o agressivo manejo da HAS, com agentes inotrópicos negativos, é o fator independente mais importante na prevenção da degeneração aneurismática crônica e da ruptura. Em geral, a associação de mais de uma droga é requerida. Conforme demonstrado por DeBakey, em 527 pacientes, após quadro de dissecção aguda da aorta, aneurismas se desenvolveram em 46% dos casos com pressão arterial não controlada, mas somente em 17% dos pacientes normotensos.

Resposta correta   alternativa e

41 Paciente masculino, 77 anos, com queixa de palpitação e pré-síncope de repetição nos últimos 3 meses. Hipertenso e diabético. Vinha em uso regular de losartana, hidroclorotiazida e metformina. Ecocardiograma com função sistólica preservada. O ECG realizado durante exacerbação dos sintomas é apresentado a seguir. Quais são o diagnóstico e a conduta terapêutica adequada?

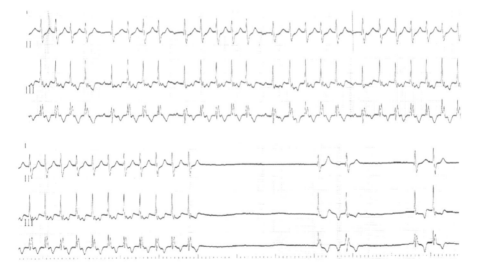

a. Trata-se de bloqueio atrioventricular (AV) avançado paroxístico. Indicado implante de marca-passo definitivo dupla-câmara.
b. Trata-se de bloqueio AV total intermitente. Indicado implante de marca-passo definitivo dupla-câmara.
c. Trata-se de síndrome bradi-taqui (disfunção sinusal). Indicado implante de marca-passo dupla-câmara e medidas profiláticas de tromboembolismo.
d. Trata-se de síndrome bradi-taqui (disfunção sinusal). Indicado implante de marca-passo ressincronizador e medidas profiláticas de tromboembolismo.
e. Trata-se de bloqueio AV total intermitente. Indicado implante de cardioversor-desfibrilador implantável, pela cardiopatia de base.

Comentário A doença do nó sinusal pode se apresentar de diversas formas a depender da anormalidade sinusal instalada, como bradicardia sinusal persistente não induzida por medicamentos, parada sinusal ou bloqueio de saída sinusal, combinações de distúrbios de condução sinusal e atrioventricular e síndrome bradi-taqui, caracterizada pela alternância paroxística de rápidas taquicardias regulares ou irregulares e períodos de bradicardia com baixas frequências atriais e ventriculares. Mais de uma dessas situações podem estar presentes no mesmo indivíduo. Pacientes sintomáticos com doença do nó sinusal frequentemente apresentam respostas anormais ao estudo eletrofisiológico e possuem frequência de fibrilação atrial relativamente alta. O tratamento geralmente envolve instalação de marca-passo permanente para o manuseio da bradicardia associado a medicações para controle da taquicardia e anticoagulação para prevenção de eventos embólicos por conta da instabilidade atrial e da forte associação com fibrilação atrial.

Resposta correta alternativa c

42 **Considere as afirmações a seguir sobre pacientes com angina de limiar variável:**
I. Acredita-se que estes pacientes apresentem tônus vascular coronariano variável (grau variado de vasoconstrição coronariana).
II. Constantemente esses pacientes relatam que a dor ocorre mais frequentemente no período da manhã.

III. O tempo de exercício para desencadear isquemia e angina costuma ser muito variável e durante testes ergométricos repetidos o duplo produto varia pouco.

Assinale a alternativa CORRETA.

a. Apenas I e II estão corretas.
b. Apenas I e III estão corretas.
c. Apenas II e III estão corretas.
d. Todas estão corretas.
e. Todas estão erradas.

Comentário O "limiar anginoso" se estabelece pela quantidade de esforço necessária para desencadear a angina, podendo ser desencadeado por esforço físico, estresse emocional, frio, refeições copiosas. Esse limiar pode ser fixo ou variável. Quando o limiar é fixo (sempre desencadeada pelo mesmo tipo de atividade), sugere-se que o mecanismo seja a obstrução coronariana fixa e o aumento da demanda de oxigênio do miocárdio desencadeie a isquemia. Quando o limiar é variável (paciente com tolerâncias diferentes no dia a dia), sugere-se que o mecanismo preponderante seja o vasoespasmo coronariano, que causa a redução da oferta.

A realização de teste ergométrico (TE) em pacientes com dor torácica auxilia na avaliação diagnóstica, prognóstica e na conduta terapêutica subsequente. Além de seguro, contribui com reprodutibilidade para a determinação mais precisa dos níveis máximos de consumo de oxigênio miocárdico por meio dos valores do "duplo-produto" (pressão arterial sistólica máxima $\times$ frequência cardíaca máxima) e do desprendimento calórico (consumo de O_2 máximo) em mL/kg/min ou MET, que podem desencadear isquemia miocárdica, ou seja, o "limiar isquêmico".

Resposta correta alternativa a

43 Paciente feminina, 70 anos, com diagnóstico de cardiomiopatia dilatada com fração de ejeção reduzida, etiologia isquêmica, já em uso de betabloqueador em dose máxima e em seguimento clínico por insuficiência cardíaca crônica. Em exames de rotina, foi identificada a presença de fibrilação atrial. Ao exame: bom estado geral, pressão arterial de 110×70 mmHg, frequência cardíaca de 98 bpm com bulhas arrítmicas, ausência de turgência jugular ou edema periférico. Sem história pregressa de sangramentos, doença vascular encefálica ou doença hepática. Nos últimos exames laboratoriais, apresentava *clearance* de creatinina estimada em 20 mL/min, quando iniciou seguimento paralelo na nefrologia. Considerando os fatores de risco, qual seria a melhor conduta?

a. Controle da frequência cardíaca e anticoagulação oral com varfarina.
b. Controle da frequência cardíaca e cardioversão elétrica.
c. Controle da frequência cardíaca e estudo eletrofisiológico.
d. Controle da frequência cardíaca e anticoagulação oral com dabigatrana.
e. Controle da frequência cardíaca, internação, anticoagulação plena com heparina de baixo peso molecular e introdução de dabigatrana.

Comentário   As principais estratégias de tratamento da fibrilação atrial (FA) incluem a melhora dos sintomas (seja pelo controle de ritmo ou de frequência cardíaca) e a prevenção de fenômenos tromboembólicos. O paciente em questão tem fibrilação atrial e apresenta indicação de anticoagulação, pois o escore CHA2DS2VASc desse paciente é de 3 pontos (pontua em idade, insuficiência cardíaca e doença coronariana). Pacientes com o escore CHA2DS2VASc de 1 podem usar ácido acetilsalicílico (AAS) ou anticoagulante, dando-se preferência a este último.

Quando o escore é igual ou superior a 2 pontos, a anticoagulação crônica é indicada de acordo com o aumento progressivo anual da taxa de acidente vascular cerebral (AVC) à medida que aumenta o escore. A seleção da terapia antitrombótica deve ser considerada independentemente da forma de apresentação da FA (paroxística, persistente ou permanente). Recomenda-se que a seleção da terapia antitrombótica seja baseada no risco absoluto de eventos embólicos (CHA2DS2VASc) e sangramentos (Has-Bled), assim como no risco relativo e nos benefícios para cada paciente, especialmente nos idosos, contando que, na maioria dos pacientes, a terapia anticoagulante oral deve ser considerada.

A dabigatrana é recomendada como alternativa à varfarina para pacientes com FA não valvar, nos quais a anticoagulação oral é indicada. A dose preferencial de dabigatrana deve ser de 150 mg, duas vezes ao dia, especialmente nos pacientes de maior risco de AVC e/ou fenômeno tromboembólico, desde que tenham baixo risco de sangramento. Esse fármaco pode ser indicado como opção ao anticoagulante antagonista de vitamina K em pacientes com dificuldade de manter INR adequado, com dificuldade de coletas de sangue para controle, ou por opção do paciente. Em pacientes com maior risco de sangramento (idade ≥ 75 anos; depuração de creatinina entre 30 e 50 mL/min; história de sangramento gastrointestinal ou intracraniano prévio; uso concomitante de AAS, clopidogrel ou amiodarona; uso crônico ou abusivo de anti-inflamatório não hormonal; e IMC < 18 kg/m^2), a dose preferencial da dabigatrana deve ser de 110 mg, duas vezes ao dia. Em pacientes estáveis com FA persistente que vão se submeter à cardioversão elétrica ou química, recomenda-se pelo menos 3 semanas de uso contínuo da dabigatrana (preferencialmente 150 mg, duas vezes ao dia), sem a necessidade de exames de monitorização. O ecocardiograma transesofágico é opcional. Durante 4 semanas de cardioversão, a manutenção da dabigatrana deve ser feita e sua continuidade deve ser decidida de acordo com o escore de risco CHA2DS2VASc. O paciente em questão apresenta contraindicação ao uso da dabigatrana (*clearance* de creatinina < 30 mL/min).

Resposta correta   alternativa a

44 Existem situações em que, mesmo com ecocardiograma transtorácico de boa qualidade técnica, o ecocardiograma transesofágico é sempre indicado em razão de sua melhor acurácia diagnóstica. Qual dos exemplos a seguir NÃO constitui tal situação?

a. Suspeita clínica e laboratorial de endocardite infecciosa com ecocardiograma transtorácico negativo para endocardite.
b. Pesquisa de fonte emboligênica em paciente jovem com quadro de acidente vascular encefálico criptogênico.
c. Pesquisa de trombo em apêndice atrial esquerdo em paciente candidato à valvoplastia mitral com cateter-balão.
d. Definição de mecanismo e grau do refluxo em suspeita de disfunção de prótese mecânica mitral.
e. Pesquisa de trombo em ápice de ventrículo esquerdo em paciente com cardiomiopatia chagásica e evento embólico.

Comentário   O ecocardiograma transesofágico é considerado essencial para avaliação minuciosa de lesões da valva mitral, do átrio esquerdo e seu apêndice; de massas intracardíacas; defeitos de septo atrial; endocardite e suas complicações; além de lesões da aorta torácica, como dissecção, em função da possibilidade de visualização das estruturas cardiovasculares mais posteriorizadas, oferecendo uma janela ecocardiográfica melhor que o transtorácico. No caso da pesquisa de trombo em ápice do ventrículo esquerdo, o ecocardiograma transtorácico consegue boa janela ecocardiográfica, já que a localização da estrutura a ser analisada é anteriorizada.

Resposta correta   alternativa e

45 A cardite reumática é a manifestação mais grave da febre reumática, que pode deixar sequelas importantes no paciente. Sobre esse acometimento e seu tratamento, assinale a alternativa CORRETA:

a. O acometimento pericárdico é muito comum e, quando ocorre, vem isoladamente.
b. No manejo da cardite moderada a grave, deve constar corticoide.
c. Na cardite leve, o paciente faz bradicardia importante e alargamento do intervalo PR no ECG.
d. A ausência de sopro afasta o comprometimento cardíaco.
e. As lesões estenóticas são frequentes na fase inicial desse acometimento.

Comentário   A febre reumática (FR) e a cardiopatia reumática crônica (CRC) são complicações não supurativas da faringoamigdalite causada pelo estreptococo beta-hemolítico do grupo A e decorrem de resposta imune tardia a essa infecção em populações geneticamente predispostas. A FR afeta especialmente crianças e adultos jovens. A mais temível manifestação é a cardite, que responde pelas sequelas crônicas (em muitas ocorrências, incapacitante), e em fases precoces da vida, gerando elevado custo social e econômico.

A Na cardite reumática, anticorpos reativos ao tecido cardíaco, por reação cruzada com antígenos do estreptococo, fixam-se à parede do endotélio valvar e aumentam a expressão da molécula de adesão VCAM I que atrai determinadas quimiocinas e favorecem a infiltração celular por neutrófilos, macrófagos e, principalmente, linfócitos T, gerando inflamação local, destruição tecidual e necrose. A manifestação da cardite ocorre em 40 a 70% dos primeiros surtos, embora séries mais recentes, em que a ecocardiografia foi utilizada para avaliação, demonstrem prevalências mais elevadas. Tende a aparecer em fase precoce e é diagnosticada mais frequentemente nas 3 primeiras semanas da fase aguda.

O acometimento cardíaco é caracterizado pela pancardite; entretanto, as lesões valvares são as responsáveis pelo quadro clínico e pelo prognóstico. O acometimento pericárdico não é comum, não ocorre isoladamente e não resulta em constrição. A pericardite está sempre associada à lesão valvar e é diagnosticada pela presença de atrito e/ou derrame pericárdico, abafamento de bulhas, dor ou desconforto precordial. Nos casos leves, o acometimento pericárdico é um achado exclusivo do estudo ecocardiográfico. Grandes derrames pericárdicos e tamponamento cardíaco são raros. É classificada em cardite leve e moderada. A cardite leve se configura pela presença de taquicardia desproporcional à febre, abafamento da primeira bulha, sopro sistólico mitral, área cardíaca normal, exames radiológico e eletrocardiográfico normais – com exceção do prolongamento do intervalo PR –, regurgitações leves ou moderadas ao ecocardiograma com Doppler, com ventrículo esquerdo de dimensões normais. A cardite moderada, por sua vez, é estabelecida por dados clínicos mais evidentes do que na cardite leve, com taquicardia persistente e sopro de regurgitação mitral mais intenso, porém sem frêmito – associado ou não ao sopro aórtico diastólico. Sopro de Carey Coombs pode estar presente, assim como sinais incipientes de insuficiência cardíaca, aumento leve da área cardíaca e congestão pulmonar discreta podem ser encontrados na radiografia de tórax. Extrassístoles, alterações de ST-T, baixa voltagem, prolongamento dos intervalos PR e QTc podem estar presentes ao eletrocardiograma e, ao ecocardiograma com Doppler, a regurgitação mitral é leve a moderada, isolada ou associada a regurgitação aórtica de grau leve a moderado e com aumento das câmaras esquerdas também em grau leve a moderado.

Por fim, a cardite grave está além dos achados da cardite moderada. Há sinais e sintomas de insuficiência cardíaca e, no exame radiológico, identificam-se cardiomegalia e sinais de congestão pulmonar significativos. Arritmias, pericardite e sopros relacionados a graus mais importantes de regurgitação mitral e/ou aórtica podem ocorrer. O eletrocardiograma demonstra sobrecarga ventricular esquerda e, em algumas ocorrências, direita, enquanto no ecocardiograma com Doppler estão presentes regurgitação mitral e/ou aórtica de grau moderado/grave, e as câmaras esquerdas mostram, no mínimo, aumento moderado.

O tratamento da cardite é baseado no controle do processo inflamatório, dos sinais de insuficiência cardíaca e das arritmias. Apesar de não haver evidência de melhora da lesão valvar que justifique o uso de corticosteroide na cardite com perspectiva de melhora do prognóstico da lesão cardíaca, seu uso na cardite moderada e grave, assim como naqueles que cursam com pericardite, objetiva a redução do tempo de evolução do quadro de cardite, assim como a melhora do processo inflamatório. Dessa forma, o tratamento da cardite com corticosteroide nos casos de cardite moderada e grave é indicado (classe de recomendação I, nível de evidência B). A ausência de sopros não descarta o comprometimento cardíaco, já que há possibilidade de acometimento de outras estruturas cardíacas isoladamente, ou acometimento valvar sem manifestação de sopro audível ao exame físico. As lesões agudas tendem a causar insuficiência valvar em função do processo inflamatório agudo que, com sua cronificação em fases mais tardias, causa lesões valvares cicatriciais e promove estenose.

Resposta correta   alternativa a

46 Após 2 minutos de ressuscitação cardiopulmonar em uma vítima, checa-se o ritmo em derivação DII, o paciente não tem pulso. Qual é a próxima ação, segundo o atendimento de suporte avançado de vida, pela "Diretriz de ressuscitação cardiopulmonar e cuidados cardiovasculares de emergência" da Sociedade Brasileira de Cardiologia?

a. Administrar atropina, 0,5 mg, intravenosa.
b. Realizar intubação orotraqueal imediatamente.
c. Instalar marca-passo transcutâneo.
d. Administrar amiodarona, 300 mg.
e. Retornar imediatamente às compressões e ventilações.

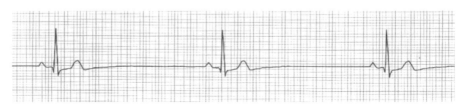

Comentário   O paciente em questão apresenta parada cardiorrespiratória em atividade elétrica sem pulso (AESP) após 2 minutos de reanimação cardiopulmonar. A AESP é definida como qualquer ritmo organizado que não consiga produzir um pulso palpável ou pressão arterial mensurável e é constituída por um grupo heterogêneo de ritmos eletrocardiográficos. Os mecanismos podem ser dissociação eletromecânica que, embora apresente atividade elétrica, por algum motivo, não resulta em contração mecânica do ventrículo (acidose, hipercalemia e hipóxia, por exemplo) ou por uma pseudodissociação eletromecânica, na qual a atividade elétrica gera contração do ventrículo, mas não o suficiente para gerar um pulso central (hipovolemia etromboembolismo pulmonar, por exemplo). Segundo o atendimento de suporte avançado de vida, as interrupções das massagens cardíacas devem ser minimizadas ao máximo; dessa forma, devem ser interrompidas somente para checagem de pulso central e análise de ritmo para retornarem, imediatamente, às compressões. No caso de ritmos chocáveis, como fibrilação e taquicardia ventriculares, o choque com o desfibrilador deverá ser entregue imediatamente para se prosseguir com a ressuscitação cardiopulmonar após análise de ritmo. Medicações devem ser administradas, respeitando-se os ciclos da ressuscitação e seguindo o atendimento de AESP ou assistolia no caso em questão. Como o primeiro ciclo de 2 minutos já foi administrado e o paciente estava com ritmo de AESP, segue-se com o início imediato das compressões e, logo após, sem interferir nas compressões, deve-se administrar 1 mg de adrenalina endovenosa de maneira cíclica até o retorno da circulação espontânea. A intubação orotraqueal poderá ser realizada de maneira que não ocorra interferência nas compressões torácicas. A instalação de marca-passo transcutâneo não tem indicação no caso, pois não contribuirá para a falência mecânica das contrações ventriculares no paciente em parada cardiorrespiratória, assim o miocárdio isquêmico está sem circulação coronariana efetiva.

Resposta correta   alternativa e

47 NÃO É ADEQUADA a solicitação de angiotomografia das artérias coronárias quando houver:

a. Suspeita de anomalias das artérias coronárias.
b. Avaliação de pacientes com baixa probabilidade de doença arterial coronariana e com testes de isquemia positivos.
c. Avaliação de pacientes com dor torácica aguda com alta probabilidade de doença arterial coronariana e com marcadores de necrose miocárdica positivos.
d. Avaliação de pacientes com dor torácica aguda com probabilidade baixa ou intermediária de doença arterial coronariana com eletrocardiograma e marcadores de necrose miocárdica normais ou duvidosos.
e. Avaliação de pacientes com probabilidade intermediária de doença arterial coronariana com teste ergométrico negativo e cintilografia de perfusão miocárdica apresentando isquemia discreta.

Comentário Em pacientes sintomáticos e com probabilidade alta de doença arterial coronariana (> 50% calculada pelos critérios de Diamond-Forrester), a angiotomografia não é eficaz (grau de recomendação III e nível de evidência B). Pacientes com esse perfil possuem indicação precoce de estudo hemodinâmico e cineangiocardiográfico de contraste radiológico (grau de recomendação I e nível de evidência A). A tomografia computadorizada (TC) é superior à ressonância magnética no estudo das artérias coronárias. O avanço tecnológico trouxe melhorias na resolução espacial e temporal nos tomógrafos atuais, permitindo avaliação melhor da origem e do trajeto das artérias coronárias em pacientes pediátricos. Nos casos de origem anômala da artéria coronária esquerda e da artéria pulmonar, a TC deve avaliar, além da anomalia de origem, o calibre dos vasos, a presença de tortuosidades e a magnitude da circulação colateral intercoronariana. Em casos de discordância entre a clínica e os resultados de testes de isquemia prévios, a angiotomografia é uma boa opção na investigação doença arterial coronariana (grau de recomendação IIa e nível de evidência A). Com base nas recentes publicações de três grandes estudos controlados, multicêntricos e randomizados, demonstrou-se benefício da utilização da angiotomografia das artérias coronárias na avaliação de pacientes com dor torácica aguda, de risco baixo a intermediário, com eletrocardiograma não diagnóstico e marcadores de necrose miocárdica negativos. Nesse cenário, é recomendável a realização da angiotomografia (grau de recomendação I e nível de evidência A). A angiotomografia pode, ainda, ser recomendada em casos de testes de isquemia – prévios, conflitantes ou inconclusivos – durante a investigação de doença arterial coronariana (grau de recomendação IIa e nível de evidência A).

Resposta correta alternativa c

48 Durante o atendimento de vítima em parada cardiorrespiratória, foi realizada no segundo ciclo uma desfibrilação com 200 J (na análise anterior) e administrou-se 1 mg de adrenalina. Após 2 minutos e análise médica do ritmo apresentado, em derivação DII, foi realizada uma nova desfibrilação. Qual medicamento deve ser administrado, pela "Diretriz de ressuscitação cardiopulmonar e cuidados cardiovasculares de emergência" da Sociedade Brasileira de Cardiologia?

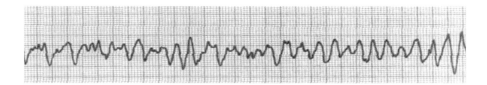

a. 1 mg de adrenalina.
b. 1 mg de atropina.
c. 300 mg de amiodarona.
d. 1 mg/kg de lidocaína.
e. 40 UI de vasopressina.

Comentário   A amiodarona pode ser considerada para fibrilação ventricular (FV), taquicardia ventricular sustentada polimórfica (TVSP) que não responde a ressuscitação cardiopulmonar, desfibrilação e terapêutica vasopressora (classe de recomendação IIb e nível de evidência B). Em um ensaio clínico em adultos com FV/TVSP, foi observado que a administração de amiodarona, 300 mg ou 5 mg/kg, melhorou a sobrevida à admissão hospitalar quando comparada com placebo ou administração de lidocaína. A dose inicial deve ser de 300 mg, por via intravenosa (IV) ou intraóssea (IO), e uma dose adicional de 150 mg, IV/IO, intercalada com vasopressor, também pode ser administrada.

Resposta correta   alternativa c

49 Com relação ao tratamento do infarto agudo do miocárdio (IAM) com supradesnível do segmento ST, é ERRADO afirmar que:

a. A intervenção coronariana percutânea (ICP) no IAM pode ser dividida em primária, facilitada, de salvamento ou resgate e naquela praticada de maneira eletiva após a fibrinólise.
b. Em comparação à terapia fibrinolítica, a ICP primária não reduz mortalidade, porém resulta em diminuição significativa nas taxas de reinfarto e sangramento.
c. Os pacientes preferenciais para a transferência são aqueles com: início dos sintomas de IAM > 3 horas e < 12 horas; contraindicação para fibrinólise; expectativa de transferência do diagnóstico até o início da ICP primária inferior a 90 minutos.

d. A ICP de salvamento ou resgate é definida como a estratégia de recanalização mecânica realizada precocemente quando a terapia fibrinolítica falha em atingir a reperfusão miocárdica.
e. A realização de angioplastia facilitada, com administração sistemática de inibidores dos receptores das glicoproteínas IIb/IIIa e/ou fibrinolíticos previamente à ICP no IAM, não se mostrou superior à angioplastia primária, até mesmo cursando com maiores taxas de mortalidade, reinfarto e sangramento, não devendo, portanto, ser realizada de rotina.

Comentário Inúmeras séries consecutivas, registros e ensaios randomizados comprovaram as vantagens da ICP primária em comparação com a fibrinólise. Esse método é capaz de restabelecer o fluxo coronariano epicárdico normal (Timi grau 3) em mais de 90% dos pacientes e está associado a reduzidas taxas de isquemia recorrente e reinfarto com menor risco de complicações hemorrágicas graves, como acidente vascular encefálico.

As outras alternativas estão corretas e congruentes com a "IV diretriz da Sociedade Brasileira de Cardiologia sobre tratamento do infarto agudo do miocárdio com supradesnível do segmento ST".

Resposta correta   alternativa b

50 As imagens do ecocardiograma a seguir referem-se a:

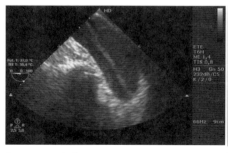
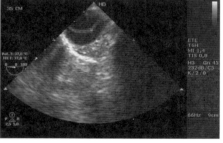

1 – arco aórtico   2 – aorta torácica descendente

a. Ecocardiograma transtorácico em paciente com dissecção de aorta tipo A pela classificação de Stanford.
b. Ecocardiograma transesofágico em paciente com dissecção de aorta tipo B pela classificação de Stanford.
c. Ecocardiograma transesofágico em paciente com dissecção de aorta tipo A pela classificação de Stanford.
d. Ecocardiograma transtorácico em paciente com dissecção de aorta tipo B pela classificação de Stanford.
e. Ecocardiograma transesofágico em paciente em fase aguda de arterite de Takayasu.

Comentário   As imagens 1 e 2 são adquiridas por ecocardiograma transesofágico. Uma imagem com alta definição é vista por conta da proximidade com a estrutura observada (artéria aorta torácica), o que possibilita a utilização de frequências maiores pelo transdutor. É possível visualizar o duplo lúmen, resultante da delaminação da camada média, tanto em eixo longo (imagem 1) como em eixo curto (imagem 2). O ecocardiograma transesofágico tem alta precisão para o diagnóstico de dissecções de aorta torácica (semelhante à tomografia computadorizada e à ressonância magnética) e, dessa forma, é particularmente útil na avaliação de pacientes críticos no leito. Conforme a classificação de Stanford, as dissecções aórticas podem ter dois tipos anatômicos, isto é, tipo A (qualquer dissecção envolvendo a aorta ascendente) e tipo B (qualquer dissecção que não envolva a aorta ascendente). Ao ecocardiograma, a arterite de Takayasu apresenta-se caracteristicamente com espessamento parietal concêntrico, uniforme e de alta ecogenicidade. Na imagem dinâmica, é possível observar a baixa expansibilidade sistólica do vaso acometido. Nenhuma dessas características foi observada nas imagens apresentadas.

Resposta correta   alternativa c

51 Paciente masculino, portador de prolapso mitral posterior com insuficiência valvar grave. Refere nos últimos 3 meses mudança na qualidade de vida, como dispneia aos esforços habituais. Ecocardiografia transtorácica com Doppler colorido mostrou átrio esquerdo com 43 mm, diâmetro diastólico ventricular esquerdo de 55 mm, diâmetro sistólico ventricular esquerdo de 40 mm, fração de ejeção ventricular esquerda de 64% e pressão sistólica de artéria pulmonar de 50 mmHg em repouso. Eletrocardiograma demonstrou ritmo sinusal. Assinale a alternativa que contém a melhor estratégia terapêutica:

a. Iniciar vasodilatores e realizar seguimento clínico a cada 6 meses.
b. Indicação absoluta de tratamento cirúrgico da valva mitral.
c. Acompanhamento clínico, sem introdução de tratamento farmacológico, pois a função ventricular esquerda está dentro da normalidade.
d. Seguimento clínico com indicação de tratamento cirúrgico da valva mitral quando houver sintomas limitantes (classe funcional NYHA III/IV).
e. Acompanhamento clínico, pela possibilidade de indicar tratamento percutâneo da valva mitral.

Comentário   Pacientes portadores de insuficiência mitral (IM) grave e sintomática (classes funcionais II, III ou IV), independentemente da etiologia, possuem indicação de tratamento cirúrgico, desde que a fração de ejeção do ventrículo esquerdo (FEVE) e o diâmetro sistólico do ventrículo esquerdo (DSVE) ainda se encontrem > 30% e < 55 mm, respectivamente (grau de recomendação I e nível de evidência B). Para pacientes com disfunção ventricular grave (FEVE ≤ 30% e/ou DSVE > 55 mm) e IM grave, os benefícios da cirurgia ainda são motivo de controvérsias. Até o momento, não existem estudos que demonstrem benefício do uso de vasodilatadores para redução da regurgitação ou na prevenção da disfunção ventricular esquerda em portadores de IM grave crônica. Apenas na IM aguda com repercussão clínica e hemodinâmica o uso de vasodilatadores (classe de recomendação I e nível de evidência B) e diuréticos (classe de recomendação I e nível de evidência C) é recomendado, preferencialmente por via intravenosa, objetivando redução das pressões de enchimento ventricular. O tratamento percutâneo da valva mitral ainda não possui solidez científica que possibilite sua indicação. Os desafios para desenvolver dispositivos e técnicas efetivas e seguras são numerosos. Todas as tecnologias existentes têm potenciais benefícios e limitações. Em casos selecionados, combinações das técnicas podem ser necessárias para a obtenção de ótimo resultado.

Resposta correta   alternativa b

52 Em relação às afirmativas a seguir, assinale a alternativa CORRETA:
I. Isquemia miocárdica e angina de peito podem ocorrer na estenose valvar aórtica e na cardiomiopatia hipertrófica.

QUESTÕES COMENTADAS | PROVA DE 2014   259

II. Ácido acetilsalicílico e estatinas reduzem a mortalidade na doença arterial coronariana crônica.

III. Angina de Prinzmetal (ou angina variante) é definida por doença coronariana vasoespástica causada por placas coronarianas ateroscleróticas.

a. Apenas I e II estão corretas.
b. Apenas I e III estão corretas.
c. Apenas II e III estão corretas.
d. Todas estão corretas.
e. Todas estão erradas.

Comentário   A afirmativa I está correta, já que a angina usualmente acomete portadores de doença arterial coronariana (DAC) com comprometimento de, pelo menos, uma artéria epicárdica. Entretanto, também pode ocorrer em casos de doença cardíaca valvar (estenose aórtica, por exemplo), miocardiopatia hipertrófica e hipertensão não controlada. O ácido acetilsalicílico (AAS) e as estatinas promovem redução de mortalidade (demonstrada em vários estudos clínicos), portanto são indicados para todos os pacientes com DAC crônica (grau de recomendação I e nível de evidência A). Assim, a afirmativa II também está correta. Com relação à afirmativa III, a angina de Prinzmetal ou variante é causada pela redução do fluxo coronariano em decorrência da presença de alterações do tônus vascular, denominadas espasmos na artéria coronária, associadas a alterações eletrocardiográficas.

Resposta correta   alternativa a

53 Paciente de 40 anos, com antecedente de infarto agudo do miocárdio, evoluiu com cardiomiopatia isquêmica associada a sintomas de insuficiência cardíaca. No momento, recebe tratamento clínico otimizado para insuficiência cardíaca. No entanto, persiste em classe funcional III (NYHA). Eletrocardiograma: ritmo sinusal e com BRE; FC = 68 bpm; QRS = 160 ms; PR = 160 ms. Ecocardiograma: diâmetro diastólico do ventrículo esquerdo = 72 mm; fração de ejeção do ventrículo esquerdo = 35%. Holter: extrassístoles ventriculares frequentes, três episódios de taquicardia ventricular não sustentada e um episódio de taquicardia ventricular sustentada. Qual é a melhor conduta para reduzir a morbi-mortalidade do paciente referido?

a. Há critérios para implante de ressincronizador, mas não de cardiodesfibrilador.
b. Não há critérios para implante de cardiodesfibrilador e/ou ressincronizador.
c. Há critérios para implante de cardiodesfibrilador e a indicação de ressincronizador nesse paciente não depende da realização de exame de imagem que avalie dissincronia inter e/ou intraventricular.
d. Há critérios para implante de cardiodesfibrilador, mas não para ressincronizador.
e. Nenhuma das anteriores.

Comentário   Pacientes portadores de cardiopatia isquêmica crônica, sob tratamento farmacológico ótimo, com fração de ejeção do ventrículo esquerdo ≤ 35% e classe funcional II ou III, têm indicação de implante de cardiodesfibrilador implantável, desde que não apresentem isquemia miocárdica passível de tratamento, por revascularização cirúrgica ou percutânea, e expectativa de vida de pelo menos 1 ano (grau de recomendação I e nível de evidência A). Além disso, esses pacientes também têm indicação para uso de ressincronizador (fração de ejeção ≤ 35%, ritmo sinusal, insuficiência cardíaca com classe funcional III ou IV, apesar de tratamento farmacológico otimizado e com QRS > 150 ms – classe I e nível de evidência A). Conforme as "Diretrizes brasileiras de dispositivos cardíacos eletrônicos implantáveis", pacientes com cardiopatia isquêmica ou não isquêmica, para os quais a terapia de ressincronização cardíaca (TRC) tenha sido indicada, também têm indicado implante de cardiodesfibrilador implantável (grau de recomendação IIa e nível de evidência B).

Resposta correta   alternativa c

54   Entre as alternativas a seguir, qual NÃO é uma causa de dilatação da raiz da aorta?

a. Valvopatia aórtica bicúspide.
b. Síndrome de Behçet.
c. Hipertensão arterial sistêmica.
d. Síndrome de Marfan.
e. Síndrome carcinoide.

Comentário   Fibrilinopatias (por exemplo, síndrome de Marfan), fatores degenerativos (por exemplo, hipertensão arterial sistêmica), cardiopatias congênitas (por exemplo, valva aórtica bicúspide), doenças inflamatórias não infecciosas (doença de Behçet), entre outras, são causas de dilatação da raiz aórtica. A síndrome carcinoide é ocasionada pela liberação de substâncias humorais vasoativas associada à deposição de fibrose endocárdica em valvas cardíacas direitas. A valva cardíaca mais acometida é a valva tricúspide, cursando, na maioria dos casos, com insuficiência, assim como a valva pulmonar também pode ser acometida, cursando, na maioria dos casos, com estenose.

Resposta correta   alternativa e

55 Paciente de 58 anos, masculino, com queixa de dispneia progressiva aos esforços há 2 meses, chegando na última semana até dispneia aos pequenos esforços, ortopneia e dispneia paroxística noturna. Associado ao quadro, observou-se presença de edema progressivo de membros inferiores. Referia história prévia de hipertensão arterial há 10 anos em uso irregular de hidroclorotiazida e atenolol. Negava história familiar de cardiopatia. Ao exame físico, apresentava: FC = 104 bpm; PA = 154 × 102 mmHg; levemente dispneico ao repouso; estase jugular positiva; presença de estertores crepitantes em bases de ambos os hemitórax; ritmo cardíaco regular e presença de B3 na ausculta cardíaca; fígado doloroso e palpável a 2 cm do rebordo costal direito e edema de membros inferiores 2+/4+. Com relação ao perfil clínico-hemodinâmico desse paciente em insuficiência cardíaca descompensada, podemos afirmar que:

a. O paciente apresenta perfusão periférica normal sem sinais de congestão (quente e seco).

b. O paciente apresenta perfusão periférica diminuída sem sinais de congestão (frio e seco).

c. O paciente apresenta perfusão periférica diminuída com sinais de congestão (frio e congesto).

d. O paciente apresenta perfusão periférica normal com sinais de congestão (quente e congesto).

e. Nenhuma das alternativas está correta.

Comentário   A insuficiência cardíaca aguda pode se manifestar clinicamente com sinais de baixo débito cardíaco (por exemplo, enchimento capilar lentificado e baixos valores de pressão arterial periférica) e/ou sinais de congestão sistêmica e pulmonar (por exemplo, hepatomegalia dolorosa e edema pulmonar).

O paciente em questão evoluía com pelo menos três dos critérios maiores de Framingham para insuficiência cardíaca (dispneia paroxística noturna, turgência jugular e estertores crepitantes pulmonares), provavelmente no curso de uma descompensação aguda secundária aos níveis elevados de pressão arterial sistêmica. No exame físico, foram observados sinais de congestão sistêmica (edema periférico, hepatomegalia dolorosa e turgência jugular) e de congestão pulmonar (ortopneia, dispneia paroxística noturna e estertores crepitantes pulmonares). O enchimento capilar periférico não foi citado, porém a pressão arterial periférica se encontrava elevada e não havia sinais de disfunção orgânica que pudessem sugerir baixa perfusão e baixo débito cardíaco. Portanto, tratava-se de um paciente com perfil hemodinâmico dito quente (boa perfusão) e úmido (com sinais de congestão). O perfil hemodinâmico quente e úmido é o tipo mais comum de apresentação da insuficiência cardíaca aguda; no entanto, é o terceiro em mortalidade (52%).

Resposta correta   alternativa d

56 Em relação ao paciente da questão 55, podemos afirmar que a melhor opção terapêutica inicial desse paciente com insuficiência cardíaca descompensada deve incluir:

a. Dobutamina.
b. Hidratação.
c. Diuréticos de alça e vasodilatadores.
d. Milrinona.
e. Anticoagulação.

Comentário   Nos pacientes que apresentam perfil quente e úmido (com congestão e sem sinais de baixo débito cardíaco), a medida desejada é a redução das pressões de enchimento dos ventrículos. Isso pode ser conquistado com o uso de diuréticos, sobretudo os diuréticos de alça administrados de forma intravenosa. A resolução da congestão pulmonar e sistêmica, contudo, pode se mostrar lenta apenas com o uso de diuréticos. Dessa forma, a adição de vasodilatadores pode garantir de forma mais rápida a resolução dos sintomas congestivos.

Resposta correta   alternativa c

I. A ação antiagregante do ácido acetilsalicílico sobre uma plaqueta, por meio de bloqueio da síntese de tromboxano A2, reverte, em média, em até 5 dias sem o uso do medicamento.

II. Resistência individual à ação do clopidogrel é mais frequente em pacientes diabéticos.

III. Dipiridamol é uma alternativa de antiagregante plaquetário em caso de intolerância ao ácido acetilsalicílico.

Assinale a alternativa CORRETA.

a. Apenas I e II estão corretas.
b. Apenas I e III estão corretas.
c. Apenas II e III estão corretas.
d. Apenas a II está correta.
e. As três estão corretas.

Comentário A afirmativa I está incorreta, pois a ação do ácido acetilsalicílico age bloqueando a síntese de tromboxano A2 de forma irreversível e seus efeitos podem durar entre 8 e 10 dias. Com relação à afirmativa II, o clopidogrel pode apresentar variações em seu efeito antiplaquetário em função do fenótipo do paciente (obesidade e diabete), de polimorfismos entérico (ABCB 1) e hepático (enzima CYP450), além de medicações que interferem na sua biotransformação, o que a torna correta. Por fim, em casos de intolerância ao ácido acetilsalicílico, os antiagregantes plaquetários escolhidos são os tienopiridínicos (clopidogrel ou prasugrel), por isso a afirmativa III está incorreta.

Resposta correta alternativa d

58 **A dissecção da aorta que acomete apenas a aorta ascendente é classificada como:**

a. Tipo B de Stanford e tipo II de DeBakey.
b. Tipo A de Stanford e tipo I de DeBakey.
c. Tipo B de Stanford e tipo III de DeBakey.
d. Tipo A de Stanford e tipo II de DeBakey.
e. Tipo A de Stanford e tipo III de DeBakey.

Comentário As classificações de Stanford e DeBakey constituem duas formas distintas de identificar e categorizar anatomicamente as dissecções aórticas. O tipo A de Stanford é estabelecido por qualquer dissecção envolvendo a aorta ascendente, enquanto qualquer dissecção que não envolva a aorta ascendente é categorizada como tipo B. Quando a origem é na aorta ascendente e se estende, no mínimo, ao arco aórtico, a disseção é classificada como tipo I de DeBakey e tipo II, por sua vez se configura como tudo o que está confinado à aorta ascendente. Por fim, o tipo III de DeBakey é aquele que se origina na aorta descendente e se estende distalmente.

Resposta correta   alternativa d

59 Com relação ao tratamento não farmacológico das dislipidemias, assinale a alternativa CORRETA:

a. Redução do consumo de gorduras trans e saturadas, exercícios físicos regulares, e consumo preferencial de ácidos graxos mono e poli-insaturados.

b. Exercícios físicos regulares, consumo de fibras, redução de carboidratos simples e consumo regular de álcool, particularmente vinhos tintos (ricos em antioxidantes) no caso de hipertrigliceridemias.

c. Interrupção do tabagismo, aumento do consumo de gorduras monoinsaturadas e de gorduras trans, redução do consumo de álcool.

d. Aumento de consumo de fibras e de gorduras poli-insaturadas e monoinsaturadas, e de carboidratos simples.

e. Aumento do consumo de ácidos graxos ômega-3 e de gordura trans, além da interrupção do fumo e exercícios regulares.

Comentário   No tratamento da dislipidemia, o alcance das metas é variável e depende da adesão à dieta, às correções no estilo de vida (perda de peso, atividade física e cessação do tabagismo) e, principalmente, da influência genética da dislipidemia em questão. Os níveis séricos de colesterol e triglicérides se elevam em função do consumo alimentar aumentado de colesterol, carboidratos, ácidos graxos saturados, ácidos graxos trans e excessiva quantidade de calorias. Por isso, a seleção adequada desses itens poderá contribuir de maneira eficaz com o controle das dislipidemias. A redução da ingestão de bebidas alcoólicas possui impacto positivo na redução dos triglicérides séricos. O aumento do consumo de gordura trans está associado a aumento dos níveis séricos de colesterol e foge das metas previstas no tratamento das dislipidemias. A redução da ingestão de carboidratos simples está associada à redução dos níveis séricos de triglicérides. Por fim, o aumento do consumo de gordura trans está associado ao aumento dos níveis séricos de colesterol e foge das metas previstas no tratamento das dislipidemias.

Resposta correta alternativa a

60 Durante a gravidez, quais das seguintes variações hemodinâmicas ocorrem, em relação ao estado pré-gestacional? (aumento ↑, redução ↓ e inalterado ↔)

a. Débito cardíaco ↑; pressão arterial ↑; frequência cardíaca ↔.
b. Débito cardíaco ↑, pressão arterial ↓; resistência vascular periférica ↑.
c. Débito cardíaco ↑; frequência cardíaca ↑, resistência vascular periférica ↓.
d. Resistência vascular periférica ↑, glóbulos vermelhos ↔; frequência cardíaca ↑.
e. Débito cardíaco ↓; frequência cardíaca ↑, resistência vascular periférica ↓.

Comentário A frequência cardíaca e o volume sistólico aumentam durante a gestação, possibilitando também o aumento do débito cardíaco. Este, por sua vez, aumenta durante a gestação, atinge o pico máximo na 26ª semana e se mantém dessa forma até a 32ª semana, quando começa a diminuir gradativamente até o fim da gestação. O primeiro evento de mudança no sistema cardiovascular na gestação é a vasodilatação sistêmica com diminuição da resistência vascular sistêmica. Na gestação, ocorrem aumento progressivo dos níveis plasmáticos de prostaciclinas e redução dos níveis de tromboxano A2, o que resulta em predomínio de vasodilatação sobre vasoconstrição.

Resposta correta alternativa c

61 Assinale a alternativa ERRADA:

a. Sopro de Graham Steel é o sopro diastólico devido à regurgitação da valva pulmonar por hipertensão pulmonar.
b. Sopro de Carey Coombs é o sopro sistólico mitral devido à valvulite na fase aguda de doença reumática.
c. Sopro de Austin Flint é o sopro diastólico mais bem audível no ápice, determinado pelo jato de regurgitação aórtica colidindo com o folheto anterior da mitral ou a parede livre do ventrículo esquerdo.
d. Mixoma atrial pode determinar sopro diastólico mitral.
e. Na síndrome de Marfan, pode ocorrer regurgitação da valva pulmonar por dilatação dessa artéria.

Comentário Geralmente, os sopros diastólicos estão associados a doenças cardíacas. O sopro de Carey Coombs é uma causa não tão comum de sopro mesodiastólico e está relacionado à fase aguda de valvulite mitral reumática aguda. Os sopros mesodiastólicos mais comuns são de estenose mitral, estenose tricúspide, tumores atriais direitos, Austin Flint e aquele com aumento de fluxo por meio da valva mitral e tricúspide não estenótica (comunicação interventricular, comunicação interatrial, bloqueiro atrioventricular total, síndromes com alto débito, além das regurgitações mitral e tricúspide).

Resposta correta alternativa b

62 Em relação aos efeitos cardíacos da cocaína, assinale a alternativa ERRADA:

a. Possui forte ação simpatomimética.
b. Aumenta consideravelmente o consumo miocárdico de oxigênio.
c. Aumenta a agregação plaquetária e eleva a concentração de inibidor do plasminogênio, facilitando a formação de trombos.
d. Em longo prazo, não há demonstração de que possa promover alterações aterogênicas nas artérias coronarianas.
e. Aumenta a produção de endotelina e reduz a produção de óxido nítrico, facilitando o espasmo coronariano.

Comentário A cocaína é a droga ilícita mais utilizada nos pacientes que procuram atendimento nas unidades de emergência cardiovasculares. Como a frequência do abuso da cocaína tem aumentado, um maior número de complicações cardiovasculares relacionadas à droga tem sido observado. Além dos eventos isquêmicos agudos (angina, infarto agudo do miocárdio e morte súbita), o abuso crônico da cocaína está relacionado a disfunção miocárdica, arritmias, endocardite e dissecção da aorta. A maioria dos infartos do miocárdio são associados a doses de 0,15 a 2 g e são descritas em usuários ocasionais ou crônicos. Podem ocorrer em qualquer via de administração e, geralmente, após 1 hora do uso da droga, embora existam relatos de eventos até 15 horas após seu uso. Aumento de frequência cardíaca, pressão arterial, contratilidade miocárdica, vasoconstrição pelo aumento alfa-adrenérgico, com aumento de endotelina e diminuição do óxido nítrico são mecanismos de ação da cocaína na indução de isquemia ou infarto agudo do miocárdio, além da aceleração de aterosclerose e trombose coronariana em decorrência do aumento do inibidor do ativador de plasminogênio, da ativação e da agregação planetária, assim como de disfunção endotelial. Dessa forma, facilita a permeabilidade ao LDL-colesterol, a expressão das moléculas de adesão endotelial e a migração leucocitária.

Resposta correta   alternativa d

63 No que se refere à síndrome coronariana aguda sem supradesnível do segmento ST (SCAsSST), segundo as "Diretrizes da Sociedade Brasileira de Cardiologia sobre angina instável e infarto agudo do miocárdio sem supradesnível do segmento ST", a afirmativa CORRETA é:

a. A indicação de intervenção coronariana percutânea como modalidade preferencial de revascularização miocárdica aumentou nos últimos anos, ainda que esse procedimento não tenha demonstrado impacto no prognóstico de pacientes com SCAsSST.

b. Em pacientes com SCAsSST, preconiza-se a realização precoce de cineangiocardiografia, independentemente da estratificação de risco inicial.

c. A adoção da estratégia conservadora inicialmente, postergando a realização da cinecoronariografia, permite identificar imediatamente os cerca de 10-20% de pacientes sem lesões ou com obstruções coronarianas não significativas hemodinamicamente (< 50%) e que podem ter alta hospitalar precoce, com excelente prognóstico desde que controlem adequadamente seus fatores de risco.

d. Em pacientes com alteração dinâmica do segmento ST e/ou alteração de marcadores cardíacos, a estratégia intervencionista precoce está contraindicada, dada a elevada taxa de óbito nesses cenários.

e. Em pacientes com SCAsSST, é importante ressaltar que o conjunto das evidências demonstra que o benefício da estratégia intervencionista precoce é tanto maior quanto maior for o risco do paciente.

Comentário   Ao longo das últimas décadas, um aumento contínuo e crescente da intervenção coronária percutânea (ICP) tem sido observado nos pacientes com síndrome coronariana aguda com supradesnivelamento do segmento ST (SCAsSST). É no contexto da doença coronariana aguda que a ICP tem demonstrado sua eficácia, com impacto inclusive no prognóstico. Os pacientes com SCAsSST devem ser estratificados quanto ao risco de eventos cardíacos maiores e os pacientes com risco intermediário a alto devem ser submetidos a estratégia invasiva precoce com realização de cineangiocoronariografia. Os pacientes com alteração dinâmica do segmento ST e/ou com alterações de marcadores cardíacos são considerados de alto risco e são aqules que mais se beneficiam de uma estratégia intervencionista. A estratégia intervencionista precoce, além de reduzir eventos cardíacos maiores, permite identificar cerca de 10 a 20% de pacientes sem lesões ou com obstruções coronarianas não significativas que têm excelente prognóstico e podem ter alta antes do tempo, além de poder identificar, também, cerca de 20 a 30% de pacientes que se beneficiarão da revascularização cirúrgica miocárdica.

Resposta correta   alternativa e

64 Paciente de 40 anos, previamente assintomático, encaminhado devido a episódio de síncope e tontura de início recente. O eletrocardiograma mostra bloqueio atrioventricular total. Devido à hipótese de ser secundário à cardiopatia congênita, qual das alternativas a seguir é a mais provável?

a. Comunicação interventricular.
b. Banda anômala do ventrículo direito.
c. Estenose pulmonar infundíbulo-valvar.
d. Comunicação interatrial tipo seio venoso.
e. Transposição corrigida das grandes artérias sem lesões associadas.

Comentário   A transposição congenitamente corrigida das grandes artérias (TCGA) se relaciona a corações nos quais há conexões atrioventriculares (AV) discordantes em combinação com conexões ventriculoarteriais discordantes. Trata-se de uma malformação rara (< 1% das cardiopatias congênitas) que pode estar associada, em até 95% das ocorrências, a outras cardiopatias como comunicação interventricular (CIV) (75%), estenose pulmonar (75%) e anomalias valvares do lado esquerdo (75%). Cerca de 50% dos pacientes apresentam bloqueio AV de primeiro grau, 5% nascem com bloqueio AV total congênito e, nos pacientes sem bloqueio AV congênito, um bloqueio AV adquirido continua a se desenvolver a uma taxa de 2% ao ano. Os pacientes com TCGA na forma isolada podem sobreviver excepcionalmente até a sétima ou oitava décadas de vida; no entanto, geralmente a partir da quarta década de vida tendem a apresentar insuficiência da valva sistêmica (tricúspide) e disfunção ventricular sistêmica (direita). Em função da grande frequência da combinação de CIV com obstrução da via de saída ventricular esquerda subpulmonar, esse subgrupo de pacientes pode permanecer cianótico durante anos sem intervenção, embora tenham maior risco para embolia paradoxal. Nesses pacientes, a estratégia cirúrgica deve ser o fechamento da CIV com retalho e tubo ventrículo esquerdo-artéria pulmonar. Deve-se realizar a substituição da valva AV sistêmica (tricúspide) quando insuficiência moderada ou grave são desenvolvidas. Pacientes com insuficiência cardíaca sintomática no estágio final devem ser encaminhados para transplante cardíaco. A correção da CIV com tubo ventrículo esquerdo-artéria pulmonar permite sobrevida média de 40 anos. Entre as causas mais comuns de morte estão morte súbita e disfunção ventricular direita sistêmica progressiva associada à insuficiência da valva AV (tricúspide). A presença de insuficiência dessa valva AV é o maior preditor prognóstico.

Resposta correta   alternativa e

65 Qual paciente com doença arterial coronariana estável NÃO se beneficiará da administração de succinato de metoprolol?

a. Aquele com a angina de peito desencadeada pela atividade física.
b. Aquele com antecedentes de arritmias supraventricular e ventricular.
c. Aquele com infarto do miocárdio prévio.
d. Aquele com disfunção sistólica isolada do ventrículo direito.
e. Aquele com insuficiência cardíaca congestiva, classes funcionais II e III da New York Heart Association.

Comentário   Os bloqueadores beta-adrenérgicos representam um pilar do tratamento da angina estável. Seu mecanismo de ação se baseia, principalmente, na redução da necessidade de oxigênio (redução da demanda), primariamente por meio da redução da frequência cardíaca e da pós-carga (aumentando o tempo diastólico e a perfusão coronariana). Além dos efeitos diretos na inibição competitiva das catecolaminas neuronalmente circulantes, eles reduzem a pressão arterial induzida por exercícios, limitam os aumentos na contratilidade induzido por esforços, assim como também são importantes anti-hipertensivos e antiarrítmicos. Por isso, no tratamento da doença coronariana estável, eles têm um efeito final de redução dos episódios diários de angina e também aumentam o limiar de angina desencadeado pelo esforço físico. Por fim, vários estudos já demonstraram que os betabloqueadores são eficazes para reduzir a mortalidade e o reinfarto após quadro de infarto agudo do miocárdio, como também para reduzir a mortalidade em pacientes com insuficiência cardíaca sintomática.

Resposta correta   alternativa d

66 Em relação à insuficiência aórtica grave, assinale a resposta CORRETA:

a. Sinal de Müller é o movimento involuntário da cabeça acompanhando cada batimento cardíaco.

b. Sinal de Musset consiste em pulsações da úvula acompanhando os batimentos cardíacos.

c. Ruído de pistola (ou sinal de Traube) são batimentos intensos, amplos, curtos, melhor palpáveis comprimindo-se com uma mão o antebraço do paciente.

d. Sinal de Quincke consiste em pulsações capilares visíveis na glote.

e. Na regurgitação aórtica causada por doença valvar, o sopro diastólico costuma ser mais bem audível no 3º e 4º espaços intercostais da borda esternal esquerda, e quando é secundária à dilatação da aorta, é mais bem audível na borda esternal direita alta.

Comentário   Pacientes com insuficiência aórtica têm um exame físico rico em sinais e sintomas. Entre os mais importantes, estão oscilação da cabeça para cada batimento (sinal de Musset), pulsos em martelo d'água (pulso de Corrigan), ruídos em disparo de pistola ouvidos sobre a artéria femoral (sinal de Traube), pulsações sistêmicas da úvula (sinal de Müller), sopro sistólico ouvido sobre a artéria femoral comprimida proximalmente (sinal de Duroziez) e sinal de Quincke, quando são observadas pulsações capilares detectadas por meio de transmissão de luz nas pontas dos dedos. O sopro da regurgitação aórtica é o principal achado do exame físico e ocorre com alta frequência. Inicia-se após o componente aórtico da segunda bulha cardíaca (A2) e é auscultado de forma melhor com o paciente sentado ou inclinado para a frente com a respiração presa na expiração profunda. Pacientes com insuficiência aórtica (IAo) crônica apresentam também sopro sistólico aórtico ocasionado pelo aumento do volume sistólico total do ventrículo esquerdo, sendo que esse é, na maioria das ocorrências, mais audível que o próprio sopro diastólico. A palpação dos pulsos carotídeos e outros sinais de IAo podem elucidar e diferenciar o sopro da estenose aórtica. Outro sopro encontrado na IAo é o denominado de Austin Flint, um ruído apical meso-

QUESTÕES COMENTADAS | PROVA DE 2014   271

diastólico que provavelmente foi criado pelo refluxo aórtico grave colidindo com o folheto anterior da valva mitral ou com a parede livre do ventrículo esquerdo.

Resposta correta   alternativa e

67 **Em relação à ação eletrofisiológica dos fármacos antiarrítmicos, assinale a alternativa CORRETA:**

a.   O sotalol é um betabloqueador não seletivo com propriedade de prolongar o potencial de ação principalmente em frequência cardíaca reduzida.

b.   A amiodarona tem atuação mais intensa sobre o potencial de ação do miocárdio atrial que ventricular.

c.   A propafenona promove o bloqueio dos canais de sódio no miocárdio ventricular.

d.   A lidocaína reduz a automaticidade do nódulo sinusal.

e.   A ação antiarrítmica dos betabloqueadores depende de atividade simpatomimética intrínseca.

Comentário   A amiodarona prolonga a duração do potencial de ação (DPA) e a refratariedade de todas as fibras cardíacas. Em seus efeitos agudos, prolonga o DPA do músculo ventricular. Os períodos refratários efetivos (PRE) de todos os tecidos cardíacos são prolongados. Dessa forma, a amiodarona tem ações classe I (bloqueio I_{na}), classe II (antiadrenérgico), classe IV (bloqueio I_{ca}) e classe III (bloqueio I_k). A lidocaína, por sua vez, é um agente classe IB que bloqueia $I_{na,}$ e reduz o DPA e o PRE. Possui cinética com rápido início e desaparecimento de ação, além de não afetar a automaticidade do nódulo sinusal. A lidocaína possui poucos efeitos sobre fibras atriais. Já os betabloqueadores adrenérgicos exercem ação eletrofisiológica pela inibição competitiva da ligação das catecolaminas nos locais beta-adrenorreceptores. Os betabloqueadores, que possuem atividade simpaticomimética intrínseca (ASI), ativam levemente o betarreceptor, por isso parecem ser mais eficazes que os sem ASI e podem causar menor retardamento da frequência cardíaca em repouso, assim como menor prolongamento do tempo de condução do nó atrioventricular, além de induzir menor depressão da função do ventrículo esquerdo.

Resposta correta   alternativas a e c

68 Homem, 61 anos, com cardiomiopatia isquêmica, classe funcional (NYHA) III, em tratamento clínico otimizado. Fração de ejeção de ventrículo esquerdo de 32%. Apresenta o ECG a seguir. Considerando as evidências científicas para implante de ressincronizador cardíaco (RC), qual é a conduta mais adequada?

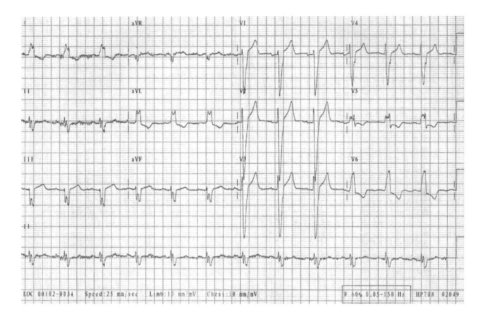

a. Indicação de RC, apesar de nenhum estudo com as características desse paciente ter demonstrado redução de mortalidade total como desfecho primário isolado.
b. Indicação de ecocardiograma tecidual para pesquisa de dissincronia intraventricular antes de indicar o RC.
c. A indicação de RC associado a cardioversor-desfibrilador implantável dependerá do resultado do estudo eletrofisiológico.
d. Indicação de ressonância magnética cardíaca para avaliar a responsividade ao RC.
e. Os estudos com RC que incluíram este perfil de pacientes comprovaram a redução de hospitalização por insuficiência cardíaca, mortalidade total e súbita.

Comentário A terapia de ressincronizador cardíaco (TRC) tem indicação classe I e nível de evidência A para pacientes em classes funcionais III e IV da

QUESTÕES COMENTADAS | PROVA DE 2014 273

New York Heart Association, com fração de ejeção do ventrículo esquerdo < 35%, duração do QRS ≥ 0,12 s e ritmo sinusal. O ensaio Care-HF foi projetado para avaliar os efeitos da TRC sem cardiodesfibrilador implantável sobre a morbidade e a mortalidade de pacientes com insuficiência cardíaca classes III e IV e com dissincronia ventricular. Observou-se redução de 37% no objetivo primário (morte por qualquer causa e hospitalização não planejada) no grupo de pacientes que foram submetidos à TRC, enquanto os resultados do ensaio Prospect não confirmaram o benefício da indicação de ressincronização guiada pela ecocardiografia tissular.

Resposta correta   alternativa e

69 Paciente feminina, 74 anos, hipertensa e diabética não insulino-dependente de longa data, com história de crises de palpitação de início recente. Coração estruturalmente normal. Cintilografia miocárdica normal. Não apresentava nenhuma evidência de arteriopatia periférica. O *clearance* de creatinina estimado foi de 28 mL/min. Foi solicitado Holter de 24 horas, que documentou um episódio sintomático e sustentado de fibrilação atrial com reversão espontânea. Iniciou-se propafenona e a paciente manteve-se assintomática. Qual é a conduta recomendada para profilaxia de fenômeno tromboembólico nessa paciente?

a. Não é necessário adotar nenhuma medida profilática por tratar-se de paciente de muito baixo risco tromboembólico.
b. Iniciar varfarina (INR: 2,0-3,0) por apresentar escore CHADS2: 2 e CHA2DS2VASc: 4.
c. Iniciar dabigatrana (110 mg duas vezes/dia) por apresentar escore CHADS2: 2 e CHA2DS2VASc: 4.
d. Iniciar ácido acetilsalicílico (81 a 325 mg) por apresentar escore CHADS2: 1 e CHA2DS2VASc: 3, no contexto de FA paroxística.
e. Iniciar dabigatrana (150 mg duas vezes/dia) por apresentar escore CHADS2: 3 e CHA2DS2VASc: 4.

Comentário   O objetivo principal do tratamento de pacientes com fibrilação atrial (FA) é evitar as complicações tromboembólicas. Está estabelecido que a varfarina é superior ao ácido acetilsalicílico para reduzir eventos tromboembólicos. No entanto, quando se avalia o risco de complicações hemorrágicas, deve-se, inicialmente, estratificar o risco desses eventos para identificar os pacientes que se beneficiarão de anticoagulação. Os principais fatores de risco são acidente vascular cerebral prévio, diabete, hipertensão, insuficiência cardíaca e idade. Desses fatores de risco, surgiu o escore CHADS2, no qual acidente vascular cerebral tem peso 2, variando, portanto, de 0 a 6 pontos. Além disso, demostrou-se que a doença renal crônica (taxa de filtração < 45 mL/min/1,73 m^2) também promove aumento no risco. Pacientes com CHADS2 = 0 (risco de 1 a 2% ao ano de eventos) devem utilizar ácido acetilsalicílico. Estudos mostraram que, quando o CHADS2 for ≥ 2, a varfarina é indicada mantendo-se INR entre 2 e 3. O novo escore europeu (CHA2DS2VASc) incluiu doença vascular, idade de 64 a 75 anos e sexo feminino (conferindo 2 pontos para idade > 75 anos) e, da mesma forma, pacientes com escore > 2 devem ser anticoagulados com varfarina. Os novos inibidores da trombina, embora tenham tido resultados promissores nos estudos iniciais, ainda não foram contemplados pela "Diretriz brasileira de fribrilação atrial" de 2009.

Resposta correta   alternativa b

70 De acordo com as "Diretrizes brasileiras para o diagnóstico, o tratamento e a prevenção da febre reumática", qual é a recomendação para profilaxia secundária em paciente com 31 kg, 13 anos e alérgico à penicilina que teve febre reumática com cardite prévia e leve insuficiência mitral residual?

a. Sulfadiazina 500 mg 1× dia até 25 anos.
b. Eritromicina 250 mg 1× dia por toda a vida.
c. Eritromicina 250 mg 1× dia até 25 anos.
d. Sulfadiazina 500 mg 1× dia até 40 anos.
e. Sulfadiazina 1 g 1× dia até 25 anos.

Comentário   Segundo as "Diretrizes brasileiras para o diagnóstico, o tratamento e a prevenção da febre reumática", pacientes portadores de febre reumática prévia ou com cardiopatia reumática comprovada devem realizar profilaxia secundária com administração contínua de antibiótico, visando previnir colonização ou infecção por estreptococos beta-hemolíticos do grupo A e, por conseguinte, novos episódios da doença. A penicilina G benzatina é a medicação de escolha na dose de 1.200.000 UI, por via intramuscular, para > 20 kg, a cada 21 dias. Em caso de alergia à penicilina, a sulfadiazina na dose de 500 mg, por via oral, uma vez ao dia, para < 30 kg; e 1 g, uma vez ao dia,

QUESTÕES COMENTADAS | PROVA DE 2014   275

para > 30 kg. Em caso de alergia à penicilina e à sulfadiazina, a medicação recomendada é a eritromicina, 250 mg, por via oral, a cada 12 horas. Para pacientes com febre reumática sem cardite prévia, a duração é até os 21 anos de idade; com cardite prévia ou lesão valvar leve, é até os 25 anos; enquanto para pacientes com lesão valvar moderada, grave ou mesmo após cirurgia valvar, a recomendação é até os 40 anos de idade ou mesmo por toda a vida.

Resposta correta   alternativa e

71 Paciente masculino, 22 anos, assintomático, trabalhador da construção civil, que no exame médico admissional foi diagnosticado como portador de hipertensão arterial sistêmica com PA de 220 $\times$ 140 mmHg. Na investigação foi confirmado o diagnóstico de coarctação de aorta importante. Qual a conduta recomendada para o caso?

a. Por se tratar de coarctação nativa, a opção terapêutica para esse caso é correção cirúrgica, pois o tratamento percutâneo só está indicado para os casos de recoarctação.

b. Caso a anatomia seja favorável, o tratamento percutâneo com implante de *stent* é a melhor opção.

c. Iniciar tratamento clínico com anti-hipertensivos e observar a resposta clínica e só encaminhar para correção cirúrgica ou tratamento percutâneo após o controle da pressão arterial.

d. Acompanhamento clínico com eletrocardiograma e ecocardiograma para avaliar sobrecarga e função do ventrículo esquerdo (VE). Encaminhar para tratamento, quando do aparecimento de sintomas, sobrecarga ou dilatação do VE.

e. Para definir o melhor tratamento, há necessidade de cateterismo cardíaco para obtenção de dados hemodinâmicos como pressão e resistência vascular pulmonar.

Comentário   Recentemente, a aortoplastia por cateter com implante de *stent* tem substituído a dilatação apenas com balão. O tratamento percutâneo é indicado em pacientes com hipertensão arterial, hipertrofia ventricular esquerda ou disfunção diastólica do ventrículo esquerdo. Os pacientes que possuam redução dos pulsos nos membros inferiores e que apresentem diferencial de pressão > 20 mmHg também devem ser encaminhados para tratamento intervencionista. A dilatação com balão, embora eficaz para reduzir o gradiente aórtico e a hipertensão arterial, está associada a algumas complicações agudas e de longo prazo, como dissecção da aorta, reestenose e formação de aneurisma no sítio da coarctação. O implante de *stent* praticamente eliminou essas complicações, além de aumentar a previsibilidade do procedimento.

Resposta correta   alternativa b

72 Em relação ao tratamento da insuficiência cardíaca com bloqueadores de receptores da angiotensina II (BRA), é CORRETO afirmar que:

a. O estudo Elite II demonstrou que a losartana foi superior ao captopril na redução da morte súbita.
b. A valsartana, a losartana e a candesartana são os BRA aprovados para o tratamento da insuficiência cardíaca sistólica.
c. A associação de candesartana a inibidores da enzima de conversão da angiotensina (IECA) demonstrou efeito aditivo na redução da mortalidade.
d. Os BRA são indicação de primeira escolha no tratamento da insuficiência cardíaca sistólica e IECA, segunda opção.
e. O principal benefício terapêutico do BRA decorre de sua ação indireta sobre o receptor AT2 da angiotensina II.

Comentário   Os bloqueadores dos receptores da angiotensina II (BRA) são medicamentos indicados no tratamento da insuficiência cardíaca com disfunção sistólica em pacientes com intolerância aos inibidores da enzima de conversão da angiotensina (IECA). Seu mecanismo de ação é o bloqueio seletivo dos receptores AT1 da angiotensina II. Entre os ensaios que avaliam o benefício dos BRA na insuficiência cardíaca crônica (ICC), destacam-se o estudo Elite II, que comparou losartana e captopril em pacientes com ICC e disfunção ventricular esquerda, não demonstrando diferenças significativas na mortalidade geral e súbita, e o ensaio Charm-*added*, que comparou placebo e candesartana em pacientes que já recebiam IECA e demonstrou redução de hospitalizações por ICC, porém sem modificações na mortalidade geral.

Resposta correta   alternativa b

QUESTÕES COMENTADAS | PROVA DE 2014   277

73 Em relação à hipertensão arterial sistêmica em grupos especiais, assinale a alternativa ERRADA:

a. Os adultos afrodescendentes apresentam hipertensão arterial com maiores taxas de morbimortalidade.

b. Embora não seja frequente a HAS induzida por contraceptivos orais, os riscos de complicações cardiovasculares associadas ao seu uso são consistentemente maiores em mulheres fumantes, com idade superior a 35 anos.

c. Pseudo-hipertensão no idoso é o resultado da esclerose arterial que provoca o não colapso do vaso quando da insuflação do manguito e, dessa forma, requer maior grau de insuflação desse manguito para obtenção da medida da pressão arterial.

d. A síndrome hiporreninêmica e hipoaldosteronêmica em diabéticos com hipertensão arterial é frequentemente manifestada pela presença de hipopotassemia.

e. Hipertensão arterial é mais comum nos obesos e apresenta maior risco cardiovascular naqueles obesos com concentração de gordura na região abdominal e visceral.

Comentário   A síndrome hiporreninêmica e hipoaldosteronêmica, em pacientes diabéticos com nefropatia diabética, é a maior causa de acidose tubular renal tipo IV. Os determinantes da hiporreninemia são efeitos sobre o aparelho justaglomerular (secundários à neuropatia e à doença vascular), causando produção de renina inativa, com consequente impacto sobre a secreção de renina, defeito na síntese de aldosterona e diminuição da função renal como um todo. Pacientes com hipoaldosteronismo hiporreninêmico e algum grau de insuficiência renal desenvolvem hipercalemia.

Resposta correta   alternativa d

74 Em relação à cardiopatia chagásica, assinale a alternativa ERRADA:

a. O tratamento antiparasitário específico está indicado na forma aguda da doença.

b. Na fisiopatologia da cardiopatia chagásica crônica, a disautonomia cardíaca, predominantemente do sistema parassimpático cardíaco, pode levar a hipotensão postural.

c. A disfunção ventricular na cardiopatia chagásica crônica afeta predominantemente o ventrículo esquerdo.

d. A dor do tipo anginosa é frequente na cardiopatia chagásica, apresenta características atípicas.

e. A alteração eletrocardiográfica mais frequente na cardiopatia chagásica crônica é o bloqueio de ramo direito associado ao bloqueio divisional anterossuperior esquerdo.

Comentário Na cardiopatia chagásica, há uma repopulação neuronal pelo *Trypanossoma cruzi* no sistema parassimpático acompanhada por disautonomia cardíaca e encontrada antes da disfunção ventricular. Em consequência desses distúrbios funcionais da regulação autonômica cardíaca, há redução do controle inibitório vagal. Entre as alterações mais comuns da cardiopatia chagásica crônica, o bloqueio completo do ramo direito associado ao hemibloqueio anterior esquerdo é a alteração eletrocardiográfica mais frequente (> 50% dos pacientes). Os bloqueios atrioventriculares de graus variáveis também são descritos comumente. Além do comprometimento do sistema de condução, as lesões miocárdicas que geram disfunção biventricular são características da cardiopatia chagásica crônica. A principal indicação para o tratamento antiparasitário específico é na forma aguda da doença, porém há consenso de que crianças em fase crônica da doença, pacientes com reativação da fase crônica, como imunossuprimidos, e indivíduos que sofreram acidentes com sangue contaminado também devem receber o antiparasitário. A apresentação clínica mais frequente é insuficiência cardíaca biventricular, com predominância dos sintomas relacionados ao maior comprometimento do ventrículo direito (estase jugular, hepatomegalia, ascite e edema de membros inferiores), associada a arritmias ventriculares, atriais e distúrbios de condução atrioventricular e intraventricular.

Resposta correta alternativa c

75 Sobre o papel cardiovascular do óxido nítrico, assinale a alternativa ERRADA:

a. Em pacientes portadores de doença coronariana, exercícios físicos não interferem na sua produção.

b. É gerado no endotélio vascular pela enzima sintase do óxido nítrico endotelial (eNOS).

QUESTÕES COMENTADAS | PROVA DE 2014 279

c. O óxido nítrico pode ser liberado pelo endotélio em resposta ao estímulo de bradicininas.

d. Excesso de óxido nítrico pode ser produzido por cardiomiócitos em estados patológicos como choque cardiogênico ou choque séptico, pela enzima induzível (iNOS).

e. Quantidades fisiológicas de óxido nítrico são cardioprotetoras, mas níveis excessivos são deletérios.

Comentário O óxido nítrico (NO) foi foco do prêmio Nobel de 1998 e é gerado no coração por uma de três isoenzimas. O NO vasodilatador é gerado no endotélio vascular pela óxido nítrico sintase endotelial (eNOS) em resposta ao aumento do fluxo sanguíneo, ao aumento da carga cardíaca ou à bradicinina. O excesso de NO é gerado nos cardiomiócitos em estados mórbidos, como o choque cardiogênico, pela enzima indutível (iNOS). Em contrapartida, a geração de NO pela NOS neuronal (nNOS) é a forma encontrada em terminais nervosos vagais. O treinamento por exercícios gera a formação aumentada de NO pela eNOS. Embora quantidades fisiológicas de NO seja cardioprotetoras, os níveis excessivos são prejudiciais.

Resposta correta alternativa a

76 Considere as afirmações a seguir sobre nitratos.

I. Para combater a tolerância às isossorbidas, recomenda-se um período mínimo de 8 horas por dia sem uso do medicamento.

II. Os nitratos são capazes de aliviar as dores decorrentes de espasmos esofágicos.

III. Após ingestão de qualquer preparação de nitrato oral, o uso de sildenafila está contraindicado pelo período mínimo de 24 horas.

Assinale a alternativa CORRETA.

a. Apenas I e II estão corretas.

b. Apenas I e III estão corretas.

c. Apenas II e III estão corretas.

d. Todas estão corretas.

e. Apenas uma está correta.

Comentário A questão foi reavaliada e foram identificados problemas no gabarito oficial após consulta às fontes bibliográficas. A Comissão Julgadora do Título de Especialista em Cardiologia (CJTEC), da Sociedade Brasileira de Cardiologia, em decisão plenária, deliberou a favor da anulação da questão e a pontuação foi considerada para todos os candidatos.

Questão anulada

77 Paciente feminina, 21 anos, assintomática (classe funcional I-NYHA), com o diagnóstico de bloqueio atrioventricular (BAV) total congênito (eletrocardiograma a seguir). Ao Holter de 24 horas, observou-se intensa atividade ectópica ventricular polimórfica com vários surtos de taquicardia ventricular não sustentada. A FC máxima atingida durante o teste ergométrico foi de 69 bpm. O ecocardiograma excluiu a presença de qualquer cardiopatia com função sistólica biventricular preservada. Qual é a conduta clínica a ser adotada?

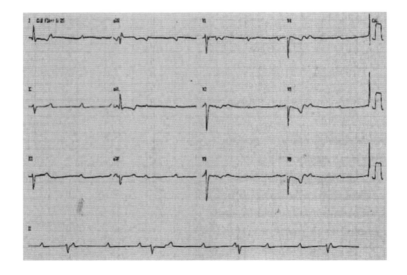

a. Indicado implante de marca-passo definitivo, sendo o modo VVIR o modo ideal de estimulação para essa paciente.
b. Indicado implante de marca-passo definitivo, sendo o modo DDDR o modo ideal de estimulação para essa paciente.

QUESTÕES COMENTADAS | PROVA DE 2014   281

c. Indicado acompanhamento regular pelo fato de a paciente ser assinto-
    mática e não apresentar cardiopatia estrutural.
d. Indicado implante de marca-passo definitivo, sendo o modo AAIR o
    modo ideal de estimulação para essa paciente.
e. Indicado implante de cardioversor-desfibrilador em função da arritmia
    documentada ao Holter de 24 horas.

Comentário   Em crianças, a causa mais comum de bloqueio atrioventricular (BAV) é a congênita. Em tais situações, o BAV pode ser um achado isolado ou estar associado a outras lesões cardíacas adjacentes. Esses pacientes,
frequentemente, são assintomáticos; no entanto, alguns desenvolvem sintomas que exigem o implante de marca-passo. As principais indicações para
implante de marca-passo DDDR em pacientes com BAV total congênito são
os pacientes sintomáticos, com disfunção ventricular, síndromes de baixo débito, QRS largo no ritmo de escape, frequência cardíaca < 55 bpm, com doença estrutural congênita associada a frequência cardíaca < 70 bpm e pacientes
com ectopia ventricular frequente.

Resposta correta   alternativa b

78 Quanto aos betabloqueadores, assinale a altertiva CORRETA:

a. Os betabloqueadores com comportamento hidrofílico podem ser
    prescritos uma vez ao dia por apresentarem menor metabolismo he-
    pático.
b. O carvedilol é pouco lipofílico, o que impede a sua ação no sistema
    nervoso central.
c. O bisoprolol apresenta capacidade de seletividade inferior ao succi-
    nato de metoprolol.
d. O aumento progressivo da posologia dos betabloqueadores permite
    maior seletividade sobre os receptores beta-1.
e. O carvedilol, o metoprolol, o atenolol e o bisoprolol têm benefício
    comprovado na redução da mortalidade dos pacientes com insufi-
    ciência cardíaca sistólica.

Comentário   Os betabloqueadores (BB) apresentam diferentes propriedades farmacológicas de beta-1-seletividade. O bisoprolol e o nebivolol têm
maior seletividade, seguidos pelo succinato de metoprolol. De modo geral,
o aumento progressivo da posologia dos betabloqueadores induz à perda

progressiva da beta-1-seletividade. Em relação à atuação lipofílica, o melhor exemplo de betabloqueador é o carvedilol e, portanto, com maior atuação sobre o sistema nervoso central, maior metabolismo hepático e com meia-vida consequentemente menor. Por outro lado, bisoprolol, nebivolol e succinato de metoprolol apresentam atuação lipofílica menor, o que lhes confere posologia de uma vez ao dia. Além disso, o carvedilol tem atuação alfabloqueadora, que ocasiona ação vasodilatadora moderada, embora com perda progressiva após o uso por mais de 6 meses. Por fim, os betabloqueadores com eficácia clínica comprovada no tratamento da insuficiência cardíaca são carvedilol, bisoprolol e succinato de metoprolol, além do nebivolol em idosos.

Resposta correta   alternativa a

79 Pacientes em prevenção secundária necessitam de metas rigorosas de LDL-colesterol (LDL-c). Das alternativas a seguir, qual das estratégias terapêuticas tem potencial para redução acima de 45% do LDL-c?

a. Sinvastatina 10 mg ou atorvastatina 10 mg.
b. Atorvastatina 40 mg ou rosuvastatina 20 mg.
c. Pravastatina 20 mg ou sinvastatina 10 mg.
d. Atorvastatina 10 mg ou ezetimiba 10 mg.
e. Ezetimiba 10 mg ou resinas.

Comentário   Até o presente, a redução do LDL-C por inibidores da hidroximetilglutaril coenzima A (HMG CoA) redutase ou estatinas permanece a terapia mais validada por estudos clínicos para reduzir a incidência de eventos cardiovasculares. A depleção intracelular de colesterol estimula a liberação de fatores transcricionais e, consequentemente, a síntese e a expressão, na membrana celular, de receptores para captação do colesterol circulante. Dessa forma, a ação das estatinas pode influenciar potencialmente todo o conjunto das lipoproteínas circulantes, como a LDL, a VLDL e remanescentes de quilomícrons.

A redução do LDL-C varia muito entre as estatinas; desse modo, essa diferença é relacionada fundamentalmente com a dose inicial. Em geral, a cada vez que se dobra a dose de qualquer estatina, tem-se uma redução média adicional de 6 a 7% no LDL-C. Entre as estatinas, as doses máximas de fluvastatina (80 mg) reduzem o LDL-C até cerca de 35%, enquanto doses semelhantes de pravastatina reduzem o mesmo em menos de 30%. Doses mui-

QUESTÕES COMENTADAS | PROVA DE 2014 283

to altas de sinvastatina (80 mg), podem reduzir o LDL-C em 35-40%, assim como doses de 4 mg da pitavastatina. Em contrapartida, a atorvastatina e a rosuvastatina são as mais potentes nas doses de 40 e 20 mg, respectivamente, e podem reduzir os níveis de LDL-C basais até mais do que 45%.

Resposta correta   alternativa b

80 Qual resposta melhor caracteriza hemodinamicamente o infarto agudo do miocárdio com comprometimento do ventrículo direito?

a. Índice cardíaco < 2,0 L/min/m²; pressões de enchimento de ventrículo esquerdo (VE) normais ou diminuídas; elevação de pressão de átrio direito > 10 mmHg.

b. Índice cardíaco < 2,5 L/min/m²; pressões de enchimento de VE aumentadas ou normais; elevação de pressão de átrio esquerdo > 10 mmHg.

c. Índice cardíaco < 2,0 L/min/m²; pressões de enchimento de VE diminuídas; elevação de pressão de átrio esquerdo > 10 mmHg.

d. Índice cardíaco > 2,5 L/min/m²; pressões de enchimento de VE normais ou diminuídas; elevação de pressão de átrio direito > 10 mmHg.

e. Índice cardíaco > 2,5 L/min/m²; pressões de enchimento de VE diminuídas; elevação de pressão de átrio esquerdo > 10 mmHg.

Comentário   O infarto agudo do miocárdio com comprometimento do ventrículo direito pode ocorrer na forma isolada, mas, geralmente, está acompanhado de infarto ventricular esquerdo de parede inferior. As pressões de enchimento do coração direito, isto é, pressões venosa central, atrial direita e diastólica final do ventrículo direito, estão aumentadas. Em relação às pressões finais de ventrículo esquerdo, elas geralmente estão normais ou apenas ligeiramente aumentadas. As pressões sistólica ventricular direita e de pulso estão diminuídas e o débito cardíaco frequentemente se encontra acentuadamente deprimido. Entre os sinais que auxiliam no diagnóstico de comprometimento do ventrículo direito, os mais importantes são o de Kussmaul, um aumento da pressão venosa jugular à inspiração, e o pulso paradoxal (queda da pressão sistólica > 10 mmHg à inspiração).

Resposta correta   alternativa a

81 A endocardite infecciosa é uma doença de fisiopatogenia complexa e multifatorial. Alterações endoteliais, hemodinâmicas, anatômicas e imunológicas estão direta e indiretamente envolvidas. Sobre a fisiopatogenia dessa doença, assinale a alternativa CORRETA:

a. É obrigatória a doença de base (cardíaca estrutural) predisponente para desenvolvimento da doença.
b. A alteração na tríade de Virchow com disfunção endotelial não faz parte do mecanismo inicial da endocardite infecciosa.
c. Na fisiopatogenia clássica, há formação de endocardite trombótica não infecciosa.
d. A lesão da endocardite na valva mitral é mais frequentemente localizada na face ventricular.
e. Não são necessários fatores de adesão das bactérias para desencadear a colonização do endocárdio.

Comentário   Na fisiopatogenia da endocardite infecciosa (EI), alteração estrutural cardíaca é elemento fundamental, porém, até 19% dos casos podem ocorrer em pacientes sem quaisquer evidências de cardiopatia conhecida. No desenvolvimento da endocardite trombótica não infecciosa ou bacteriana (ETNB), alteração na tríade de Virchow com disfunção endotelial e um estado de hipercoagulabilidade são essenciais. Os fatores hemodinâmicos que podem lesar o endotélio causando ETNB são fluxo sanguíneo turbulento e alteração significativa de pressão entre câmaras, sendo que se trata da lesão mais acentuada na face oposta ao trajeto do jato, além de face atrial na regurgitação mitral e ventricular na regurgitação valvar aórtica. Na fisiopatologia clássica da EI, há formação de ETNB seguida de bacteriemia para possível desenvolvimento da EI e, para causar efetivamente a colonização do endocárdio, o microrganismo deve ser resistente à ação do organismo e ter uma boa capacidade de adesão.

Resposta correta   alternativa c

82 Em relação à insuficiência cardíaca com fração de ejeção preservada, assinale a alternativa CORRETA:

a. É uma síndrome rara.
b. É mais prevalente em mulheres idosas.
c. É mais prevalente em jovens.
d. O tratamento com digital está indicado em pacientes sintomáticos.
e. O tratamento com betabloqueador deve ser evitado.

Comentário A insuficiência cardíaca com fração de ejeção preservada (ICFEP) apresenta alta prevalência, sendo que cerca de 50% dos paciente que se apresentam com sinais e sintomas de insuficiência cardíaca (IC) tem fração de ejeção preservada. Essa doença é mais comum em mulheres idosas portadoras de hipertensão arterial sistêmica, hipertrofia ventricular esquerda, diabete melito, obesidade, doença coronariana e fibrilação atrial. Poucos estudos de impacto foram feitos para seu tratamento específico, sendo que a maioria dos resultados foi pouco conclusiva e as medicações mais usadas estão relacionadas a comorbidades (hipertensão arterial sistêmica, diabetes, fibrilação atrial e doença coronariana). O estudo Charm-*preserved trial* mostrou que a candesartana, em paciente com fração de ejeção > 40%, não influenciou a mortalidade, porém diminuiu o número de internações. O estudo I-*preserve trial* avaliou a ibersartana em pacientes com ICFEP e fração de ejeção > 45%, e observou que não houve modificações dos desfechos combinados de morte por qualquer causa ou hospitalização por doenças cardiovasculares. O uso de inibidores da enzima de conversão da angiotensina apresentou resultados inconclusivos, porém, assim como outros anti-hipertensivos, seu uso pode ter efeitos sobre hipertrofia ventricular esquerda e pode ocorrer melhora do enchimento diastólico. O tratamento com betabloqueador pode resultar em regressão de hipertrofia ventricular esquerda, controle da frequência cardíaca com melhora do enchimento ventricular, controle de hipertensão arterial sistêmica e melhora de propriedades diastólicas quando associado à isquemia miocárdica. O estudo Seniors testou os efeitos do nebivolol, que mostrou resultados significativos no desfecho combinado de mortalidade por qualquer causa e hospitalização cardiovascular. Deve-se considerar que esses resultados foram semelhantes nos pacientes independentemente da fração de ejeção. O uso de digitais para minimizar sintomas é contraindicado, com classe de recomendação III e nível de evidência C.

Resposta correta alternativa b

83 Qual das alternativas seguintes NÃO é indicação de marca-passo temporário em pacientes com infarto agudo do miocárdio, de acordo com a "IV diretriz da Sociedade Brasileira de Cardiologia sobre tratamento do infarto agudo do miocárdio com supradesnível do segmento ST"?

a. Assistolia.
b. Bradicardia sintomática.

c. Bloqueio completo de ramo bilateral (bloqueio completo de ramos alternados ou bloqueio completo de ramo direito [BCRD] alternando com bloqueio divisional anterossuperior [BDAS] ou bloqueio divisional posteroinferior [BDPI]).
d. Bloqueio bifascicular agudo ou de idade indeterminada (BCRD com BDAS ou BDPI ou bloqueio completo de ramo esquerdo [BCRE]) com intervalo PR aumentado.
e. Bloqueio atrioventricular de segundo grau Mobitz I.

Comentário A indicação de marca-passo temporário em pacientes com infarto agudo do miocárdio com supradesnível de segmento ST está condicionada a situações instáveis e potencialmente instáveis. Seu uso deve ser indicado para proteger contra hipotensão, isquemia e precipitação de arritmias causadas pelo bloqueio atrioventricular em pacientes selecionados de alto risco. As quatro primeiras alternativas tratam de situações de risco imediato ou iminente que têm indicação classe I para uso do marca-passo, enquanto o bloqueio atrioventricular de segundo grau tipo Mobitz I tem indicação classe III em pacientes sem comprometimento hemodinâmico.

Resposta correta alternativa e

84 Tanto a heparina não fracionada (HNF) quanto as heparinas de baixo peso molecular (HBPM) têm sido utilizadas no tratamento das síndromes isquêmicas miocárdicas instáveis sem supradesnível do segmento ST. Assinale a alternativa CORRETA:

a. A enoxaparina apresenta menor risco de sangramento quando utilizada em doses habituais em idosos.
b. A HNF dispensa monitorização dos parâmetros de anticoagulação e é menos associada à trombocitopenia.
c. A dose recomendada de enoxaparina em idosos é de 0,75 mg/kg de 12 em 12 horas.
d. A dose recomendada de enoxaparina em idosos é de 1,0 mg/kg de 12 em 12 horas.
e. A dose recomendada de enoxaparina em idosos com índice estimado de depuração de creatinina < 30 mL/min é de 0,75 mg/kg de 12 em 12 horas.

Comentário Heparina não fracionada (HNF) tem sido utilizada com sucesso no tratamento das síndromes isquêmicas miocárdicas instáveis sem supradesnível do segmento ST; entretanto, apresenta importantes limitações farmacocinéticas relacionadas à capacidade de se ligar, de forma não específica, com proteínas e células. Apresenta necessidade de monitorização dos parâmetros de anticoagulação. As heparinas de baixo peso molecular (HBPM/enoxaparina), por sua vez, tem como vantagem a administração subcutânea, além de dispensarem monitorização de anticoagulação e estarem menos associadas a trombocitopenia. No estudo Synergy, embora HNF e HBPM tenham apresentado eficácia semelhante, foi observado, em relação à enoxaparina, um aumento do risco de sangramento em idosos quando utilizada dose habitual de 1 mg/kg, a cada 12 horas. Por essa razão, a dose recomendada nos idosos (> 74 anos de idade) é a mesma que foi utilizada no estudo ExTRACT: 0,75 mg/kg, a cada 12 horas (equivalente a 25% da dose). Nos pacientes renais crônicos com *clearance* de creatinina < 30 mL/min, a dose deve ser reduzida em 50%, passando a 1 mg/kg, apenas uma vez ao dia. É importante considerar que, nessas duas situações, o *bolus* inicial deve ser evitado.

Resposta correta alternativa c

85 Paciente com antecedente de hipertensão arterial sistêmica em investigação de síncope e uso de propranolol, 80 mg, três vezes ao dia, apresentou os traçados a seguir no Holter. No momento da arritmia, a paciente apresentou síncope. Com relação à conduta terapêutica, assinale a alternativa CORRETA:

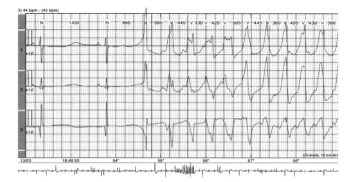

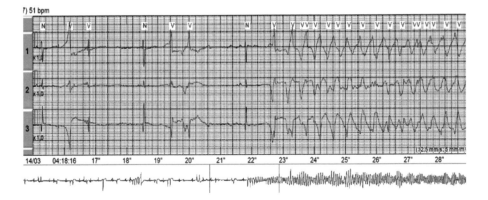

a. Diagnóstico de taquicardia ventricular catecolaminérgica; indicação de cardioversor-desfibrilador implantável (CDI) para prevenção primária.
b. Diagnóstico de síndrome do QT longo; sem indicação de CDI.
c. Diagnóstico de síndrome do QT longo; indicação de CDI.
d. Diagnóstico de taquicardia ventricular catecolaminérgica; indicação de ablação de extrassístole ventricular.
e. Indicação de ablação de taquicardia ventricular.

Comentário O traçado do Holter mostra um traçado com bradicardia associada a um intervalo QT prolongado de 0,7 s (normal < 0,45 s) que evolui para uma taquicardia polimórfica. Por se tratar de uma paciente em uso de betabloqueador (240 mg/dia de propranolol) e sem melhora da arritmia, há indicação para implante de cardiodesfibrilador implantável.

Resposta correta alternativa c

86 Quais são as situações em que o risco da gravidez é considerado alto e a paciente deve ser aconselhada a evitá-la?

a. Cardiomiopatia dilatada (fração de ejeção ventricular esquerda = 50%).
b. Prolapso de valva mitral com insuficiência valvar.
c. Comunicação interatrial.
d. Hipertensão arterial pulmonar.
e. Bloqueio atrioventricular congênito.

Comentário Diversas modificações do sistema cardiovascular ocorrem durante a gravidez. Entre elas, estão aumento de 30 a 50% do débito cardíaco e do volume circulante (até a 32ª semana), assim como aumento da frequência cardíaca em 15 a 20 bpm (sexta até a 32ª semana), diminuição em cerca de 20% da resistência vascular sistêmica com queda de pressão (principalmente no segundo semestre) e redistribuição de fluxo sanguíneo. Deve-se considerar que no parto algumas alterações podem sofrer acréscimo, como o aumento do volume circulante. Essas alterações associadas a algumas situações podem representar risco elevado de morbidade e mortalidade para a gestante e para o feto. Nesses casos, a gravidez deve ser desaconselhada e até mesmo a interrupção dela deve ser considerada. Pacientes com fração de ejeção < 40% apresentam grande risco de não tolerarem a sobrecarga de volume que será imposta. No caso do prolapso de valva mitral com insuficiência valvar, ocorre diminuição das características semiológicas e ecocardiográficas relacionadas ao prolapso por aumento do volume diastólico final. Em geral, portanto, é bem tolerado durante a gestação. As cardiopatias acianóticas, como a comunicação interatrial, geralmente também são bem toleradas sem representar risco adicional. A repercussão de alguma arritmia na gravidez depende da presença de cardiopatia maternal associada. Dessa forma, um bloqueio atrioventricular total congênito com coração normal pode não ter nenhuma implicação, porém, em pacientes portadoras de doença de Chagas, pode ter graves repercussões. Hipertensão arterial pulmonar de qualquer etiologia representa grande risco para a mãe e, dessa forma, deve ser um fator que contraindica a gravidez. Em geral, valores em torno de 60 a 70% da pressão sistêmica são um bom parâmetro. Estenose aórtica grave com área valvar < 1 cm², síndrome de Marfan com diâmetro de raiz de aorta > 40 mm e miocardiopatia periparto prévia com disfunção ventricular residual representam outras situações que contraindicam a gravidez.

Resposta correta   alternativa d

87 **Assinale o fármaco que potencializa o efeito anticoagulante da varfarina:**

a. Colestiramina.
b. Carbamazepina.
c. Rifampicina.
d. Amiodarona.
e. Penicilinas em altas doses.

Comentário   A varfarina apresenta inúmeras interações medicamento-sas, além de interação com verduras escuras ricas em vitamina K (precursora de protrombina, que diminui seu efeito). A colestiramina, por sua vez, diminui sua absorção com diminuição do efeito. Carbamazepina, rifampicina, barbitúricos, griseofulvina e uso crônico de álcool aumentam seu *clearance* metabólico com diminuição do efeito. Penincilinas, em altas doses, amoxicilina e azatioprina também causam diminuição do efeito da varfarina por causa desconhecida. Por fim, entre as opções, a amiodarona é a única que potencializa seu efeito por inibição do seu *clearance* metabólico.

Resposta correta   alternativa d

88 Aponte a alternativa ERRADA:

a. O mecanismo de ativação do sistema renina-angiotensina-aldosterona em hipertensão arterial é responsável pela manutenção da pressão arterial e, uma vez ativado, é o principal mediador das respostas mineralo-corticoides que controla o balanço de sódio e a sobrecarga de volume.

b. A aldosterona aumenta a reabsorção de potássio e a excreção de sódio pelo túbulo distal renal e contribui para o efeito patológico de aumento da fibrose miocárdica.

c. O sistema renina-angiotensina-aldosterona está ativado em múltiplos órgãos tanto pela produção local de seus componentes quanto pelo transporte circulatório da renina produzida pelo aparelho justaglomerular.

d. Não moduladores são aqueles pacientes que normalmente não aumentam a secreção de aldosterona em resposta à restrição salina.

e. A apneia obstrutiva do sono aumenta o risco para acidente vascular encefálico em pacientes hipertensos.

Comentário   A aldosterona é o principal mineralocorticoide produzido pela glândula adrenal que tem duas funções principais: atua como regulador do fluido extracelular por seu efeito de retenção de sódio e é um dos principais determinantes do metabolismo do potássio. A reabsorção de sódio ocorre no túbulo contornado distal e/ou no ducto coletor renal. Desse modo, o potássio se difunde para o lúmen dos túbulos em decorrência da alteração no gradiente eletroquímico produzido pela reabsorção ativa do íon sódio com carga elétrica positiva. A aldosterona tem efeito direto no metabolismo do colágeno de fibroblastos cardíacos e, dessa forma, é um importante indutor de fibrose, tanto intersticial como perivascular.

Resposta correta   alternativa b

89 Na decisão da estratégia de reperfusão no tratamento das síndromes isquêmicas miocárdicas instáveis com supradesnível do segmento ST, qual é a alternativa errada?

a. A intervenção coronária percutânea primária é o procedimento de excelência para reperfusão coronariana em idosos em hospitais que disponham dessa facilidade.
b. Pacientes com até 12 horas de evolução de IAM devem ser submetidos à intervenção coronária percutânea primária, sempre que disponível.
c. Pacientes com idade de 80 anos ou mais com síndromes isquêmicas miocárdicas instáveis com supradesnível do segmento ST com até 12 horas de evolução e critérios de elegibilidade para fibrinólise e que se apresentam para tratamento em local em que angioplastia primária não possa ser realizada em até 90 minutos devem receber terapia fibrinolítica.
d. A terapêutica fibrinolítica está contraindicada em pacientes com idade superior a 75 anos.
e. A terapêutica fibrinolítica está contraindicada em pacientes idosos com alto risco hemorrágico.

Comentário   A mortalidade do infarto agudo do miocárdio (IAM) com elevação do segmento ST (IAMESST) tem sofrido uma queda gradual nos últimos anos em razão do maior arsenal terapêutico disponível e da evolução do tratamento de reperfusão, assim como da melhora nos cuidados intensivos nas unidades coronarianas. A decisão da estratégia de reperfusão adotada deve avaliar a rapidez da instituição, considerando que isso, obviamente, depende da disponibilidade dos recursos de reperfusão em cada serviço.

Evidências da literatura apontam resultados mais favoráveis com intervenção coronária percutânea (ICP) primária em idosos, apesar de existirem poucas informações sobre pacientes com mais de 80 anos de idade. ICP primária e fribinólise oferecem desfechos semelhantes quando instituídos em até 3 horas de dor. A ICP primária é geralmente preferível após 6 horas e ainda pode trazer benefício em até12 horas de dor. A terapia fibrinolítica é indicada nas primeiras 12 horas do IAMESST quando não for possível realizar ICP primária em até 90 minutos, sendo que seu benefício se torna maior quanto mais próximo do evento administrado. O uso da terapia fibrinolítica no idoso é baseado em análise de subgrupos de estudos randomizados, metanálise e registros. Os dados de pacientes com idade superior a 80 anos são particularmente escassos, sendo que o maior risco relacionado ao infarto se associa ao maior risco de sangramento com o tratamento fibrinolítico. Deve-se fazer ajustes de doses para diminuir o risco de sangramento; porém, por serem os casos de risco mais alto, eles não devem ser privados da terapia de reperfusão. Seu uso é contraindicado em casos de alto risco hemorrágico.

Resposta correta   alternativa d

90 Paciente de 30 anos, sexo masculino, com história de cansaço progressivo aos esforços, veio para avaliação de dispneia. O ecocardiograma em repouso demonstrou comprometimento difuso do ventrículo esquerdo de grau importante, fração de ejeção do ventrículo esquerdo pelo método de Simpson = 28%, insuficiência mitral de grau discreto e fluxo em aorta abdominal demonstrado a seguir. Baseado neste estudo com Doppler pulsátil da aorta abdominal, qual seria o diagnóstico mais provável?

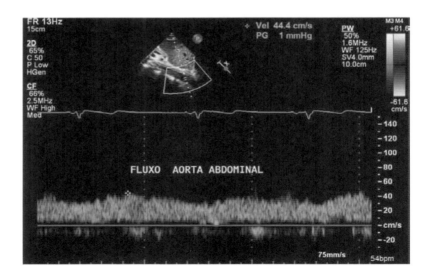

a. Cardiomiopatia dilatada com insuficiência mitral secundária.
b. Coarctação de aorta em fase avançada de evolução.
c. Presença de canal arterial associado à cardiomiopatia dilatada.
d. Cardiomiopatia restritiva com disfunção diastólica grau IV.
e. Não se pode diferenciar o diagnóstico entre coarctação de aorta e canal arterial pelos dados fornecidos.

Comentário   A presença de fluxo sanguíneo contínuo anterógrado turbulento, com predomínio sistólico de baixa amplitude e sem retorno à linha de base do traçado durante a diástole é característica da coarctação de aorta. O comprometimento difuso do ventrículo esquerdo, com fração de ejeção de 28%, evidencia uma fase avançada da evolução da doença.

Resposta correta   alternativa b

91 Considere as afirmações a seguir:

I. Os *stents* coronarianos foram desenvolvidos para dar sustentação à parede arterial, reduzindo retração elástica e o remodelamento arterial negativo, os dois principais mecanismos de reestenose após angioplastia com cateter-balão.

II. O implante de *stents* metálicos requer uso de terapia antiplaquetária dupla associada, visando a minimizar o potencial trombogênico desses dispositivos, especialmente na fase inicial de reparo endotelial.

III. Em comparação aos *stents* não farmacológicos, o principal benefício introduzido pelos *stents* farmacológicos foi a expressiva redução na ocorrência de reestenose.

IV. A redução na ocorrência de reestenose obtida com os *stents* farmacológicos será tanto maior quanto maior for a possibilidade de ocorrência desse evento adverso.

V. O uso de *stents* farmacológicos no tratamento de pacientes com infarto agudo do miocárdio com supradesnível do segmento ST reduz a ocorrência de reestenose sem resultar em aumento da taxa de óbito ou reinfarto.

Assinale a alternativa CORRETA:

a. Todas as afirmativas estão corretas.
b. Apenas I, II e III estão corretas.

c. Apenas I, II, III e IV estão corretas.
d. Apenas II, III e IV estão corretas.
e. Apenas I e IV estão corretas.

Comentário A questão proposta trata dos benefícios da associação dos *stents* à angioplastia coronariana transluminal percutânea e da comparação entre *stents* convencionais e farmacológicos. Tais dispositivos foram introduzidos à prática clínica após 1997, sob a principal justificativa de reduzir a reestenose em relação à angioplastia com balão. O principal mecanismo dos *stents* convencionais reside em evitar a vasoconstrição. Realmente houve redução nas taxas de reestenose; entretanto, os pacientes com lesões em pequenas artérias, lesões longas e diabéticos ainda se mantiveram com taxas significativas de reestenose, muito provavelmente pela intensa proliferação da íntima. A partir dos anos 2000, passou-se a utilizar os *stents* recobertos por fármacos antiproliferativos ligados a polímeros absorvíveis com o intuito de reduzir ainda mais as taxas de reestenose. Esses *stents*, ditos "farmacológicos", passaram a agir na vasoconstrição e na proliferação intimal, que são seus dois principais mecanismos. A trombose do *stent* se reduz progressivamente, até taxas muito baixas, após o primeiro ano da angioplastia. Estudos mostraram que a dupla antiagregação plaquetária é indicada, especialmente no primeiro ano e, geralmente, a partir da combinação entre o ácido acetilsalicílico e o clopidogrel, posto que agem em mecanismos diferentes de antiagregação plaquetária. Essa combinação reduz não somente trombose no *stent*, como também mortalidade, infarto do miocárdio e revascularização de urgência no período de até 12 meses após uma síndrome coronariana aguda. A utilização de *stents* farmacológicos nas síndromes coronarianas agudas com supradesnivelamento do segmento ST também se mostrou eficaz na redução da taxa de reestenose sem comprometer os desfechos de mortalidade e reinfarto. Todas as afirmativas apresentadas, portanto, são verdadeiras.

Resposta correta alternativa a

92 Em relação à pericardite crônica constritiva, assinale a alternativa CORRETA:

QUESTÕES COMENTADAS | PROVA DE 2014 295

a. Geralmente o paciente se apresenta com sinais e sintomas de insuficiência cardíaca predominantemente de câmaras esquerdas.

b. O sinal de Kussmaul, redução da estase jugular durante a inspiração profunda, pode estar presente.

c. Pulso paradoxal pode ocorrer em um terço dos casos.

d. *Knock* pericárdico é um achado físico comum, caracterizado por ruído agudo, telediastólico e determinado pela contração atrial, incrementando o enchimento ventricular contra o ventrículo restrito.

e. Pulso arterial alternante é característico de casos graves.

Comentário A pericardite constritiva se caracteriza clinicamente por sinais e sintomas de insuficiência ventricular direita, como turgência jugular patológica, hepatomegalia, ascite e edema de membros inferiores. As alterações são mais tardias e secundárias à diminuição da pré-carga no coração esquerdo. O sinal de Kussmaul é uma elevação inspiratória na pressão venosa sistêmica, opondo-se, portanto, àquilo que se espera de modo fisiológico. Esse sinal traduz a perda do aumento do retorno venoso ao coração direito, que deve ocorrer na inspiração. O pulso paradoxal aparece em um terço dos casos e tem a mesma explicação fisiopatológica que a do sinal de Kussmaul. O *knock* pericárdico é um achado bastante prevalente e se caracteriza por ruído protodiastólico no bordo esternal esquerdo ou ápice, de alta frequência, causado pela interrupção precoce do enchimento ventricular. O pulso alternante é característico da insuficiência cardíaca avançada, especialmente nas cardiopatias em fase dilatada, além de não ser específico da pericardite constritiva.

Resposta correta alternativa c

93 Em relação às complicações cardiovasculares pelo tratamento do câncer, assinale a alternativa CORRETA:

a. O tratamento com radioterapia sobre o tórax está associado à ocorrência de pericardite constritiva e doença valvar, mas não compromete a função miocárdica.

b. A lesão miocárdica pela doxorrubicina não está relacionada à dose, podendo ocorrer com doses cumulativas pequenas como $50 mg/m^2$.

c. Nos pacientes em terapia com antraciclinas, há necessidade de acompanhamento com anamnese e exame físico, sendo o ecocardiograma reservado para aqueles casos com surgimento de síndrome da insuficiência cardíaca.

d. O trastuzumabe, frequentemente usado para o tratamento da doença neoplásica metastática, não tem efeito tóxico sobre o miocárdio.

e. Idade avançada, cardiopatia prévia e radioterapia mediastinal são preditores de cardiotoxicidade.

Comentário   A radioterapia pode levar a diversas lesões cardiovasculares. Quando o precórdio é irradiado, pode-se observar lesão actínica das artérias coronárias, especialmente da artéria descendente anterior e pericardite actínica, isto é, lesão valvar com ênfase no lado esquerdo e fibrose miocárdica difusa, levando à disfunção ventricular. A radioterapia prévia potencializa as lesões sobre o miocárdio. A radioterapia na região cervical pode lesar o barorreceptor carotídeo, causando tanto hipotensão quanto hipertensão arterial sustentadas. A lesão miocárdica por meio das antraciclinas é dose-dependente. Geralmente, a disfunção diastólica se instala com dose cumulativa de 200 mg/m^2 e a disfunção sistólica, com dose cumulativa de 400 mg/m^2. Idade avançada, radioterapia mediastinal, doenças cardiovasculares prévias (hipertensão arterial e doença coronariana), gênero feminino e distúrbios hidroeletrolíticos são fatores predisponentes à cardiotoxicidade. O acompanhamento dos pacientes sob uso de antraciclinas com ecocardiogramas seriados é recomendado para que se possa detectar a disfunção sistólica de forma mais precoce, posto que a instalação da síndrome clínica de insuficiência cardíaca é mais tardia e traduz estágio avançado. O trastuzumabe tem efeito tóxico sobre o miocárdio e leva a disfunção sistólica, geralmente transitória, com recuperação após a cessação do tratamento.

Resposta correta   alternativa e

94 Paciente feminina, 60 anos, com antecedentes de hipertensão arterial e tabagismo. Apresenta dispneia aos moderados esforços há 6 meses com ecocardiografia mostrando fração de ejeção do ventrículo esquerdo (FEVE) de 45% com hipocinesia difusa do ventrículo esquerdo. Realizou ressonância magnética cardíaca com realce tardio mostrando FEVE = 48% com hipocinesia em paredes inferosseptal e inferior associada a realce tardio subendocárdico menor do que 50% da área total do segmento na mesma localização. Assinale a alternativa CORRETA:

a. Como a ecocardiografia é superior à ressonância magnética na avaliação da função sistólica global e segmentar do ventrículo esquerdo, a hipocinesia difusa é indicativa de cardiomiopatia não isquêmica.

b. O padrão de realce tardio subendocárdico em paredes inferosseptal e inferior é compatível com cardiomiopatia isquêmica por infarto com viabilidade miocárdica (potencial de recuperação contrátil) em provável território da artéria coronária direita.

c. O padrão de realce tardio subendocárdico em paredes inferosseptal e inferior é compatível com cardiomiopatia isquêmica por infarto sem viabilidade miocárdica em provável território da artéria coronária direita.

d. O padrão de realce tardio subendocárdico em paredes inferosseptal e inferior é compatível com cardiomiopatia não isquêmica por miocardite, devendo a paciente ser submetida a biópsia endomiocárdica para complementação diagnóstica.

e. O padrão de realce tardio subendocárdico em paredes inferosseptal e inferior é compatível com cardiomiopatia não isquêmica por miocardite, devendo a paciente ser mantida apenas em tratamento clínico sem a necessidade de realização de biópsia endomiocárdica.

Comentário Trata-se de um paciente com alto risco para doença coronariana aterosclerótica, sintomática e sem investigação prévia conhecida; portanto, a busca por uma etiologia é mandatória. A ressonância magnética cardíaca (RMC) é útil, tanto no diagnóstico das miocardiopatias não isquêmicas, em especial na miocardite, quanto na doença coronariana aterosclerótica. Na miocardite, a RMC pode identificar edema miocárdico e, por meio da técnica do realce tardio, áreas de hipersinal que indicam necrose miocárdica, principalmente nas paredes lateral e septal do ventrículo esquerdo. As áreas de realce tardio são tipicamente subepicárdicas. Na doença isquêmica, seja pela presença de necrose ou de fibrose, a saída do gadolínio das áreas acometidas ocorre mais lentamente, contando com acúmulo nas regiões de infarto. As áreas de realce tardio são tipicamente subendocárdicas e respeitam o território de irrigação coronariana. A RMC também permite identificar as regiões de obstrução microvascular (*no-reflow*). A técnica do realce tardio permite identificar áreas com viabilidade miocárdica. Segmentos disfuncionantes, com realce tardio < 50%, apresentam grande probabilidade de recuperação funcional. A não utilização de estresse farmacológico e a ausência de material radioativo são vantagens da RMC. A paciente apresenta alto risco para doença coronariana aterosclerótica, com disfunção segmentar e realce tardio subendocárdico e < 50%; portanto, trata-se de etiologia isquêmica e com viabilidade.

Resposta correta   alternativa b

95 Sobre o desempenho cardíaco, assinale a alternativa CORRETA:

a. Depende apenas do inotropismo cardíaco.
b. Os melhores indicadores da pós-carga são aqueles que refletem o grau de estiramento do sarcômero.
c. Para uma mesma pressão gerada durante a sístole, a pós-carga será sempre menor nas grandes cavidades ventriculares.
d. O efeito Bowditch (relação força-frequência) é reconhecido como mecanismo regulatório intrínseco da contratilidade miocárdica.
e. Na prática clínica, o melhor indicador de pré-carga é o grau de edema de membros inferiores.

Comentário   As condições de pré e de pós-carga, assim como o estado de contratilidade e a frequência cardíaca, são três determinantes da performance cardíaca. O estresse parietal durante a ejeção ventricular esquerda reflete a pós-carga. Na prática, a pressão arterial sistólica é utilizada como parâmetro da pós-carga. Para uma mesma pressão gerada durante a sístole, a pós-carga será sempre maior nos corações dilatados. Portanto, as cardiopatias dilatadas são contraproducentes para o desempenho cardíaco. O efeito Bowditch, também conhecido como *treppe*, é a relação direta entre o aumento da frequência cardíaca e o incremento na força de contração miocárdica, mesmo em músculos isolados. Na prática clínica, os indicadores de pré-carga mais utilizados são a pressão telediastólica do ventrículo esquerdo e o tamanho da cavidade ventricular esquerda medida ao ecocardiograma.

Resposta correta   alternativa d

96 Em relação à estenose aórtica grave, assinale a resposta ERRADA:

a. O pulso carotídeo tem baixa amplitude, ascensão lenta e pico tardio.
b. A segunda bulha é hipofonética e, quanto mais grave a estenose, mais a hipofonese se acentua.

QUESTÕES COMENTADAS | PROVA DE 2014   299

c. O sopro aórtico é ejetivo, rude, em crescendo-decrescendo, irradia-se para as carótidas, e, quanto mais intensa a estenose, mais precoce se torna o pico máximo de intensidade do sopro.

d. O fenômeno de Gallavardin refere-se à possível irradiação de componentes de alta frequência do sopro aórtico para o ápex, que pode confundir-se com sopro de regurgitação mitral.

e. O sopro sistólico aórtico aumenta na posição de cócoras.

Comentário   A semiologia da estenose aórtica (EAo) grave é rica. O pulso carotídeo de baixa amplitude, elevação lenta e pico tardio, conhecido como pulso *parvus* e *tardus*, e a calcificação e imobilidade da válvula aórtica na EAo grave, que torna o componente aórtico da segunda bulha muito pouco audível ou inaudível, destacam-se. O sopro da EAo grave é tardio, melhor auscultado na base, com irradiação para carótidas. Nos pacientes com válvulas muito calcificadas, o sopro da EAo pode ser pouco audível nos focos da base e se irradiar para o ápice, o que pode ser confundido com sopro de insuficiência mitral (fenômeno de Gallavardin). Além disso, o sopro da EAo aumenta com a manobra do agachamento em decorrência do aumento no volume de ejeção, mas diminui na posição supina e na manobra de Valsalva em função da redução do fluxo transvalvar.

Resposta correta   alternativa c

97 Após a discussão de um caso clínico, chegou-se à hipótese diagnóstica de arterite de Takayasu. Qual é provavelmente o(a) paciente da discussão?

a. Mulher de 60 anos, diabética, com síndrome coronariana aguda.

b. Homem de 65 anos com hipertensão renovascular.

c. Mulher de 28 anos, com assimetria dos pulsos nos membros superiores e sopro contínuo na região axilar direita.

d. Homem de 30 anos com doença valvar reumática e febre diária há 15 dias.

e. Homem de 55 anos, tabagista, com aneurisma da aorta abdominal e claudicação intermitente.

Comentário   A arterite de Takayasu é uma vasculite idiopática de grandes vasos que acomete mulheres, predominantemente, em uma relação de 10 mulheres:1 homem. A faixa etária mais comum é por volta dos 25 anos de idade. As estenoses arteriais são muito comuns, especialmente nos membros superiores, o que leva, frenquentemente, à assimetria de pulsos. Claudicação, sopros, assimetria de pressão arterial, hipertensão arterial, aneurismas aórticos e insuficiência aórtica são sinais que podem estar presentes. O perfil mais adequado, portanto, é de uma mulher jovem, com assimetria de pulsos em membros superiores e sopro.

Resposta correta   alternativa c

98 Sobre a estenose aórtica, indique a alternativa ERRADA:

a. A estenose aórtica é doença valvar cardíaca comum, cuja prevalência aumenta com a idade.
b. A substituição cirúrgica da valva aórtica é o tratamento de eleição para pacientes com estenose aórtica grave, desde que apresentem condições clínicas para realizar o procedimento cirúrgico.
c. Atualmente, o implante por cateter de bioprótese valvar aórtica deve ser considerado alternativa terapêutica válida e eficaz somente para um seleto grupo de pacientes que, pela idade avançada ou por comorbidades, tenha contraindicação ou risco elevado para o tratamento cirúrgico convencional.
d. A valvoplastia por balão em adultos tem bons resultados em longo prazo.
e. Em pacientes com estenose aórtica grave e alto risco cirúrgico, o implante por cateter apresenta-se como alternativa terapêutica eficaz, capaz de alterar o curso natural da doença de forma equivalente ao tratamento cirúrgico convencional.

Comentário   A estenose aórtica (EAo) é uma doença prevalente cuja incidência aumenta com a idade. A causa mais comum é a calcificação sobre válvula bicúspide. A presença de esclerose valvar aórtica, sem restrição ao fluxo, é muito comum em idosos. A doença grave e sintomática tem prognóstico reservado em torno de 1 a 3 anos após a instalação dos sintomas, se não houver intervenção. O tratamento de escolha, que modifica a história natural, é a cirurgia de troca valvar. Muitos dos pacientes com indicação de cirurgia de troca valvar, no entanto, apresentam elevado risco operatório, especialmente em razão da presença de comorbidades. O implante de prótese aórtica percutânea é alternativo com excelentes resultados para essa população específica. A valvotomia aórtica por balão em adultos não provoca grande melhora hemodinâmica e não aumenta a sobrevida em longo prazo. Esse procedimento é reservado às crianças.

Resposta correta   alternativa d

99 Você iniciou betabloqueador para um paciente com cardiomiopatia hipertrófica, não tolerado devido a sibilos. O paciente permanece sintomático, mas não há gradiente intraventricular importante. Qual seria sua conduta?

a. Iniciaria amiodarona.
b. Recomendaria alcoolização septal.
c. Indicaria miectomia.
d. Iniciaria inibidor da enzima de conversão da angiotensina.
e. Iniciaria verapamil.

Comentário   O tratamento da miocardiopatia hipertrófica deve ser reservado aos pacientes sintomáticos. As intervenções ficam reservadas à minoria de pacientes com gradiente na via de saída do ventrículo esquerdo. Os betabloqueadores são os fármacos mais utilizados na prática clínica. Na impossibilidade por efeito adverso, como no caso em questão, a opção é o uso dos bloqueadores dos canais de cálcio, dos quais o verapamil é o mais utilizado. Doentes ainda sintomáticos com a monoterapia podem se beneficiar da associação entre um betabloqueador e verapamil, com a devida cautela pelo risco de bradiarritmias. O uso de inibidores da enzima de conversão da angiotensina somente se aplica aos pacientes com disfunção sistólica instalada, na fase avançada da doença.

Resposta correta   alternativa e

100 Qual das respostas a seguir NÃO é uma contraindicação absoluta à terapia fibrinolítica no infarto agudo do miocárdio, de acordo com a "IV diretriz da Sociedade Brasileira de Cardiologia sobre tratamento do infarto agudo do miocárdio com supradesnível do segmento ST"?

a. Gestação.
b. Hemorragia intracraniana prévia.
c. Suspeita de dissecção da aorta.
d. Neoplasia maligna intracraniana.
e. Acidente vascular encefálico há menos de 3 meses.

302 PROVAS PARA OBTENÇÃO DO TÍTULO DE ESPECIALISTA EM CARDIOLOGIA | 2012-2014

Comentário O grande temor no uso de fibrinolíticos é a instalação de acidente vascular encefálico (AVE) hemorrágico ou hemorragias não cerebrais. O AVE hemorrágico é mais comum em idosos, pacientes com baixo peso, sexo feminino, aqueles com antecedentes cerebrovasculares e hipertensão arterial. Considera-se qualquer sangramento intracraniano, AVE isquêmico nos últimos 3 meses, dano ou neoplasia no sistema nervoso central, trauma significativo na cabeça ou rosto nos últimos 3 meses, sangramento ativo ou diástase hemorrágica – exceto menstruação –, qualquer lesão vascular cerebral conhecida (malformação arteriovenosa) e suspeita de dissecção aórtica como contraindicações absolutas ao uso de fibrinolíticos. Como contraindicações relativas, aponta-se história de AVE isquêmico maior que 3 meses ou doenças intracranianas não listadas nas contraindicações, gravidez, uso atual de antagonistas da vitamina K, sangramento interno recente (< 2 a 4 semanas), ressuscitação cardiopulmonar traumática (prolongada, > 10 minutos, ou cirúrgica, < 3 semanas), hipertensão arterial não controlada (pressão arterial sistólica > 180 mmHg ou diastólica > 110 mmHg), punções não compressíveis, história de hipertensão arterial crônica importante e não controlada, úlcera péptica ativa e exposição prévia a estreptoquinase (> 5 dias) ou reação alérgica prévia.

Resposta correta alternativa a

101 Com relação à mortalidade nos pacientes com insuficiência cardíaca, assinale a alternativa ERRADA:

a. O cardiodesfibrilador deve ser indicado em pacientes com cardiomiopatia isquêmica e indicação de revascularização miocárdica.
b. Os principais preditores de morte súbita são: sobreviventes de parada cardíaca devido a FV/TV, TV sustentada com instabilidade hemodinâmica, disfunção ventricular (FEVE ≤ 35%) sintomática.
c. O tratamento otimizado da insuficiência cardíaca com IECA/BRA, antagonistas dos receptores da aldosterona e betabloqueadores reduz a mortalidade.
d. O cardiodesfibrilador pode ser indicado no paciente com síncope recorrente com indução de TVS instável ou FV no estudo eletrofisiológico.
e. O cardiodesfibrilador não está indicado em pacientes com expectativa de vida menor que 1 ano.

Comentário Medicações com benefício comprovado na redução de mortalidade em pacientes com insuficiência cardíaca (IC) são os betabloqueadores (carvedilol, bisoprolol e succinato de metoprolol), os inibidores da enzima de conversão da angiotensina (IECA), os bloqueadores de receptor da angiotensina e os antagonistas mineralocorticoides, como a espironolactona. Essas são medicações de primeira linha, devendo ser prescritas para todos os pacientes com manifestação de IC. Em relação aos cardiodesfibriladores implantáveis (CDI), a diretriz recomenda a indicação como prevenção secundária, ou seja, após um evento arrítmico, como parada cardiorrespiratória por fibrilação ventricular ou após taquicardia ventricular (TV) sustentada com instabilidade, com fração de ejeção ≤ 35% e expectativa de vida de pelo menos 1 ano (classe I). Em pacientes com história de síncope de origem indeterminada, o CDI é indicado se houver indução de TV sustentada com instabilidade hemodinâmica no estudo eletrofisiológico invasivo, desde que haja expectativa de vida de pelo menos 1 ano (classe IIa). Na prevenção primária, o CDI pode ser indicado em pacientes com cardiopatia isquêmica, pelo menos 6 meses de infarto do miocárdio e fração de ejeção ≤ 35%, sem indicação de revascularização miocárdica, uma vez que isso indicaria uma causa potencialmente reversível da arritmia.

Resposta correta alternativa a

102 Entre os conceitos a seguir, aponte a alternativa ERRADA:

a. A absorção de fármacos no trato gastrointestinal ocorre, sobretudo, no intestino grosso.

b. A meia-vida (t1/2), variável farmacocinética mais comumente utilizada na clínica, é definida como o tempo requerido para a concentração plasmática ou a quantidade de fármaco no organismo ser reduzida em 50%.

c. A eliminação dos fármacos pelos rins depende de filtração glomerular, secreção tubular e reabsorção.

d. Diversas doenças, principalmente hepáticas e renais, podem modificar de maneira significativa a disposição dos fármacos no organismo.

e. Em geral, para a maioria dos fármacos, em presença de insuficiência hepática, é necessária a redução das doses e/ou aumentar o intervalo entre elas e, assim, evitar toxicidade.

Comentário A administração intravenosa de um fármaco sob forma de *bolus* resulta em concentração máxima desse fármaco ao final do *bolus* e subsequente declínio da concentração plasmática ao longo do tempo. Esse declínio pode ser medido por meio da meia-vida do medicamento, que consiste no tempo necessário para eliminar 50% do fármaco. Quando o medicamento é administrado por via oral, o intestino delgado é a principal via de absorção, em razão da grande área de superfície, do epitélio de revestimento fino e da baixa resistência elétrica. Como as principais vias de eliminação são renais e hepáticas, alterações nas funções desses órgãos podem alterar, também, a disposição dos fármacos no organismo. Dessa forma, é necessário que a dose seja reduzida ou o intervalo entre elas seja aumentado.

Resposta correta   alternativa a

103 **Sobre o tratamento das doenças da aorta, qual alternativa está ERRADA?**

a.   A terapia endovascular está indicada nas dissecções do tipo B complicadas, com anatomia favorável, independentemente do diâmetro da aorta.

b.   A terapia endovascular está indicada nas dissecções crônicas do tipo B quando o diâmetro for ≥ 6 cm.

c.   A terapia cirúrgica não está indicada na dissecção aguda da aorta torácica tipo A com diâmetro de 4,5 cm.

d.   A terapêutica clínica está indicada nas dissecções agudas do tipo B não complicadas.

e.   Os objetivos do tratamento clínico são estabilizar o paciente, controlar a dor, diminuir a pressão arterial e reduzir a taxa de elevação ou força de ejeção ventricular esquerda.

Comentário   As classificações de dissecção aórtica se baseiam no fato de que essas, usualmente, iniciam-se em duas localizações, isto é, na aorta ascendente, próximo à válvula aórtica, ou na aorta descendente, após a origem da artéria subclávia esquerda. DeBakey e Stanford são os dois sistemas principais de classificação. A classificação de Stanford identifica como tipo A a dissecção que envolve a aorta ascendente, independentemente do seu local de origem, e em tipo B aquela que envolve apenas a aorta descendente. O tratamento cirúrgico aumentou dramaticamente a sobrevida de pacientes com dissecção tipo A. O tratamento clínico fica reservado para o tipo B, não complicado. Os objetivos do tratamento clínico incluem alívio da dor, controle da pressão arterial e redução da força de cisalhamento ou força de ejeção, o que é feito com betabloqueadores. O tratamento endovascular é indicado nas dissecções do tipo B com anatomia favorável, complicadas por isquemia visceral ou de membros, rotura iminente, dilatação aneurismática ou dor refratária. As dissecções crônicas do tipo B podem ser tratadas com procedimento endovascular nos casos de dilatações ≥ 6 cm.

Resposta correta   alternativa c

104 **Sobre a fisiopatologia da síndrome coronariana aguda (SCA):**
   I. O óxido nítrico produzido no endotélio tem propriedades vasodilatadoras e age sobre a inflamação reduzindo a circulação de citocinas.
   II. As placas de ateroma mais relacionadas à SCA têm capa fibrosa espessa (> 65 micra), centro lipídico extenso e remodelamento positivo.
   III. Os macrófagos ativados secretam proteinases responsáveis pela degradação de colágeno e da capa fibrosa, promovendo erosão e ruptura.
   Assinale a alternativa CORRETA:

   a. Somente a I e a II estão corretas.
   b. Somente a I e a III estão corretas.
   c. Somente a II e a III estão corretas.
   d. Somente a I está correta.
   e. Todas estão corretas.

Comentário   O óxido nítrico – fator relaxante dependente do endotélio – é produzido por células endoteliais por meio da conversão enzimática da L-arginina em citrulina via síntese do óxido nítrico tipo III (eNOS). O óxido nítrico se difunde até a camada muscular lisa vascular, na qual se liga à guanilato ciclase, aumentando a produção de GMP cíclico e causando relaxamento da musculatura vascular pela redução do cálcio intracelular. É, portanto, um vasodilatador e também age na inflamação, reduzindo a produção de citocinas inflamatórias, o recrutamento de células inflamatórias e do fator tecidual, além de reduzir as moléculas de adesão e a diferenciação de monócitos em macrófagos. Na presença de fatores de risco (hipertensão arterial, diabete, tabagismo etc.), há redução da atividade do óxido nítrico, com consequente disfunção endotelial e inflamação. A placa aterosclerótica contém macrófagos, os quais fagocitam a LDL oxidada e formam as células espumosas. Os macrófagos ativados produzem enzimas proteolíticas capazes de degradar o colágeno, responsável pela resistência da capa fibrosa que protege a placa de ateroma, tornando-a fina, fraca e suscetível à ruptura. Entre os fatores que tornam a placa vulnerável, isto é, propensa à ruptura, estão a espessura da capa fibrosa (< 65 micra) e a presença de erosões, células espumosas em grande quantidade, inflamação ativa, centro lipídico extenso e hemorragia intraplaca.

Resposta correta   alternativa b

105 Paciente masculino, 23 anos, procurou avaliação médica após um episódio de síncope sem pródromos e grave lesão corporal há 3 semanas. O exame físico, a rotina laboratorial, o ecocardiograma, a ressonância cardíaca e o *tilt-test* foram normais. Não fazia uso de qualquer medicação regular. O ECG basal é apresentado a seguir. Quais são o diagnóstico e a conduta médica?

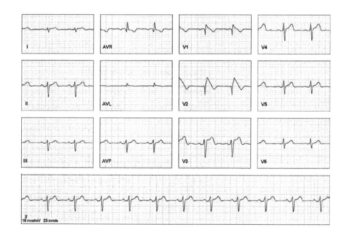

a. Síndrome do QT longo congênito. Indicado implante de CDI (cardioversor-desfibrilador implantável).
b. Atraso de condução pelo ramo direito. Indicado *looper* implantável para elucidação diagnóstica da síncope.
c. Síndrome de Brugada. Indicado implante de CDI.
d. Bloqueio de ramo direito. Indicado estudo eletrofisiológico para elucidação diagnóstica da síncope.
e. Displasia arritmogênica de ventrículo direito. Indicado implante de CDI.

Comentário Trata-se de um paciente jovem com quadro de síncope maligna, considerando que houve lesão corporal. A ausência de pródromos fala contra síncope vasovagal, o que foi confirmado pelo *tilt-test* negativo. O ecocardiograma e a ressonância magnética descartaram a presença de cardiopatia estrutural. O paciente não faz uso de medicações que poderiam aumentar o intervalo QT. O eletrocardiograma mostra padrão de bloqueio de ramo direito com supradesnivelamento de segmento ST nas derivações de V1 a V4, típico da síndrome de Brugada. Essa síndrome, descrita em 1992 pelos irmãos Pedro e Josep Brugada, faz parte do grupo de doenças que causam arritmias ventriculares com coração estruturalmente normal. Trata-se de uma canaliculopatia, uma vez que a anormalidade geradora da arritmia está nos canais de sódio. A apresentação clínica inclui arritmias ventriculares que podem causar síncope e até morte súbita. No exemplo em questão, o paciente apresentou síncope, o que torna o implante de cardiodesfibrilador indicado.

Resposta correta alternativa c

106 Sobre a contratilidade cardíaca, assinale a alternativa ERRADA:

a. A condutibilidade do estímulo propaga-se para todos os cardiomiócitos, configurando o princípio da "lei do tudo ou nada".

b. Resulta de modificações bioquímicas (trânsito de íons), precipitadas pelo potencial de ação, em processo conhecido como acoplamento excitação-contração.

c. A atividade da SERCA 2 é controlada pela proteína fosfolambam.

d. A principal função da SERCA 2 é estimular proteínas G, aumentando a liberação de cálcio para o citoplasma.

e. O número de receptores de rianodina ativados, encontrados na membrana do retículo sarcoplasmático, é um dos determinantes do inotropismo miocárdico.

Comentário O processo de contração da fibra cardíaca se inicia com a modificação das cargas da membrana celular causada por influxos de íons, já que, em última análise, vão promover o deslizamento do filamento de actina-miosina, processo conhecido como acoplamento excitação-contração. A partir de um estímulo gerado no coração haverá propagação para todas as células miocárdicas, princípio conhecido como "lei do tudo ou nada". Quando o potencial de ação ocorre, os canais de cálcio (Ca^{++}) tipo L se abrem, aumentando o influxo do íon para o citoplasma. Ao se interiorizar na célula, o Ca^{++}

se liga a estruturas da membrana do retículo sarcoplasmático (RS) chamadas de receptores de rianodina, promovendo grande liberação de Ca^{++} do RS para o citoplasma e elevando a concentração do íon em cerca de 100 vezes (processo de liberação do cálcio induzido pelo cálcio). Dessa forma, a ligação do Ca^{++} à troponina C vai resultar no deslizamento dos filamentos de actina e miosina. Na fase de relaxamento, o Ca^{++} é bombeado de volta para o interior do retículo sarcoplasmático por ação de uma proteína chamada Serca 2, a qual é controlada pela fosfolambam. Entre os determinantes da contratilidade miocárdica, estão incluídos a quantidade de Ca^{++} que flui pelo sarcolema, o número de receptores de rianodina ativados, a quantidade de Ca^{++} disponível no RS e a maior ou menor afinidade da troponina pelo Ca^{++}.

Resposta correta   alternativa d

107 Durante a realização de um teste ergométrico, paciente refere dor torácica intensa. Sinais vitais: pressão arterial, 60 × 40 mmHg; saturação de oxigênio, 87%; frequência cardíaca, 220 bpm; frequência respiratória, 25 rpm. Quais são o ritmo provável e a conduta imediata?

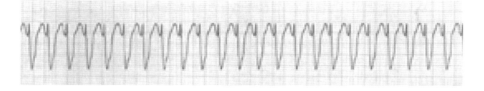

a. Taquicardia sinusal, pois o paciente está estável.
b. Taquicardia ventricular monomórfica. Realizar cardioversão elétrica sincronizada.
c. Taquicardia ventricular monomórfica. Administrar 300 mg de amiodarona intravenosa.
d. Taquicardia supraventricular. Interromper o exame, colocar o paciente em repouso e administrar adenosina.
e. Taquicardia supraventricular. Administrar diltiazem intravenoso, 0,25 mg/kg.

Comentário   Trata-se de uma taquicardia com QRS alargado e elevada frequência cardíaca, além de instabilidade hemodinâmica. A arritmia foi desencadeada por esforço físico e veio acompanhada de dor torácica, sugerindo etiologia isquêmica. O diagnóstico provável é taquicardia ventricular monomórfica (todos os complexos QRS da taquicardia apresentam a mesma forma). Como o paciente está instável com hipotensão arterial e baixa saturação de oxigênio, o tratamento é a cardioversão elétrica imediata com choque sincronizado, uma vez que se trata de uma taquicardia com pulso. O choque não sincronizado é indicado em arritmias sem pulso, como na fibrilação ventricular. A administração de amiodarona não é indicada, pois o paciente está instável com pressão arterial de 60 $\times$ 40 mmHg.

Resposta correta   alternativa b

108 **Sobre a cardiomiopatia arritmogênica do ventrículo direito, assinale a alternativa CORRETA:**

a. Alterações eletrocardiográficas incluem a inversão da onda T em derivações precordiais direitas, QRS alargado nas precordiais direitas e onda épsilon.
b. Nunca acomete o ventrículo esquerdo.
c. A doença é herdada principalmente como traço recessivo.
d. Os sintomas costumam surgir depois da quarta década de vida.
e. Não deve ser tratada com betabloqueadores.

Comentário   A displasia arritmogênica do ventrículo direito (VD) é uma doença na qual o músculo cardíaco é substituído, de maneira lenta e progressiva, por tecido fibrogorduroso. Tem caráter genético e é herdada como traço autossômico dominante, com penetrância incompleta e expressão variável. Acomete principalmente o VD, mas, raramente, pode acometer o septo e o ventrículo esquerdo também. Os principais sintomas são cansaço, palpitações e síncope, que surgem em adultos jovens frequentemente. Pode cursar com arritmias ventriculares e morte súbita. Entre os principais achados eletrocardiográficos, estão inversão de onda T em derivações precordiais direitas, QRS alargados em derivações precordiais direitas, bloqueio de ramo direito, sobrecarga de VD, taquicardia ventricular e presença de ondas épsilon, que são deflexões de baixa amplitude e curta duração na porção final do QRS. O tratamento medicamentoso pode ser feito com sotalol, amiodarona e betabloqueadores, isolados ou associados a procainamida, flecainida ou propafenona. Como a resposta a esses fármacos é muito variável, o cardiodesfibrilador implantável é indicado nos casos ressuscitados de parada cardiorrespiratória ou após episódios de taquicardia ventricular.

Resposta correta   alternativa a

PROVAS PARA OBTENÇÃO DO TÍTULO DE ESPECIALISTA EM CARDIOLOGIA | 2012-2014

109 Sobre as repercussões do hipotireoidismo no sistema cardiovascular, assinale a alternativa ERRADA:

a. O hipotireoidismo subclínico não aumenta o risco de aterosclerose.
b. No eletrocardiograma, podem ser vistos baixa voltagem e prolongamento do intervalo QT.
c. O dano muscular, que se manifesta laboratorialmente pela elevação da creatinoquinase, aumenta a probabilidade de miosite associada ao uso de estatinas.
d. Pode haver elevação dos níveis da lipoproteína de baixa densidade, que pode normalizar em semanas de tratamento do hipotireoidismo.
e. O derrame pericárdico pode ser a razão da área cardíaca aumentada na radiografia de tórax.

Comentário   O hipotireoidismo, mesmo em fase subclínica, pode aumentar o risco de doença aterosclerótica em função de predisposição a fatores de risco como hipercolesterolemia, hipertensão arterial e aumento dos níveis de homocisteína. Em um estudo, foi observado aumento da morbimortalidade cardiovascular em pacientes com hipotireoidismo subclínico não tratado. Entre as alterações eletrocardiográficas mais frequentes estão bradicardia sinusal, baixa voltagem e prolongamento do intervalo QT. Pode-se se observar aumento dos níveis de colesterol total e LDL, que costumam normalizar com o tratamento do hipotireoidismo, assim que os valores de hormônio estimulante da tireoide também são normalizados. Alguns pacientes com miopatia induzida pelo uso de estatinas podem ter o hipotireoidismo como fator predisponente. Derrame pericárdico é muito frequente e é observado por meio do ecocardiograma em um terço dos pacientes com hipotireoidismo, normalizado-se semanas após a reposição de hormônios tireoidianos.

Resposta correta   alternativa a

110 Sobre o sarcômero, assinale a alternativa ERRADA:

a. O filamento grosso é mantido no centro do sarcômero por ação de uma proteína elástica, a titina.
b. Os miofilamentos grossos são formados por moléculas de miosina.
c. Os miofilamentos finos são formados por três proteínas: actina, troponina e tropomiosina.

d. A actina é uma proteína globular que se associa em forma de polímero e possui sítios de ligação com a cabeça da miosina.
e. A troponina I tem alta afinidade pelo cálcio.

Comentário   A contratilidade miocárdica depende da interação entre os miofilamentos grossos e finos da unidade contrátil muscular, assim como do sarcômero. Os miofilamentos grossos são formados pela miosina e mantidos no centro do sarcômero por ação de uma proteína elástica denominada titina, a qual é responsável pela tensão miocárdica de repouso em corações normais. Enquanto os miofilamentos finos são constituídos por três proteínas denominadas actina, troponina e tropomiosina. A troponina é formada por três subunidades: troponina I, que inibe o sítio ativo da actina; troponina C, que tem alta afinidade pelo cálcio; e troponina T, que se encontra ligada à tropomiosina. A actina é uma proteína globular que se associa em forma de polímero e possui sítios ativos de ligação com a cabeça da miosina para que ocorra a contração muscular.

Resposta correta   alternativa e

111 No estudo invasivo de uma cardiopatia congênita observamos saturação de oxigênio em veia cava superior de 74%; veia cava inferior, 72%; átrio direito, 73%; ventrículo direito, 74%; artéria pulmonar, 83%; ventrículo esquerdo, 92%; aorta, 91%. Qual é o provável diagnóstico?

a. Comunicação interatrial.
b. Comunicação interventricular.
c. Drenagem anômala.
d. Persistência do canal arterial.
e. Tetralogia de Fallot.

Comentário   No estudo invasivo do enunciado, em relação ao ventrículo direito, observa-se um salto oximétrico de 9% na saturação de oxigênio ($SatO_2$) em artéria pulmonar, estabelecendo, assim, um diagnóstico funcional da presença de *shunt* esquerdo-direito na altura da artéria pulmonar. As $SatO_2$ nas cavidades esquerdas estão equivalentes. A persistência do canal arterial (PCA) consiste na presença de uma estrutura vascular que, geralmente, comunica o istmo da aorta com a porção proximal da artéria pulmonar esquerda e é resultado da patência do ducto arterioso fetal. As PCA isoladas são frequentemente classificadas de acordo com o grau de *shunt* esquerdo-direito, o qual é determinado pelo tamanho e pelo comprimento do ducto, além de pela diferença entre as resistências vasculares sistêmica e pulmonar. No feto normal, o ducto é largamente patente, transportando sangue não oxigenado proveniente do ventrículo direito por meio da aorta descendente para a placenta, na qual o sangue é oxigenado.

Resposta correta   alternativa d

Com base nos dados a seguir e de acordo com a "VI diretriz de hipertensão arterial", responda as questões 112 e 113:

Paciente masculino, motorista de ônibus, 55 anos, tabagista, sedentário, que ingere em média duas cervejas por dia. Procurou serviço médico contando ser assintomático e ter sido detectada pressão arterial elevada em exame para renovação de carteira de motorista. Antecedentes familiares positivos: pai teve infarto agudo do miocárdio aos 50 anos. Exame físico: peso, 85 kg; altura, 1,68 m; circunferência de cintura, 104 cm; pressão arterial, 160 × 96 mmHg (medida três vezes nas posições deitado e sentado); frequência cardíaca, 84 bpm. Restante do exame físico sem alterações. Avaliação laboratorial demonstrou: ECG normal; creatinina = 0,8 mg/dL; glicemia = 90 mg/dL; colesterol total = 260 mg/dL; HDL-C = 50 mg/dL; VLDL-C = 35 mg/dL; triglicerídeos = 175 mg/dL; K^+ = 4,5 mEq/L; ácido úrico = 6,8 mg/dL; urina I normal.

112 Trata-se de paciente com:

   a.   Risco cardiovascular alto.
   b.   Risco cardiovascular baixo.
   c.   Risco cardiovascular médio.
   d.   Risco cardiovascular muito alto.
   e.   Sem risco cardiovascular.

Comentário   Esse paciente apresenta alto risco cardiovascular, já que seu nível de pressão arterial (160 × 96 mmHg) se enquadra em hipertensão arterial estágio 2. Associado a isso, ele possui quatro fatores adicionais de risco cardiovascular (idade = 55 anos, história familiar positiva, tabagismo, dislipidemia), além de obesidade abdominal (circunferência abdominal de 104 cm).

Resposta correta   alternativa a

QUESTÕES COMENTADAS | PROVA DE 2014   313

113 Considerando os dados do paciente e sua estratificação de risco, a conduta mais adequada com relação à pressão arterial é:

a. Solicitar novos exames para afastar hipertensão secundária e iniciar tratamento não farmacológico e farmacológico de imediato.
b. Iniciar tratamento não farmacológico e farmacológico de imediato.
c. Iniciar e manter tratamento não farmacológico por até 3 meses e, caso não se obtenha controle da pressão arterial, iniciar tratamento farmacológico.
d. Iniciar e manter tratamento não farmacológico por até 6 meses e, caso não se obtenha controle da pressão arterial, iniciar tratamento farmacológico.
e. Iniciar e manter apenas tratamento não farmacológico.

Comentário   A instituição precoce do tratamento medicamentoso visa a proteção dos órgãos-alvos, redução do impacto causado pela elevação da pressão arterial e pela presença de fatores de risco associados, além da progressão do processo aterosclerótico. Modificações de estilo de vida podem promover um retardamento do desenvolvimento da hipertensão arterial sistêmica em indivíduos com pressão limítrofe. Têm também impacto favorável nos fatores de risco envolvidos no desenvolvimento ou agravamento da hipertensão. Assim, devem ser indicadas indiscriminadamente.

Resposta correta   alternativa b

114 A aterosclerose está associada com os componentes fisiopatológicos, EXCETO:

a. Oxidação de lipoproteínas.
b. Aumento da biodisponibilidade de óxido nítrico.
c. Aumento da formação de espécies reativas de oxigênio.
d. Infiltração de linfócitos na camada íntima vascular.
e. Macrófagos ativados são em grande parte responsáveis pela progressão da placa.

Comentário   A fisiopatologia da aterosclerose está relacionada com oxidação de lipoproteínas, aumento da formação de espécies reativas de oxigênio, infiltração de linfócitos na camada íntima vascular, formação de macrófagos espumosos recrutados para a parede arterial, entre outros. O aumento da disponibilidade de óxido nítrico age como um efeito protetor contra a aterosclerose. A óxido nítrico sintetase endotelial produz o vasodilatador endógeno. Uma vez que o óxido nítrico, além de efeito vasodilatador, exibe também efeito anti-inflamatório, ele age nas respostas inflamatórias em geral e na patogênese da aterosclerose.

Resposta correta   alternativa b

115 Paciente feminina, 37 anos, diabética insulino-dependente, com diagnóstico de insuficiência cardíaca há 8 anos com início após a última gestação, em tratamento clínico otimizado, mantida em classe funcional III. Encaminhada para avaliação para transplante cardíaco com os seguintes exames: ureia = 82; creatinina = 1,81; hemoglobina = 11,7; Na = 129. Painel imunológico de 10%. Tipagem sanguínea = B positivo. Resistência vascular pulmonar = 5,3 Woods, inalterada após prova farmacológica. Qual das alternativas a seguir corresponde a contraindicação absoluta para o transplante cardíaco desta paciente?

a. Painel imunológico de 10%.
b. Resistência vascular pulmonar 5,3 Woods, inalterada após prova farmacológica.
c. *Diabetes mellitus* insulino-dependente.
d. Creatinina 1,8 mg/dL.
e. Doador com tipagem sanguínea O negativo.

Comentário   Um ventrículo direito normal do doador frente a alta resistência vascular pulmonar do receptor e demanda para aumentar sua carga de trabalho externo de forma aguda acarretam falha abrupta do órgão, frequentemente ainda durante a cirurgia. Com isso, hipertensão pulmonar (HAP) > 5 unidades Woods, medida em cateterização e monitoramento hemodinâmico, tornou-se uma contraindicação absoluta para o candidato ao transplante. O conceito de reversibilidade da HAP em pacientes com insuficiência cardíaca crônica foi reconhecido e demonstrou que, quando há reversibilidade aguda com manobras farmacológicas, o paciente pode apresentar bons resultados.

Resposta correta   alternativa b

116 Primigesta, 26 anos, sem antecedentes de doença cardiovascular, no curso da 26ª semana de gestação, com queixa de cefaleia, escotomas e dor no flanco direito. Ao exame físico, PA de 140 × 90 mmHg, FC de 82 batimentos/min/regular. Na ausculta cardíaca, primeira bulha normofonética e segunda bulha hiperfonética, clique protossistólico em borda esternal esquerda, hematócrito, 32%, hemoglobina = 11 mg/dL, urina tipo 1 com leucocitúria, proteinúria de 3+ e cristais de oxalato. Eletrocardiograma normal. Qual é o diagnóstico mais provável?

a. Colecistopatia aguda.
b. Pré-eclâmpsia.
c. Estenose aórtica.
d. Síndrome nefrótica.
e. Enxaqueca gestacional.

Comentário A pré-eclâmpsia é uma síndrome específica da gravidez que ocorre, usualmente, após a 20ª semana de gestação. Ela é definida como o novo aparecimento de hipertensão arterial (pressão sistólica > 140 mmHg ou diastólica ≥ 90 mmHg), acompanhada de proteinúria de início recente (≥ 300 mg/24 horas). Pode vir acompanhada, também, de sintomas como cefaleia, diminuição da acuidade visual, edema pulmonar e dor abdominal, ou ainda testes laboratoriais anormais, especialmente plaquetopenia e enzimas hepáticas anormais.

Resposta correta alternativa b

117 Considere as afirmações a seguir em relação ao índice tornozelo-braquial (ITB):

I. O ITB direito é a relação pressão arterial no tornozelo direito/pressão arterial no braço direito. O ITB esquerdo é a pressão no tornozelo esquerdo/pressão no braço esquerdo.
II. Valores iguais ou abaixo de 0,9 são preditores de maior mortalidade cardiovascular.
III. Deve ser realizado em todo paciente com risco cardiovascular intermediário.

Assinale a alternativa CORRETA:

a. Apenas I e II estão corretas.
b. Apenas I e III estão corretas.
c. Apenas II e III estão corretas.

d. Todas estão corretas.
e. Todas estão erradas.

Comentário   Há indicações para o índice tornozelo-braquial (ITB) ser realizado em casos de tabagismo ou diabete melito entre 50 e 69 anos de idade; idade $\geq$ 70 anos; dor na perna com exercício; alteração de pulsos em membros inferiores; doença arterial coronariana, carotídea ou renal; e risco cardiovascular intermediário. Para o cálculo do ITB, os valores de pressão arterial sistólica do braço e do tornozelo devem ser utilizados, considerando-se o maior valor braquial para cálculo. O ITB direito é estabelecido por meio da razão pressão do tornozelo direito/pressão do braço direito e o ITB esquerdo, a partir da razão pressão do tornozelo esquerdo/pressão do braço esquerdo. A interpretação é estabelecida como: normal – acima de 0,90, obstrução leve – 0,71-0,90, obstrução moderada – 0,41-0,70 e obstrução grave – 0,00-0,40.

Resposta correta   alternativa d

118 Considere as afirmativas a seguir sobre os procedimentos recomendados para a medida da pressão arterial de acordo com as "VI diretrizes brasileiras de hipertensão":

I.   A pressão arterial deve ser medida com o paciente na posição sentada, e antes da primeira medida o paciente deve repousar por pelo menos 5 minutos.

II.   Em consultórios médicos, medidas da pressão arterial deverão ser realizadas pelo menos três vezes, a primeira medida deve ser descartada, e a média das duas últimas deve ser considerada a pressão arterial real.

III.   Recomenda-se informar os valores da pressão arterial obtidos para o paciente logo após cada medida realizada.

Assinale a alternativa CORRETA:

a.   Apenas I e II estão corretas.
b.   Apenas I e III estão corretas.
c.   Apenas II e III estão corretas.
d.   Todas estão corretas.
e.   Todas estão erradas.

Comentário   Para medir a pressão arterial (PA), exige-se um preparo do paciente que consiste na explicação do procedimento ao mesmo e, dessa forma, deixá-lo em repouso por pelo menos 5 minutos em ambiente silencioso. Ele deve ser instruído a não conversar enquanto a pressão é medida. Possíveis dúvidas devem ser esclarecidas antes ou após o procedimento. Em cada consulta, deve-se medir pelo menos três vezes e um intervalo de 1 minuto entre elas é sugerido, embora esse aspecto seja controverso. A PA real deve ser considerada a partir da média feita com base no resultado das duas últimas vezes que se mediu a pressão. Caso as pressões sistólicas e/ou diastólicas obtidas apresentem diferença > 4 mmHg, deve-se realizar novas medidas até que se obtenha medidas com diferença inferior. Os valores de pressões arteriais obtidos sempre devem ser informados para o paciente.

Resposta correta   alternativa d

119 Paciente feminina, 55 anos, portadora de valvopatia mitral reumática e fibrilação atrial permanente, encontra-se no pós-operatório de troca valvar mitral, tendo sido submetida a implante de prótese mecânica. Qual é a melhor estratégia antitrombótica para essa paciente no seguimento ambulatorial?

a. Inibidores da trombina ou antifator Xa oral.
b. Varfarina para INR entre 2 e 3 + clopidogrel, 75 mg/d.
c. Varfarina para INR entre 2,5 e 3,5.
d. Ácido acetilsalicílico, 100 mg/d + clopidogrel, 75 mg/d.
e. Varfarina para INR em torno de 2 + ácido acetilsalicílico, 100 mg/d.

Comentário   É consenso geral que as próteses mecânicas expõem a riscos elevados de tromboembolismo – independentemente do ritmo cardíaco –, estimados anualmente em 12% para as próteses na posição aórtica e 22% na posição mitral, com ausência de anticoagulação. A incidência de trombogênese na posição aórtica é menor em razão da maior pressão do fluxo de sangue sobre a superfície valvar, reduzindo o depósito de fibrina. Dessa forma, a presença de prótese mecânica, independentemente de sua localização e do ritmo cardíaco, implica necessidade de prevenção antitrombótica com o uso de varfarina, mantendo o valor do INR entre 2,5 e 3,5.

Resposta correta   alternativa c

120 Qual dos seguintes exames é o mais adequado para definição entre a estratégia cirúrgica ou a endovascular em pacientes com dissecção de aorta tipo B aguda e complicada?

a. Aortografia torácica.
b. Angiotomografia helicoidal.
c. Ecocardiograma transesofágico.
d. Angiorressonância nuclear magnética.
e. Ecocardiograma transtorácico.

Comentário A angiotomografia helicoidal é usada rotineiramente, uma vez que permite a avaliação tridimensional da aorta e dos seus ramos, melhorando a precisão da tomografia computadorizada (TC) no diagnóstico da dissecção, na definição das características anatômicas e na definição da estratégia cirúrgica. A TC helicoidal possui sensibilidade e especificidade para dissecção aórtica aguda de 96 e 100%, respectivamente. Além disso, tem a vantagem de não ser invasiva, obter as imagens mais rapidamente, permitir a avaliação dos vasos secundários, avaliar a presença de trombos e/ou derrame pericárdico, além de poder fazer parte do exame de acompanhamento após a cirurgia.

Resposta correta alternativa b

REFERÊNCIAS PARA AS PROVAS DE 2012 A 2014

Diretrizes da Sociedade Brasileira de Cardiologia divulgadas até a data de aplicação de cada prova. Disponíveis em: http://www.arquivosonline.com.br.

Libby P, Bonow RO, Mann DL, Zipes DP, eds. Tratado de doenças cardiovasculares. 8.ed. Rio de Janeiro: Elservier; 2009.

Paola AAV, Barbosa MM, Guimarães JI, eds. Cardiologia: livro-texto da Sociedade Brasileira de Cardiologia. Barueri: Manole; 2012.